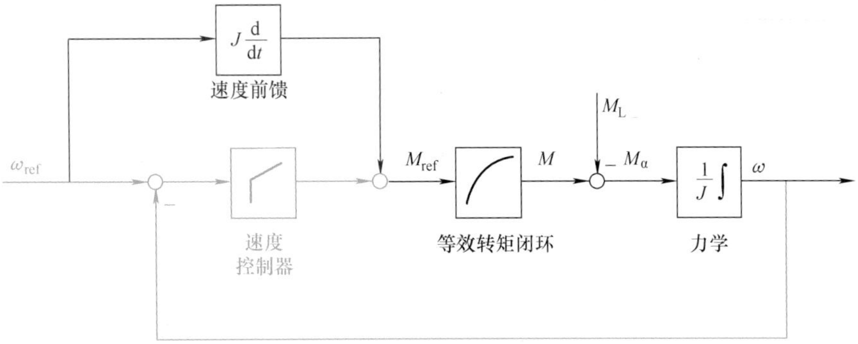

图 5.17　电机的速度控制闭环框图

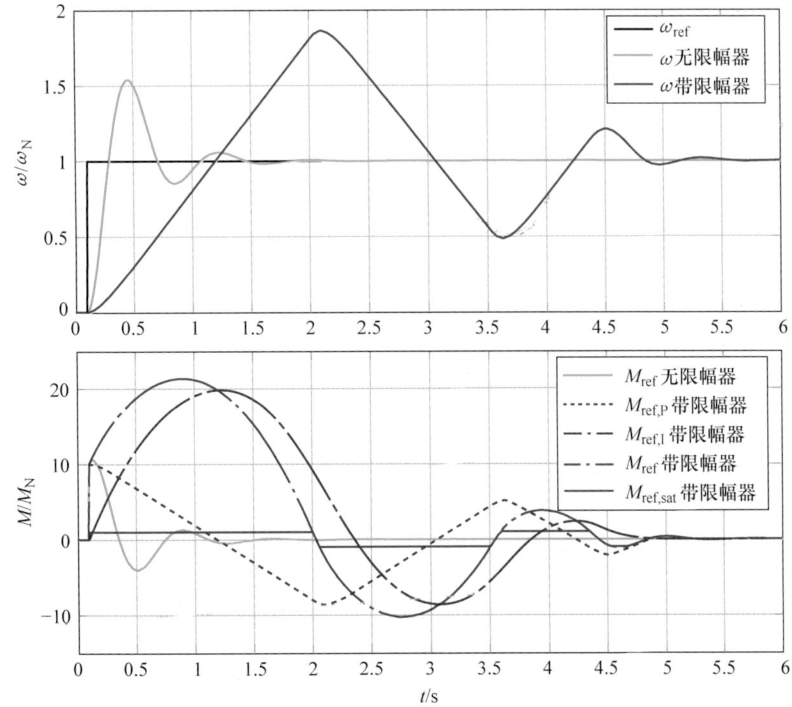

图 8.4　参考速度由零速至额定转速时的阶跃响应

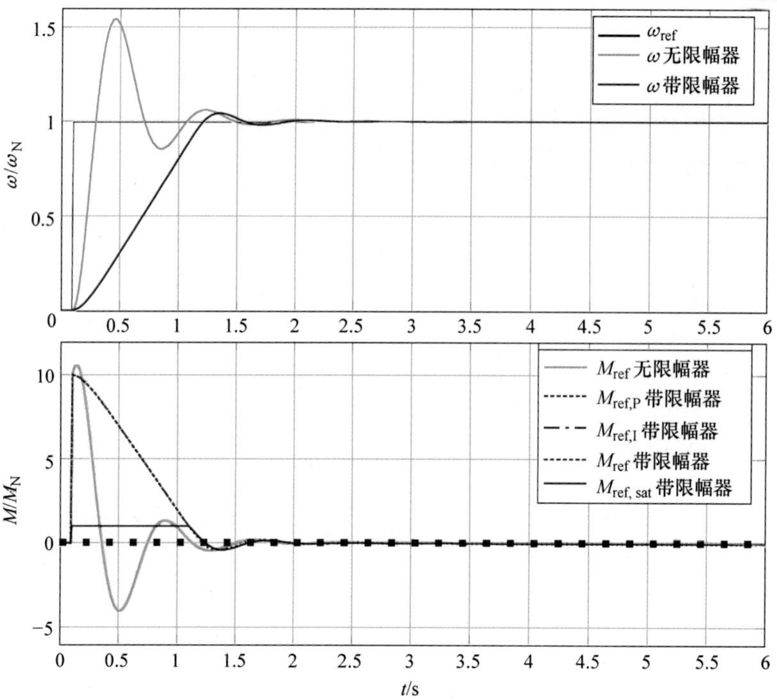

图 8.6　参考速度由零速至额定转速时的阶跃响应

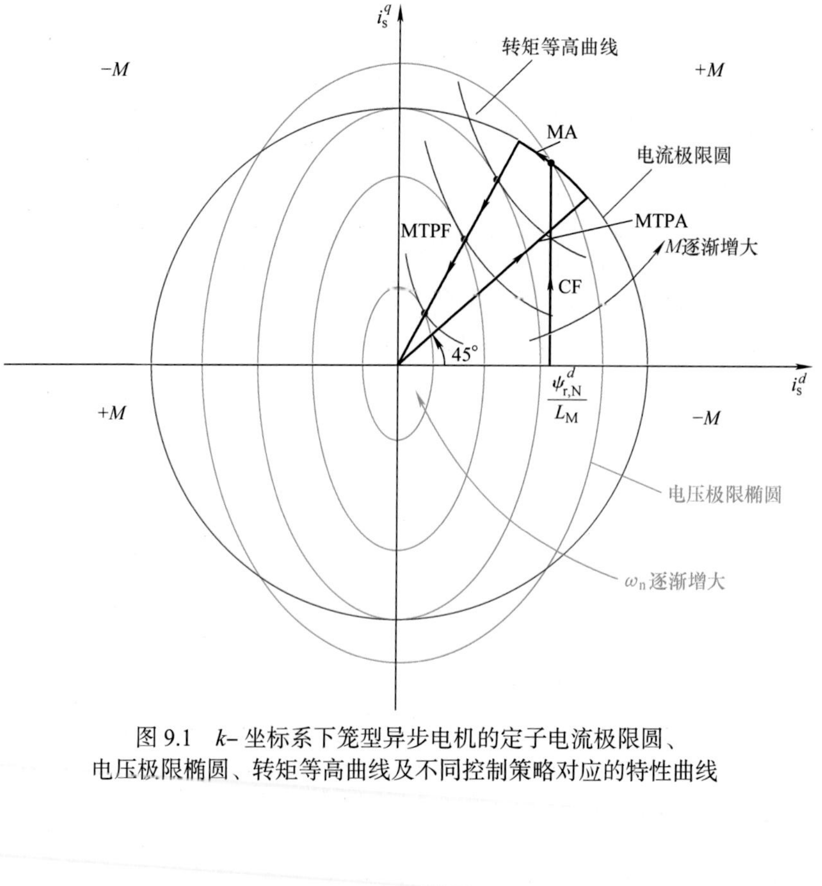

图 9.1　k- 坐标系下笼型异步电机的定子电流极限圆、
电压极限椭圆、转矩等高曲线及不同控制策略对应的特性曲线

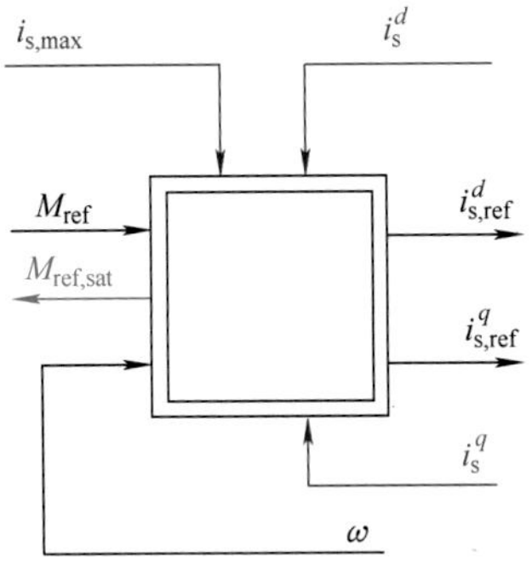

图 9.3　笼型异步电机转矩调
节的输入和输出框图

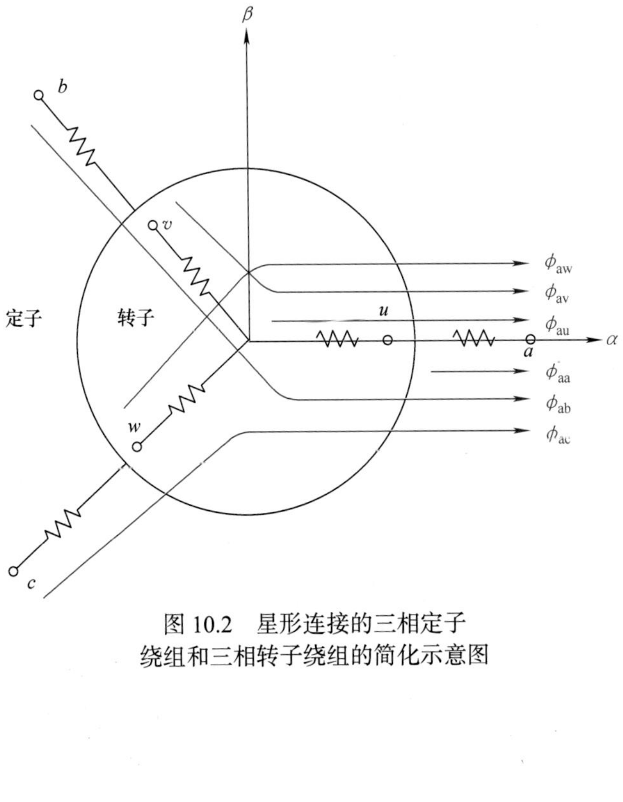

图 10.2　星形连接的三相定子
绕组和三相转子绕组的简化示意图

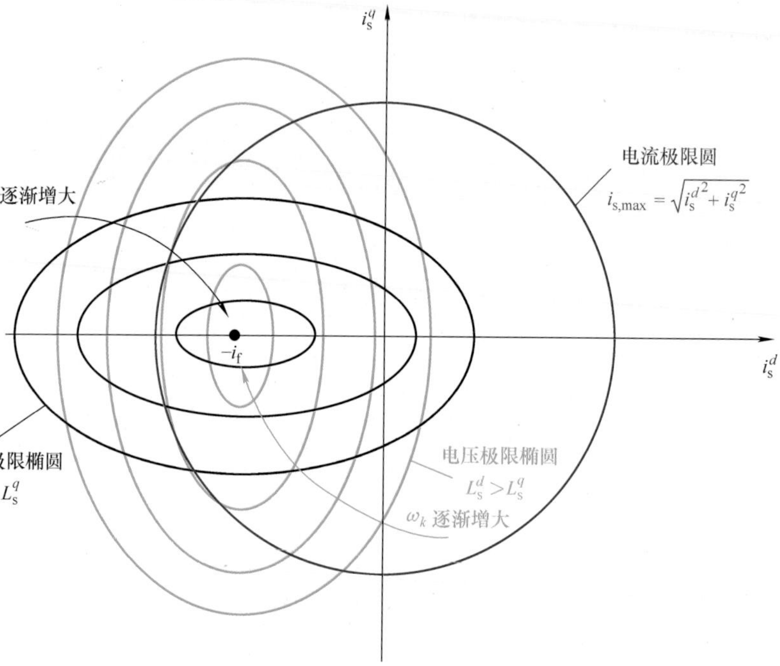

图 10.5　k– 坐标系下永磁同步电机的定子电流极限圆和电压极限椭圆

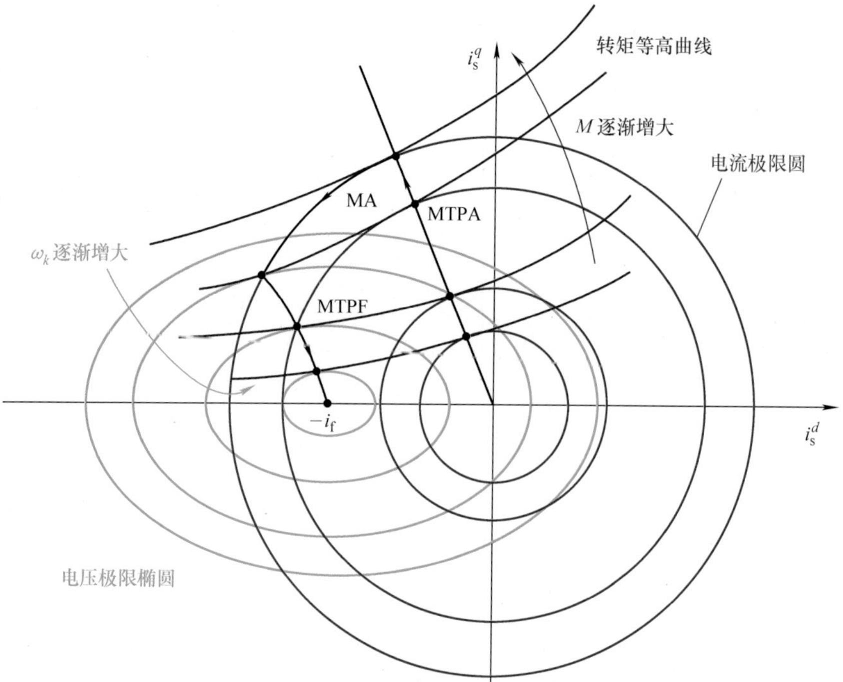

图 10.7　k– 坐标系下同步电机的定子电流极限圆、电压极限椭圆、转矩等高曲线及不同控制策略对应的特性曲线

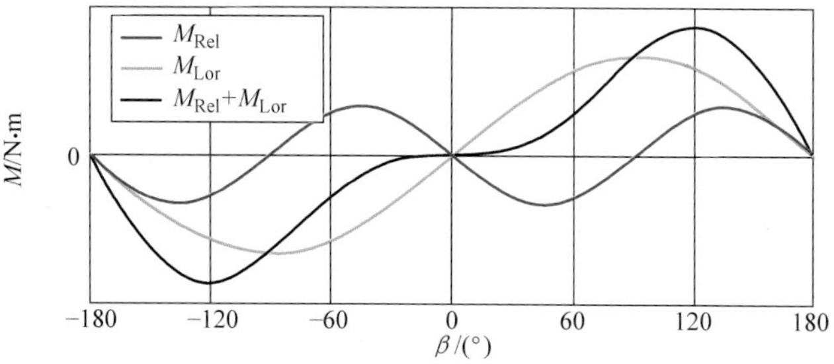

a) $L_s^d<L_s^q$

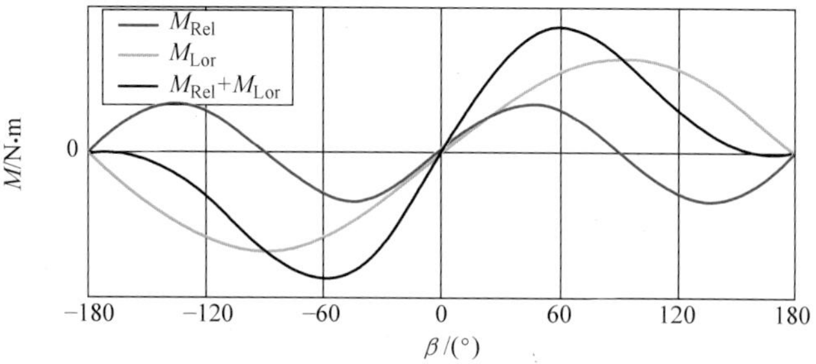

b) $L_s^d>L_s^q$

图 10.9　满足 $|\boldsymbol{i}_s|$ 为恒值条件下磁阻转矩、
洛伦兹转矩、整体转矩及其随电流角 β 的变化情况

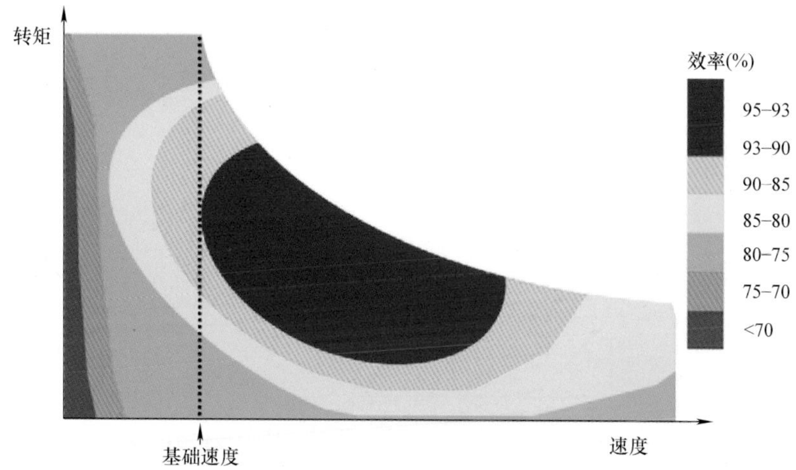

图 11.1　电力驱动系统的效率 MAP 图
图片来源：http: //www.posterus.sk/wp-content/uploads/p13578_03_obr03.png(bearbeitet)。

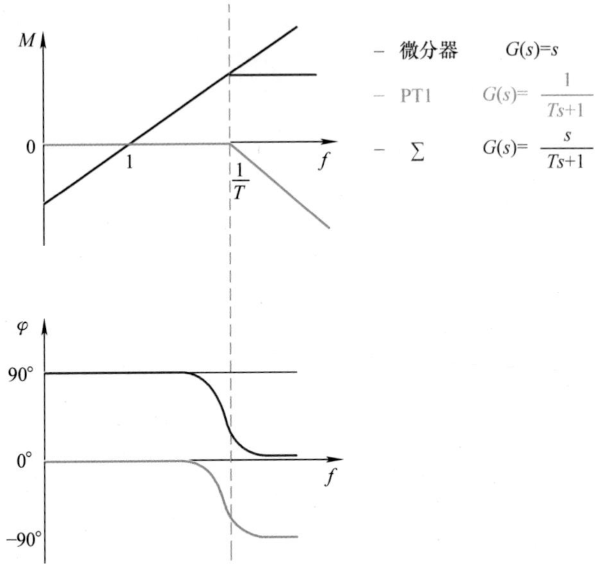

图 12.7　使用 PT1 滤波器实现微分器的高频稳定原理图

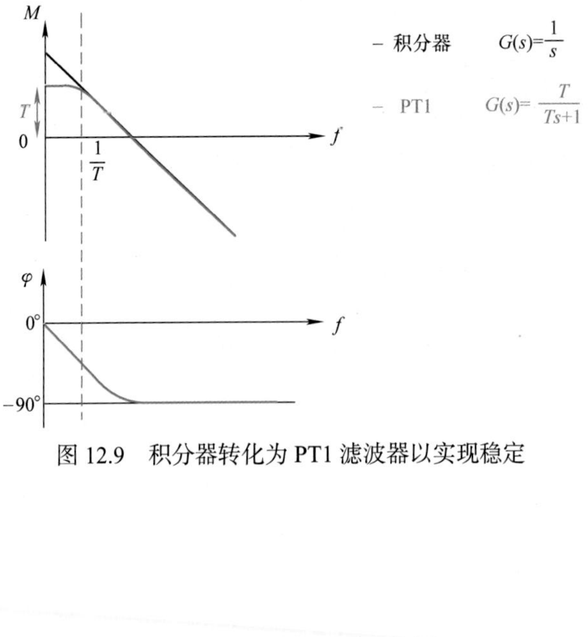

图 12.9　积分器转化为 PT1 滤波器以实现稳定

电动车辆驱动控制技术

慕尼黑工业大学电力电子与电力传动研究所　组编
［德］拉尔夫·肯内尔（Ralph Kennel）
［德］弗洛里安·鲍尔（Florian Bauer）　著
陈　庆

机械工业出版社

本书基于慕尼黑工业大学电力电子与电力传动研究所编写的课程讲义，该讲义作为慕尼黑工业大学电气与信息工程学院硕士课程“电动车辆驱动控制技术”的教学材料。

本书包含三大部分：引言、电力驱动基础知识和电力驱动强化知识。引言部分简要介绍了电动车辆相较内燃机车辆的明显优势，梳理了电动汽车工业发展的历史趋势，还包括课程研究主题以及参考文献推荐。电力驱动基础知识部分简要介绍了电力驱动所需的控制闭环基本知识，然后介绍了直流驱动和交流驱动。电力驱动强化知识部分讲述驱动控制在电动车辆领域的应用：首先讲述车辆作为被控系统的模型建立以及设计驱动控制器时需考虑到的扰动、约束和非线性等问题；然后介绍电动车辆常用到的两种不同类型电机（笼型异步电机和永磁同步电机）的控制方法；最后介绍了损耗最小化控制方法及无速度传感器控制方法相关热点问题。

整体来说，本书作为课程教材并非让读者对较深的理论知识望而却步，而是力求通过深入浅出的表述，在不失必要理论深度的前提下引起读者的兴趣。

本书的主要特点是使用了严格的公式推导，层层递进，并结合框图以及示意图等形式，力求使得读者对于驱动控制以及驱动控制在车辆领域的应用有深入的理解。本书的另一大特点是内容面广，涉及自动控制原理、电机学、电机控制技术、无速度传感器控制等基本理论知识，因此适用于电气工程相关专业的硕士研究生使用。

北京市版权局著作权合同登记　图字：01－2021－5296号。

图书在版编目（CIP）数据

电动车辆驱动控制技术/（德）拉尔夫·肯内尔（Ralph Kennel），（德）弗洛里安·鲍尔（Florian Bauer），陈庆著；慕尼黑工业大学电力电子与电力传动研究所组编．—北京：机械工业出版社，2022.5

ISBN 978-7-111-70594-9

Ⅰ.①电…　Ⅱ.①拉…　②弗…　③陈…　④慕…　Ⅲ.①电动汽车－控制系统－高等学校－教材　Ⅳ.①U469.72

中国版本图书馆CIP数据核字（2022）第064907号

机械工业出版社（北京市百万庄大街22号　邮政编码100037）
策划编辑：孙　鹏　　　　责任编辑：孙　鹏　王　婕
责任校对：郑　婕　刘雅娜　封面设计：马精明
责任印制：任维东
北京富博印刷有限公司印刷
2022年8月第1版第1次印刷
184mm×260mm·11.25印张·4插页·275千字
标准书号：ISBN 978-7-111-70594-9
定价：129.00元

电话服务	网络服务
客服电话：010-88361066	机　工　官　网：www.cmpbook.com
010-88379833	机　工　官　博：weibo.com/cmp1952
010-68326294	金　　书　　网：www.golden-book.com
封底无防伪标均为盗版	机工教育服务网：www.cmpedu.com

拉尔夫·肯内尔　教授

拉尔夫·肯内尔教授担任德国慕尼黑工业大学 W3－终身教席教授，电力电子与电力传动研究所所长，IET Fellow、IEEE 高级会员。2017 年，拉尔夫·肯内尔教授受聘为中科院海西研究院卢嘉锡客座研究员；2019 年，受聘为山东大学兼职讲席教授。拉尔夫·肯内尔教授专注于无传感器控制和模型预测控制方法的前沿性创新研究 30 余年，是预测控制领域的世界顶级专家。

弗洛里安·鲍尔　博士

弗洛里安·鲍尔师从拉尔夫·肯内尔教授，于 2021 年获得慕尼黑工业大学博士学位。弗洛里安·鲍尔专注于新能源领域研究，并成功将理论研究转化为实际工程应用。其作为创始人之一成立 KITE/KRAFT 公司，该公司专注于新型风力发电设备。

陈　庆　博士研究生

陈庆，慕尼黑工业大学博士研究生，师从拉尔夫·肯内尔教授。陈庆作为国家建设高水平大学公派研究生项目出国留学人员，受国家留学基金资助，编号 201706420070，留学身份为博士研究生。其研究领域为模型预测控制与电力驱动技术。

前　言

本书的撰写基于慕尼黑工业大学电力电子与电力传动研究所编写的德文版课程讲义，并酌情予以增删及添加诸多注释以易于理解。

本书包含大量严格的公式推导过程，所使用的排版软件为 LaTeX，它非常适用于生成复杂的数学公式。

本书沿用德文版讲义所用的量、单位和符号的使用原则，不再做出相应调整。另外，原德文版讲义使用了大部分手绘的示意图及框图，本书均全部使用绘图软件进行重新绘制并予以代替。其中，字母下的下画线代表该字母为复数，字母下的波浪线代表该字母为坐标变换系数矩阵。

本书所使用的专业术语及增加的注释均以现行国家标准公布的术语为依据，主要参考的国家标准有：GB/T 2900. 1—2008《电工术语 基本术语》、GB/T 2900. 25—2008《电工术语 旋转电机》、GB/T 2900. 26—2008《电工术语 控制电机》、GB/T 2900. 33—2004《电工术语 电力电子技术》、GB/T 2900. 56—2008《电工术语　控制技术》、GB/T 2900. 60—2002《电工术语 电磁学》、GB/T 2900. 85—2009《电工术语 数学 一般概念和线性代数》、GB/T 19596—2017《电动汽车术语》。

本书第 8. 2. 2 节之所以使用术语“积分饱卷”，因为它是 GB/T 2900. 56—2008《电工术语　控制技术》所公布的术语，与诸多书籍及相关文献中经常采用的“积分饱和”描述的是同一现象。其他类似的术语使用情况，不再具体说明。

若要理解本书，必须对电机学有一定的把握；想对电机学有所把握，必须先研究电机学背后的电磁学原理知识；想研究电磁学，基本的数学知识是必不可少的，不仅如此，控制理论知识也是必不可少的。只有理解了知识与知识之间的联系，才不至于顾此失彼，才能有所突破。

理解本书的关键在于理解每一个公式的推导过程，以及每一幅图表所表示的含义。语言文字的功能是为了表述各公式及图表隐含的物理现象，并使其融会贯通，但是，限于作者的水平，难免会有词不达意的情况，敬请读者予以批评指正。

感谢德国慕尼黑工业大学电力电子与电力传动研究所在本书出版过程中给予的支持；感谢机械工业出版社相关负责人以及汽车分社孙鹏编辑对于引进国外教材在国内出版所付出的努力。

本书撰写所基于的德文版课程讲义包含课堂用版本和课后学习版本。书中框图内的诸多图形和公式在课堂用版本均设计为空白，以配合教学需要；而课后学习版本为完整版本。为方便读者，本书框图另外统一排序，与原讲义中的图、公式序号不保持一致，还请读者注意。

作　者

目　录

第一篇　引　　言

第1章 绪 论

电力主驱动系统是电动汽车的核心部分。驱动系统产生的动力使汽车处于运动状态，即**牵引力**。纯电动汽车㊀（Battery Electric Vehicle，BEV）相较内燃机汽车具有下述明显优势：

- **高效率**。电机和变换器的效率很容易达到90%，蓄电池的效率也在80%以上。而汽油机的效率仅约为35%，柴油机的效率仅约为45%。
- **零本地排放**。电动汽车行驶过程中不排放有害物质，如二氧化碳。然而，一定意义上来说，只有蓄电池生产和驱动电能来自可再生能源，如风力发电，纯电动汽车才可真正实现零排放。
- **可再生能源的使用不存在所谓的“食物与燃料之争”**。因为化石能源终将枯竭，未来属于可再生能源。与传统生物燃料驱动相比，由蓄电池进行电力驱动的系统以电流方式“加油”。电力结构可由各种（包括可再生）能源类型组成。
- **更少的部件/低复杂性**。由蓄电池进行电力驱动的系统不需要进排气系统、催化转化器和离合器等部件。
- **更宽的工作范围**。电力驱动系统可实现机械特性范围内的四象限运行（包括前向和后向再生制动），且无怠速㊁工况！因此，该系统不使用变速器或者更复杂的手动变速器，也无须借助怠速熄火系统来节约能源，同时可实现正、负转速间的无缝切换。内燃机驱动系统无法实现再生制动（即制动能量无法转化成汽油）。此外，内燃机驱动系统还存在最小运行转速和受限的最高转速。相比之下，电机的运行速度可超过20000r/min。
- **瞬时全转矩生成，无须依赖转速**。电力驱动系统的转矩可在毫秒级甚至更短的时间内产生，且无须依赖转速，也可在零转速或负转速下产生。相比之下，内燃机驱动系统的转矩生成则明显迟缓，且很大程度上依赖转速。
- **“行驶乐趣”**。由于在静止状态下可实现瞬时全转矩生成，使得汽车行驶起来更具动态性，这对用户来说也许是一个重要的购置原因！

除上述优点之外，纯电动汽车也面临两大挑战：

- **如何产生电能？**电力驱动系统明显比内燃机驱动系统更有效率。然而，如果电力驱动系统消耗的电能是由传统燃煤发电厂产生，那么整体上看，依然是内燃机驱动系统更有效率。因此，只有越多的电能生产来自于可再生能源，才可使传统电能的生产变得越少。
- **蓄电池的重量、尺寸，更主要的是价格及充电速度有多快？**目前，采用锂离子蓄电池㊂可使续驶里程达到几百千米。此外，借助于快速充电技术可使蓄电池在0.5h左右完成

㊀ 纯电动汽车：由电机驱动的汽车。电机的驱动电能来源于车载可充电蓄电池或其他能量存储装置。

㊁ 怠速：车辆行驶过程中加速度的绝对值小于0.15m/s²，且车辆行驶速度小于0.5km/h的工况。

㊂ 锂离子蓄电池：利用锂离子作为导电离子在阳极和阴极之间移动，通过化学能和电能相互转化实现充放电的电池。

50%以上的充电——当然需要接入相应的高功率充电桩。相比之下，内燃机汽车的续驶里程可轻易达到1000km，且大约5min即可加满油箱，这是人们放弃购置纯电动汽车的一大原因。此外，在纯电动汽车内不便于放置体积约为几升的备用电池，因电池电量全部消耗而无法行驶的纯电动汽车只能被拖走。目前，纯电动汽车因电池成本而导致的高昂价格是人们放弃购置的另一原因。

为了应对蓄电池存在的明显缺点，大部分汽车生产厂商研发了混合动力汽车㊀（Hybrid Electric Vehicle，HEV）。然而，混合动力汽车也存在明显的缺点，即汽车必须配备可进行并联控制的两套驱动系统。

纯电动汽车的其他可选方案：

- **金属氢化物镍蓄电池**㊁。燃料电池的发展非常缓慢，而且需要昂贵的材料，如铂。燃料电池的效率常处于50%以下，这意味着较高的损耗。目前，氢的获取途径主要来自于化石燃料（如天然气），几乎很少来自于电解水。化石燃料的有限性使得该方案不可持续发展，而且该方案隐含额外的效率损失。
- **氢燃料**。燃料电池结合电机的方式可由氢内燃机所替代。然而，该方案会伴随着内燃机所有的缺点，特别是低效率。
- **生物燃料**。该方案同样具有内燃机的所有缺点，同时面临前面提及的“食物与燃料之争”的问题。

最后得出结论：虽然纯电动汽车和氢内燃机汽车之间的竞赛仍没有最终明确的结果，但是通过汽车公司在市场上获得的成功表明，纯电力驱动的理念拥有许多优点，目前发展较快的是特斯拉汽车公司。因此，本书将把纯电动汽车的驱动控制技术作为主要研究内容。

㊀ 混合动力汽车：能够从可消耗的燃料或可再充电能/能量存储装置这两类车载储存的能量中获得动力的汽车。

㊁ 金属氢化物镍蓄电池：正极使用镍氧化物，负极使用可吸收释放氢的储氢合金，以氢氧化钾为电解质的蓄电池。

第2章 电动汽车工业概述

2.1 汽车工业开端

自汽车工业开端之日起，电动汽车甚至是混合动力汽车便一直存在。纯电动汽车的优点在当时已为人所知：低噪声和零排放。但无论过去还是现在，电池依然是纯电动汽车发展的瓶颈。由于当时还不存在相对高能量密度的锂电池，因此使用的是铅酸蓄电池[㊀]。此外，由于高效率的电力电子技术仍未得到发展（仅有笨重且高损耗的电子管），以致（直流电机）在当时主要采用电阻器进行低效率控制。图2.1～图2.3所示为由保时捷公司生产的三种不同类型的第一代汽车。

图2.1 Porsche Lohner "Semper Vivus" (1899) ——基于轮毂电机且采用前轮驱动的纯电动汽车。当时还无法制造采用前轮驱动的内燃机汽车。其最高车速为50km/h，续驶里程可达50km，铅酸蓄电池重量为410kg

图片来源：http：//upload. wikimedia. org/wikipedia/commons/4/46/TMW_1428_Lohner - Porsche - Elektromobil. jpg

㊀ 铅酸蓄电池：正极活性物使用二氧化铅，负极活性物使用海绵状铅，并以硫酸溶液为电解液的蓄电池。

图 2.2　Porsche Lohner Allrad（1900）——第一辆全轮驱动汽车，其中铅酸蓄电池重量为 1800kg。在效率为 83% 的情况下，最大速度为 60km/h

图片来源：http：//upload. wikimedia. org/wikipedia/commons/1/13/Lohner_Porsche. jpg

图 2.3　Porsche Mixte（1902，图片展示为复制品）——第一辆混合动力汽车，其中铅酸蓄电池可由戴姆勒生产的内燃机进行充电

图片来源：https：//de. wikipedia. org/wiki/Lohner - Porsche#/media/Datei：GenevaMotorShow2011. jpg

2.2　电动汽车现状

得益于内燃机驱动技术的进步，燃油汽车采用价格低廉的汽油即可实现长的续驶里程，这在当时几乎完全限制了纯电动汽车和混合动力汽车的发展。直到 20 世纪七八十年代以来的石油危机爆发以及气候专家的警告，才再一次促进了电动汽车发展，几乎所有的汽车生产厂商都参与其中并研发出许多概念汽车或系列车型。从街道上行驶的汽车可以看出，电动汽车的突破发展还有待时日，目前市面上可选择的电动汽车车型也受到限制。可惜的是，曾经

具有创新精神的先锋，如拥有卡宴车型的保时捷，仍未研发出新的纯电动汽车车型㊀。图 2.4 ~ 图 2.9 所示为部分当前可购置的几种纯电动汽车和混合动力汽车车型。

图 2.4　丰田普锐斯（Toyota Prius）——并联式混合动力汽车，油耗约为 4L/100km。电机可用于在低速下的再生制动和正常行驶。售价为 26800 欧元

图片来源：http：//srv2. betterparts. org/images/toyota - prius - 06. jpg

图 2.5　三菱 iMiEV——纯电动汽车。续驶里程可达到 150km、最大速度为 130km/h。电机类型为永磁同步电机。借助于功率为 50kW 的充电桩，蓄电池可在约 30min 充至 80%。售价为 34390 欧元

图片来源：http：//greentechfor. us/wp - content/gallery/mitsubishi - imiev/imiev_presskit_hi_01. jpg

德国街道上行驶的电动汽车数量少的原因很明显：所有的电动汽车车型价位相对昂贵，且在特斯拉 ModelS 上市以前仅拥有很短的续驶里程。公众对电动汽车的印象停留在三菱 iM-iEV，小且贵、无身份象征。没有身份象征及驾驶乐趣是人们不购置的根本原因。

㊀ 本书所翻译的慕尼黑工业大学德文版讲义首次完稿于 2014 年，目前电动汽车工业已发生了天翻地覆的变化，保时捷也已推出纯电动汽车车型。本部分内容并未进行实时更新，原因如下：①原德文版讲义此部分未做出更新，目前仍用于教学工作；②读者可轻易借助网络资源与本部分介绍的 2014 年电动汽车现状进行对比；③驱动控制技术是原德文讲义的核心，而非电动汽车的商业运行。

图 2.6　日产 Leaf——纯电动汽车。续驶里程为 100 ~ 200km，基础车型最大速度为 144km/h。售价为 29690 欧元

图片来源：http：//img2. netcarshow. com/Nissan - LEAF_2011_1280x960_wallpaper_01. jpg

图 2.7　欧宝 Ampera（Opel Ampera）——插电式混合动力汽车，借助于内燃机有助于增加续驶里程。16kW · h 的蓄电池可提供纯电动续驶里程约 80km，加满油箱后其总续驶里程超过 500km。售价为 38300 欧元

图片来源：http：//www. automativ. de/wp - content/gallery/opel - ampera - mj2011/opel - ampera - mj2011 - img - 01. jpg

图 2.8　宝马 i3——纯电动或插电式混合动力汽车。最大速度为 150km/h，纯电动车型续驶里程为 190km。售价为 34950 欧元

图片来源：https：//www. bmw. de/dam/brandBM/common/topics/bmw – now/technology – innovation/efficientdynamics_2012/gallery/12_wallp aper_efficient_dynamics_1920_1200. jpg. download. 1373901337144. jpg

图 2.9　特斯拉 ModelS——纯电动汽车。续驶里程可达 500km，最高速度为 200km/h。售价为 68440 欧元

图片来源：http：//image. motortrend. com/f/oftheyear/car/1301_2013_motor_trend_car_of_the_year_tesla_model_s/41007794/2013 – Tesla – Model – S – rear – three – quarter – 1. jpg

2.3　行业领先：特斯拉汽车公司

本节简要介绍一家引起广泛关注的电动汽车生产厂商——特斯拉（Tesla）汽车公司。下文所提及的内容于 2014 年 1 月份摘录于特斯拉官方网站 http：//www. teslamotors. com 和维基百科 http：//en. wikipedia. org/wiki/Tesla_Motors。

特斯拉汽车最初由马丁 · 艾伯哈德（MartinEberhard）和马克 · 塔彭宁（Marc Tarpenning）于2003年7月1日所创办，创始人将公司命名为“特斯拉汽车”，以纪念物理学家尼古拉·特斯拉（Nikola Tesla）。在2004年A轮融资时，伊隆·马斯克（Elon Musk）[㊀]投资该公司并成为特斯拉最大股东和董事长。尽管该公司在汽车制造领域缺乏经验和积淀，但它却是一家能够充分发挥电池驱动潜力的汽车厂商。伊隆·马斯克曾说，**他的目标并非仅仅制造出色的电动汽车，而是要打造仅依靠电池驱动的最优秀的汽车**。

特斯拉公司曾与路特斯汽车公司合作开发第一款基于笼型异步电机（尼古拉·特斯拉的发明）的特斯拉敞篷跑车——Tesla Roadster，该跑车使用了大量的可为笔记本计算机供电的标准锂电池组。Tesla Roadster实际上是第一批连续生产的电动跑车，其超长续驶里程可达到500km。这一巨大进步表明，制造一辆电动汽车使其不仅在性能而且在产品设计上都能够与汽油车相媲美，甚至超越也是有可能的。凭借这一概念，电动汽车重新吸引了投资人的注意力。

2013年起，图2.9所示的Tesla Model S电动汽车批量生产。为此，该公司购买了旧金山南部的一家旧的汽车厂并对其原有设备完全改造用以生产特斯拉汽车。**全新研发的Tesla Model S**使电力驱动传动系统的潜力得到完全发挥，成功证明了发展电动汽车是正确的方向。标准的锂电池组电池单元均匀分布在整个汽车底板上，此方式不仅使得汽车重心得到整体的下移，而且使得电池的迅速更换成为可能。但是，电池更换主要是作为一种心理上的购买因素：首先，完全充电的电池已经可以达到500km的续驶里程；另外，在特斯拉超级充电站可免费充电，且20min可充电50%以上。超级充电站已经分布在美国加利福尼亚州和挪威，并将要覆盖挪威全国。超级充电站也会在美国和欧洲进一步扩建。值得一提的是，充电站的电能通过光伏电池获得。笼型异步电机安装在后轴以供驱动。图2.10所示为该汽车的动力总成系统示意图。

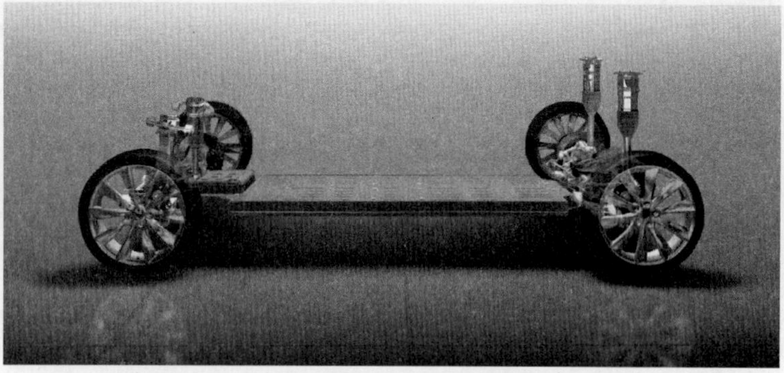

图2.10　Tesla Model S动力总成系统示意图

图片来源：http：//www. teslamotors. com/sites/default/files/safety_battery. jpg

动力总成系统所占据的微小空间使得Tesla Model S汽车前面和后面有足够的空间可作为行李舱。汽车内拥有5个成人座位及2个儿童座位。此外，汽车0—100km/h的加速时间仅需4.4s，快于保时捷911和宝马公司的BMWi8。BMWi8是一辆插电式混合动力汽车，其纯电动续驶里程仅有37km。

㊀ 伊隆·马斯克也是Paypal、SpaceX和SolarCity三家公司的联合创始人。

图2.10体现了化繁为简原则（Keep it Simple and Stupid，KISS）的应用。简单是该原则的主要目标，一般来说意味着节约硬件。KISS应当在研发的每一个环节得到重视。特斯拉汽车不需要大型号的内燃机，不需要昂贵的变速装置或自动变速装置，不需要尾气处理装置如催化净化器，不需要起停装置等。如此仍然不够，特斯拉于2015年将图2.11所示的特斯拉Model X推向市场。特斯拉Model X仍然能够以低于5s的时间完成0—100km/h的加速过程，对SUV来说可称得上是显著的加速性能！该型号汽车的动力总成系统类似于特斯拉Model S，如图2.12所示。该型号汽车为四轮驱动，因此，电机同时位于汽车后轴和前轴。尽管如此，特斯拉Model X的前机舱中仍然拥有储物空间。

图2.11　特斯拉Model X——第一辆电动驱动SUV

图片来源：http：//cdn. caradvice. com. au/wp－content/uploads/2013/03/Tesla－Model－X－2. jpg

图2.12　特斯拉Model X动力总成系统

图片来源：http：//www. teslamotors. com/sites/all/themes/tesla/images/shared/modelx/bg_performance_prod. png

由此可得出结论，纯电动汽车具有比燃油汽车和混合动力汽车更为明显的优势。

2.4　实时新闻报道

最后一部分原本应当是对特斯拉公司的一些宣传，介绍其目前的发展情况以及汽车所配备动力总成系统的可能性，然而，我们可从下面几则新闻报道推断出其他汽车公司对特斯拉的尊重或失望：

• 2014.01.27，德国 *AUTO BILD*：“奥迪制造德国特斯拉……名称为‘Tesla - Fighter’”。

来源：“AUTO BILD” http://www.autobild.de/artikel/audi - q8 - audis - tesla - konkurrent - 4539562.html。

• 2014.02.22，《南德意志报》：“马丁·温特科恩（大众汽车董事长）在一辆 Tesla Model S 面前对公司的研发人员说：我一直期待你们能够研发出这样的汽车。”

来源：“Süddeutsche.de” http://www.sueddeutsche.de/v5F38H/1853739/Elektrisiert.html。

• 2014.03.05，《经济周刊》：“费迪南德·皮耶希（大众汽车监事会主席）说：我们不需要会燃烧的汽车。”

来源：“Wirtschaftswoche” http://www.wiwo.de/technologie/auto/elektroautohersteller - in - der - kritik - warum - vw - chefkontrolleur - piech - tesla - fuer - ueberfluessig - haelt/9573478.html。

是的，确实有被烧坏的特斯拉汽车（图 2.13）：

• 2014.01.27，德国 *AUTO BILD*：“三辆特斯拉电动汽车发生燃烧迅速引起公众对电动汽车的怀疑，特斯拉公司的股票价格迅速下降。电动汽车究竟安不安全?”

来源：“ZEIT ONLINE” http://www.zeit.de/mobilitaet/2013 - 11/elektroauto - brand - tesla。

图 2.13 燃烧后的 Tesla Model S

图片来源：http://images.zeit.de/mobilitaet/2013 - 11/tesla - feuer/tesla - feuer - 540x304.jpg，搜索日期：2014.01.09。

不过，传统的燃油汽车也会燃烧，而且更频繁（图 2.14）：

• 2014.02.17，德国《焦点周刊》：“保时捷 911 系列内部起火烧毁：保时捷暂停 GT3 汽车的交付。”

来源：“FOCUS online” http://www.focus.de/auto/news/mehrere - faelle - von - totalschaden - porsche - hat - ein - problem - mit - brennenden - gt3_id_3621610.html。

所有事实表明，研究者应当继续从事电动汽车驱动控制方面的研究工作。

图 2.14　燃烧中的保时捷 911 GT3

图片来源：http：//p5. focus. de/img/fotos/origs3621619/4508433509 - w1280 - h960 - q72 - p4/Porsche1. jpg

第3章

关于本书

3.1 研究主题

本书将会讲述**电力驱动应用于汽车领域独有的特点**以及**详尽的驱动控制方法**。电动汽车驱动控制与传统驱动控制的区别在于其效率最优化而非动态性能最优化，如**最大转矩电流比控制（MTPA）**，本书会对 MTPA 以及其他不同的方法进行详细的介绍。显然，在各种实际的工业应用中有可能会使用相同的方法。

除了纯电动汽车和混合动力汽车之外，电动车辆这一范畴还包括电力驱动铁路、电动摩托车、电动自行车和踏板电动自行车、电动单轮车。以上几种类型电动车辆的驱动控制和设计的处理方法都非常类似，不过本书所关注的重点是纯电动汽车。

本书包含三大部分：引言、电力驱动基础知识和电力驱动强化知识，共计 12 章。其中，引言分为 3 章，电力驱动基础知识分为 3 章，电力驱动强化知识分为 6 章。建议读者参见目录，从而可对整体的章节分类有一个很好的把握。

- **引言**部分简要介绍电动车辆相较内燃机车辆的明显优势，梳理了电动汽车工业发展的历史趋势，还包括研究主题以及参考文献推荐。
- **电力驱动基础知识**部分简要介绍电力驱动所需的控制闭环基本知识，以及直流驱动和交流驱动，力求以最小的篇幅涵盖电力驱动所需的基本理论知识。所谓电力驱动的基本理论知识包括自动控制原理、电机学和电机控制技术，当然，基本的数学知识也是必不可少的。
- **电力驱动强化知识**部分讲述驱动控制在电动车辆领域的应用。首先讲述车辆作为被控对象的模型建立以及设计驱动控制器时需考虑到的扰动、约束和非线性等；然后介绍电动车辆常用到的两种不同类型电机（笼型异步电机和永磁同步电机）控制方法；最后介绍损耗最小化控制方法、无速度传感器控制方法等热点问题。

整体来说，本书作为课程教材并非让读者对较深的理论知识望而却步，而是力求通过**深入浅出的表述**且在**不失必要理论深度**的前提下引起读者的兴趣。

3.2 文献推荐

本书的内容已经完全足够用于理解课堂上讲述的相关知识，顺利解决课后练习题，并在考试时取得良好成绩。感兴趣的读者还可以翻阅以下文献以获取更多知识：

- Dr. – Ing. Dierk Schröder：“Elektrische Antriebe – Grundlagen”. Springer，Berlin，2007.
- Dr. – Ing. Dierk Schröder：“Elektrische Antriebe – Regelung von Antriebssystemen”.

Springer, Berlin, 2009.

• **Kwang Hee Nam: "AC Motor Control and Electric Vehicle Applications". CRC Press, 2010.** （慕尼黑工业大学图书馆有 20 份供借阅）

• Rik De Doncker, Duco W. J. Pulle, Andre Veltman: "Advanced Electrical Drives: Analysis, Modeling, Control". Springer Netherlands, 2010.

• Seung-Ki Sul: "Control of Electric Machine Drive Systems". John Wiley & Sons, 2011.

• Haitham Abu-Rub, Atif Iqbal, J. Guzinski (Herausgeber): "High Performance Control of AC Drives". John Wiley & Sons, 2012.

习　题

1. 请列出纯电动汽车的三种优点和三种缺点。
2. 请给出纯电动汽车的五种可替代方案。
3. 请列出三种其他不同类型的电动车辆。
4. 请列出三种当前可购置的纯电动汽车或混合动力汽车车型。
5. 请问目前可购置的纯电动汽车或混合动力汽车型的续驶里程范围大约是多少?
6. 请问目前可购置的纯电动汽车或混合动力汽的价格范围是怎样的?

第二篇　电力驱动基础知识

第4章 电力驱动

4.1 控制闭环

控制任务：给定一个（技术性的）系统，即**被控对象**，此系统应能够在给定参比变量后及时做出响应，即**被控变量**跟随**参比变量**实时变化（允许存在规定范围内的滞后/允差），特别是在系统受到扰动的情况下，系统状态变量也能够**时刻保持在规定的范围之内**。

结合控制器与反馈可以完成上述控制任务。图 4.1 所示为基本控制系统典型组成的功能图。

框图 4.1

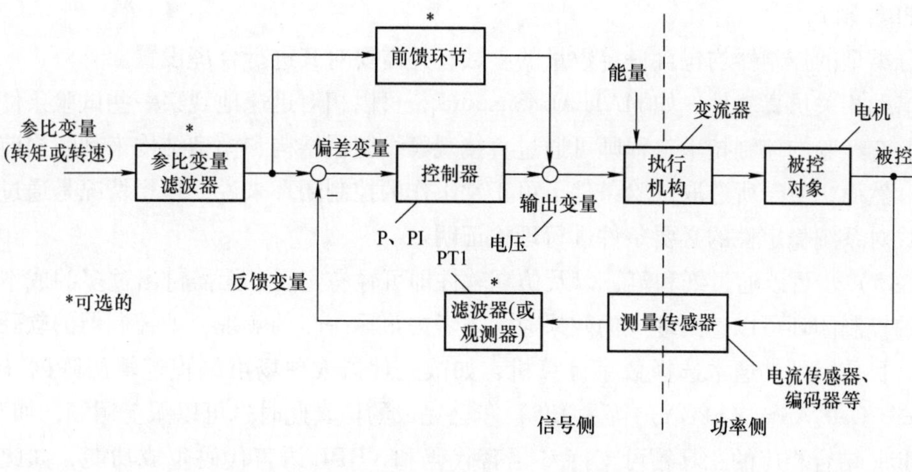

图 4.1 基本控制系统典型组成的功能图

4.2 电力驱动系统组成

电力驱动系统由电机（被控对象）、电力电子装置（执行机构）、传感器（测量传感器）、控制器硬件和控制器软件（控制器、前馈环节、滤波器等）等组合而成。此外，电动车辆还需额外包含电池及电池管理系统的控制部分。所有可为车辆在道路上行驶时提供作用力的组成部分统称为动力传动系统，它与变速器、轮胎、制动系统等共同组成车辆的**动力总成系统**。

4.3 解决控制任务的方法论

一般来说，控制任务的解决方法包含如下具体步骤：

1）建立数学模型。

2）设计/选择合适的控制器结构。

3）数学模型的参数辨识。

4）控制器的参数设置。

5）仿真及理论证明。

6）软硬件实现及试验。

数学模型并非越精确越好，最好是在能够满足要求的范围内尽可能粗糙，从而避免因模型精度过高而付出更高的代价。例如，直接使用麦克斯韦方程组[㊀]作为数学模型用于电机控制是毫无意义的。

控制器结构的设计/选择可通过直接在练习纸上使用尝试错误法或计算机软件仿真分析，并结合控制技术工程师的实际经验来完成。

电机的**参数辨识**，如电阻或电感的确定，可使用麦克斯韦方程组或对具体的被控对象进行测量等。对于非基于模型的控制器来说，可以省去第1）步和第3）步，如经典的比例积分控制（PI 控制）。

大部分类型的控制器均包含一定数量的**参数**，并需要对其进行合理**设置**。

目前借助相关**仿真**软件，如 MATLAB/Simulink，可以相对迅速地观察一些试验条件下的控制效果。有经验的控制技术工程师可通过直接观察控制器结构和模型结构来判断当前系统的稳定性。然而，对于所选取试验条件下可正常工作的控制闭环来说，理想情况是通过数学方程的形式对系统稳定性的必要条件进行**理论证明**。

第1）~5）步可以通过纸和笔，以及仿真软件即可轻易实现，无需付出过多的成本。只有当设计的控制闭环可以达到理想的效果时，才考虑最后一步的实现，即控制器的**软硬件实现及试验**。目前，硬件通常选择数字计算机，如微处理器或现场可编程逻辑门阵列（Field Programmable Gate Array，FPGA）等。第5）步已完成的仿真此时也可以派上用场，如 MATLAB/Simulink 结合相应的工具箱可支持 C 语言代码和 VHDL 语言代码生成功能，如此可以减轻复杂的软件算法编写工作。最后，基于试验平台可通过不同的试验和测量来验证所设计控制系统的有效性。

㊀ 麦克斯韦方程组：给出确定介质或真空中电磁场的 4 个矢量与电流密度和体电荷密度的关系的方程组。

麦克斯韦方程组用微分形式表示为

$$\mathbf{rot}\ \boldsymbol{E} = \frac{\partial \boldsymbol{B}}{\partial t} \quad \mathrm{div}\ \boldsymbol{D} = \rho$$

$$\mathbf{rot}\ \boldsymbol{H} = \boldsymbol{J} + \frac{\partial \boldsymbol{D}}{\partial t} \quad \mathrm{div}\ \boldsymbol{B} = 0$$

式中，**rot** 和 div 分别是旋度和散度；$\boldsymbol{E}$、$\boldsymbol{D}$、$\boldsymbol{H}$、$\boldsymbol{B}$ 是确定电磁场的 4 个矢量；$\boldsymbol{J}$ 是电流密度；ρ 是体电荷密度；t 是时间。

习　题

1. 请问控制器或控制闭环的任务是什么？
2. 请绘制出包含以下模块和信号的基本控制系统典型组成的功能图，并标出信号侧和功率侧：
   1）模块：被控对象、测量滤波器、控制器、测量传感器、执行机构、前馈环节；
   2）信号：被控变量、参比变量、输出变量、能量、偏差变量、反馈变量；
3. 请问一般需要通过哪些具体步骤可以解决一般的控制任务？
4. 请问电力驱动系统一般包括哪些组成部分？
5. 请在第 2 道习题绘出的功能图中标出电力传动系统的组成部分。
6. 请问有哪些其他部件属于电动车辆的动力总成系统？

第5章 直流驱动

本章将介绍直流电机㊀的模型及其控制。直流电机目前在工业领域已很少使用，因为相比交流电机，它具有较低的功率密度且存在换向器㊁和电刷等劣势。然而，对直流驱动的理解有助于理解后面介绍的交流驱动，因此本部分不可忽略。

5.1 直流电机结构

一种直流电机横截面的简化结构如图 5.1 所示。

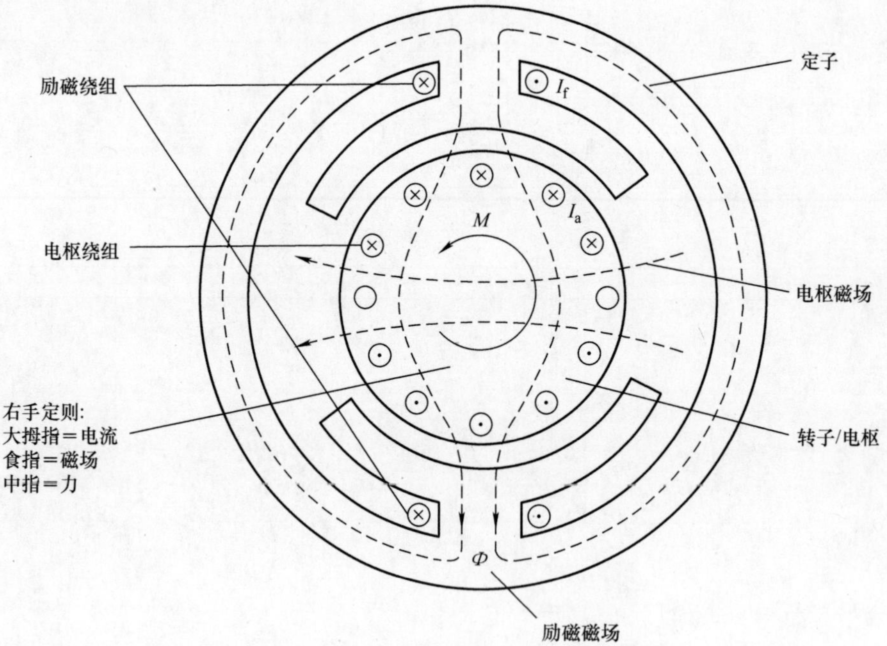

图 5.1 一种直流电机横截面的简化结构

图 5.2 所示为德国西门子公司于 1905 年制造的老式直流电机，额定电压 130V，额定电流 39A。

㊀ 直流电机：一种电机，其电枢绕组经换向器和电刷连接到直流系统，磁场由直流或脉动电流励磁或永久磁铁提供。

㊁ 换向器：由若干彼此绝缘的导电件构成的组件，相对于此组件设置有电刷，经滑动接触使电流在旋转绕组和电路的静止部分中流通，并可以使旋转绕组中某些线圈换接。

随着技术的不断进步，具有相同功率等级的电机结构变得越来越紧凑。此外，也可借助补偿绕组㊀和换向绕组㊁使电机具有更高的效率，缺点是结构更为复杂。图 5.3 所示为总部位于瑞士苏黎世的 ABB 公司于 1999 年制造的现代直流电机结构图。

图 5.2 德国西门子公司制造的老式直流电机

图 5.3 ABB 公司制造的现代直流电机结构图

图片来源：http：//upload. wikimedia. org/wikipedia/commons/2/2f/TMW_50904_Schnittmodell_eines_Gleichstrommotors. jpg

5.2 直流电机模型

根据图 5.1 可以得到直流电机等效电路㊂，如图 5.4 所示。

根据电路理论知识，可得到下述微分方程：

㊀ 补偿绕组：一种励磁绕组，承载负载电流或与之成比例的电流，以降低因其他绕组中流过负载电流而发生的磁场畸变。

㊁ 换向绕组：换向器电机中的一种励磁绕组，承载负载电流或与之成比例的电流，以促进正在进行换向的线圈内电流改变流向。

㊂ 等效电路：由理想电路元件构成的电路，在其端子或端口处，电路的工作情况等效于给定电路、磁路或电器件、磁器件的工作情况。

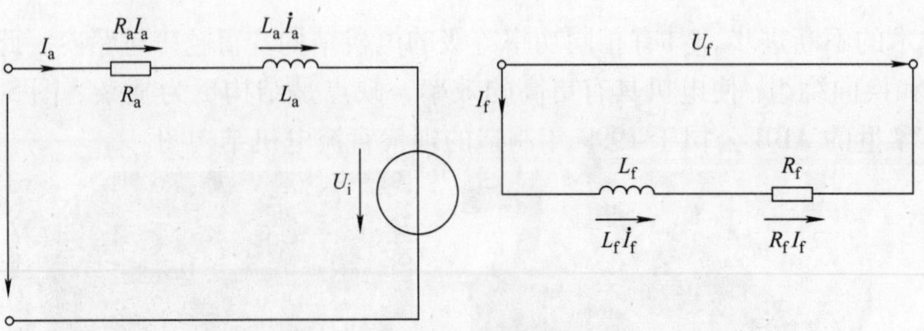

图 5.4 直流电机等效电路

$$U_a = R_aI_a + L_a\dot{I}_a + U_i \qquad I_a(0) = I_{a,0} \quad (=0) \tag{5.1}$$

$$U_f = R_fI_f + L_f\dot{I}_f \qquad I_f(0) = I_{f,0} \quad (=0) \tag{5.2}$$

感应电压 U_i、转矩 M 和磁链 Ψ 表达式分别如下：

$$U_i = c\Psi\omega \tag{5.3}$$

$$M = c\Psi I_a \tag{5.4}$$

$$\Psi = L_fI_f \tag{5.5}$$

式中，c 是电动机常数㊀。

5.3 直流电机类型

电枢绕组和励磁绕组的相互连接具有下述不同的类型：

- **他励㊁电机**：图 5.4 中 U_a 和 U_f 是相互独立的，且分别直接由其他电压源（如变流器）而非电机本身供给。
- **永磁励磁电机**：采用永磁体替代励磁绕组产生励磁磁场。
- **自励㊂或串励㊃电机**：电机是由与电枢绕组串联的励磁绕组励磁的，即 $I_a = I_f$。此类型电机也因此可在交流电压或交流电流下运行，因电流方向改变的同时会引起磁场方向的变化，从而可保持转矩方向不变。因此，这一电机类型也称为**交直流两用电机**㊄。显然，串励电机是无法实现再生制动㊅的。
- **混励㊆电机**：上面提及电机类型的结合形式，被称为混励电机。

事实上，也存在可以在交流电压或交流电流下运行的“直流电机”，显然直流电机这一概念严格来说并不正确，且容易引起误解，但是这一概念仍然得到了历史的认可。更为精确的概念或许可使用“静止磁场电机”（德语：Stehfeldmaschine），类似于交流电机（德语：Drehfeldmaschine）。

此外，还存在其他励磁方式的电机类型，如并励㊇，此处不做进一步介绍。

本书所关注的直流电机类型为他励电机。

㊀ 电动机常数：表征直流力矩电动机品质的参数。

㊁ 他励：用以指明电机的励磁是由其他电源而不是电机本身供给的。

㊂ 自励：用以指明电机的励磁是由电机本身供给的。

㊃ 串励：用以指明电机是由与电枢绕组串联的绕组励磁的。

㊄ 交直流两用电机：既可用直流电源，又可用单相交流电源的电机。

㊅ 再生制动：使电能返回电源的电制动方式。

㊆ 混励：用以指明电机的励磁一部分是由电机本身供给，一部分是由其他电源供给的。

㊇ 并励：用以指明电机是由与电枢绕组并联的绕组励磁的。

5.4 变流器

单相 H 桥是一种常见的变流器类型，其拓扑结构如图 5.5 所示。

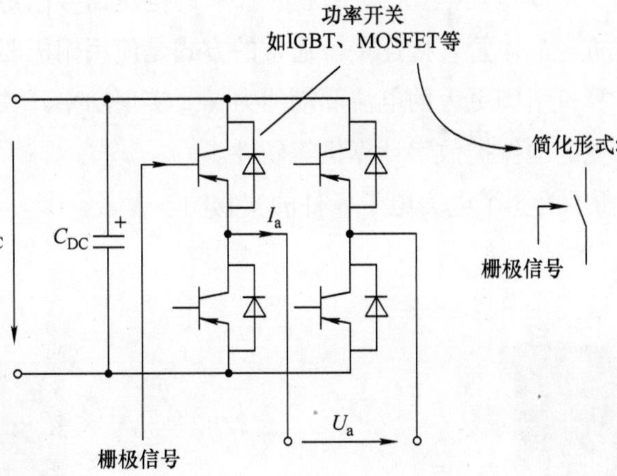

图 5.5　单相 H 桥变流器拓扑结构

单相 H 桥变流器的不同开关状态可以产生 $+U_{DC}$、$-U_{DC}$ 和 0 三种输出电压，而且输出电流的流向不受输出电压正负的影响。因此，上述变流器一般是可以实现电动或发电运行的。基于伏秒平衡原理，使用脉宽调制控制㊀（Pulse Width Modulation Control，PWM Control）可以低损耗地输出 $+U_{DC}$ 和 $-U_{DC}$ 之间的任意电压值，图 5.6 所示为 PWM 控制方式下的电压、电流波形示意图。

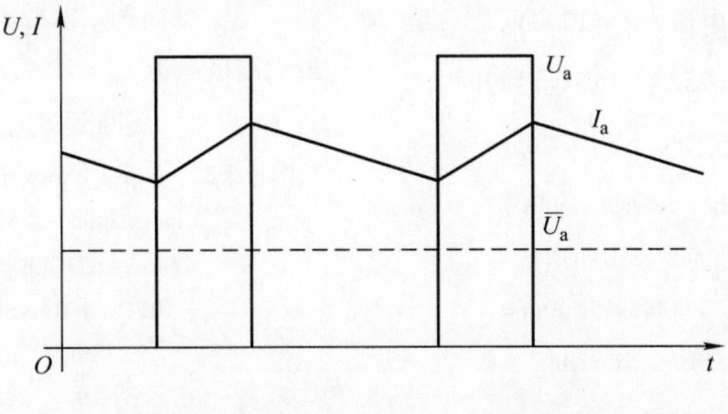

图 5.6　PWM 控制方式下的电压、电流波形示意图

显然，使用 PWM 控制也可以产生正弦形式的电压波形，且电流脉动以及与电流相关的转矩脉动会随着 PWM 频率的增加而减小，同时也会随电感值的增加而减小。

㊀ 脉宽调制控制：为产生某一输出波形，在每一基本周期调制脉冲的宽度或频率，或同时调制脉冲的宽度或频率的一种脉冲控制。

PWM 控制方法通常使用晶体管㊀，如绝缘栅双极晶体管㊁（Insulated - Gate Bipolar Transistor，IGBT）、金属氧化物半导体场效应晶体管㊂（Metal - Oxide - Semiconductor Field - Effect Transistor，MOSFET）等作为功率开关，可通过改变栅极电压信号使其导通或关断，功率开关简压形式如图 5.5 所示。上述栅极电压信号可由数字计算机产生，如微处理器、现场可编程逻辑门阵列（FPGA）等。大多情况下，5V 的电压信号已足以使晶体管导通，然而一般并不将数字计算机与晶体管直接连接。通常的方式是使用栅极驱动电路，其功能主要包括：①具有比数字计算机引脚更大的电流驱动能力；②实现功率开关部分与数据信号处理部分之间的电隔离，以更好地保护数字计算机等硬件。

图 5.7 ~ 图 5.9 所示为 3 个电力电子元件的实物图。

图 5.7　功率 IGBT“IKW25N120T2”：最高额定集电极 - 发射极电压 $U_{ce}=1200V$，最大集电极电流 $I_c=25A$，开通延迟时间 $t_{on}=27ns$，关断延迟时间 $t_{off}=265ns$

图片来源：http：//www. reichelt. de/IKW - 25N120/3/index. html？&ACTION = 3&LA = 446&ARTICLE = 115915&artnr = IKW + 25N120&SEARCH = igbt

图 5.8　N 沟道功率 MOSFET“IRFP460APBF”：最高额定漏源电压 $U_{ds}=500V$，最大漏极电流 $I_{ds}=20A$，开通延迟时间 $t_{on}=18ns$，关断延迟时间 $t_{off}=45ns$

图片来源：http：//www. reichelt. de/IRFP - 460A/3/index. html？&ACTION = 3&LA = 446&ARTICLE = 118998&artnr = IRFP + 460A&SEARCH = mosfet

㊀ 晶体管：能起功率放大作用并具有 3 个或更多电极的半导体器件。

㊁ 绝缘栅双极晶体管：具有导电沟道和 PN 结，且流过沟道和结的电流由施加在栅极端和发射极端之间的电压产生的电场控制的晶体管。

㊂ 场效应晶体管：在栅极引出端和源极引出端之间加上电压而产生电场，由该电场控制通过导电沟道电流的一种晶体管。

图 5.9 用于中间直流环节的电解电容“BE10. 000/100”：$U=100\text{V}$，$C=10\text{mF}$

图片来源：http：//www. reichelt. de/Becher－Elkos/BE－10－000－100/3/index. html?&ACTION＝3&LA＝2&ARTICLE＝5378&GROUPID＝3146&artnr＝BE＋10. 000%2F100

5.5 设计与运行

一般来说，电机轴的转动方向可正可反，而且转矩也不依赖于轴的转动方向而可正可负。由此可得到电机的 4 个主要运行范围，如图 5. 10 所示的机械特性[㊀]，它也被称为四象限运行图。通过图中所描述负载的运行范围即可粗略地对电机进行设计。此处所有的观察都是静态的，也即不包含时间信息。

框图 5. 1

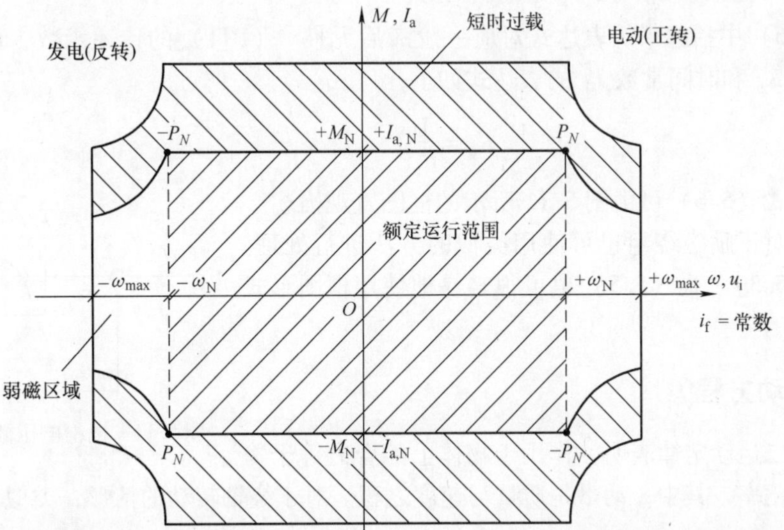

图 5. 10 四象限运行图

㊀ 机械特性：在规定输入条件下，电机转速与输出转矩的关系。

5.6 直流电机系统理论描述

5.6.1 电磁方程

在控制技术中，数学模型通常采用系统理论进行概括。下面所提及的**信号**仅包括**系统**的输入或输出。对第5.2节中的微分方程式（5.1）和式（5.2）分别进行拉普拉斯变换[㊀]，可得到电枢电压微分方程在复数域内表示的代数方程式，变换过程如下：

$$U_a = R_a I_a + L_a s I_a + U_i$$

$$U_a - U_i = (R_a + sL_a) I_a$$

$$I_a = \frac{1}{R_a + sL_a}(U_a - U_i)$$

$$= \frac{1}{R_a\left(1 + s\frac{L_a}{R_a}\right)}(U_a - U_i) \tag{5.6}$$

$$= \underbrace{\frac{\frac{1}{R_a}}{s\frac{L_a}{R_a} + 1}}_{\text{PT1}}(U_a - U_i)$$

式中，U_a 和 U_i 是输入信号；I_a 是输出信号。

式（5.6）中括起来的表达式对应一阶滞后元件[㊁]（PT1）的传递函数，由此可得到比例作用系数 K_p 和时间常数 T_1 的表达式如下：

$$K_p = \frac{1}{R_a} \qquad T_1 = \frac{L_a}{R_a}$$

从而，式（5.6）可由图5.11所示的框图直观描述。

同理，对于励磁绕组也可使用类似的方法进行处理。此外，式（5.3）~式（5.5）也可很轻易地使用框图形式描述。

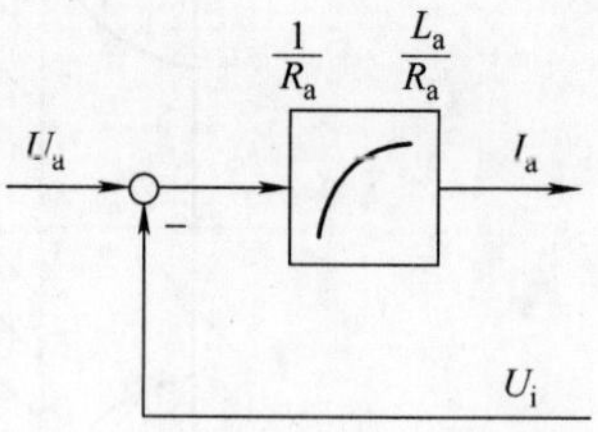

图5.11 电枢电压微分方程框图

5.6.2 运动方程

牛顿第二运动定律表明，作用于物体上的合力等于物体动量的变化率，其中，动量是质量与速度之积。对于绕轴转动的情形，类似于牛顿第二定

㊀ 拉普拉斯变换：对实变量 t 的实函数或复函数 $f(t)$，由积分变换 $F(s) = \int_0^{+\infty} f(t)\mathrm{e}^{-st}\mathrm{d}t$ 给出的复变量 s 的复函数 $F(s)$（注：若 t 是时间，那么变量 s 表示复角频率）。

㊁ 一阶滞后元件：其传递函数恰只有一个负实部极点且无零点的线性时不变传递原件，可表示为$\frac{V(s)}{U(s)} = \frac{K_p}{1 + T_1 s}$。式中，$K_p$是比例作用系数；$T_1$ 是时间常数；s 是拉普拉斯变换复变量；$U(s)$是输入变换；$V(s)$是输出变换。

律，存在下述表达式：

$$\sum M = M_{\alpha} = J\alpha$$

$$\alpha = \dot{\omega} = \ddot{\varphi}, \varphi(0) = \varphi_0, \omega(0) = \omega_0$$

式中，M 是转矩；J 是转动惯量[⊖]；α 是角加速度；ω 是角速度；φ 是位置。

对于电机来说，合转矩一般是由电磁转矩 M（也称气隙转矩）和负载转矩 M_{L} 两部分相加得到，要特别注意的是，负载转矩通常为负值，即有

$$M - M_{\mathrm{L}} = J\ddot{\varphi}$$

$$\varphi = \frac{1}{J}\iint (M - M_{\mathrm{L}}), \varphi(0) = \varphi_0, \omega(0) = \omega_0$$

图 5.12 所示为直流电机的运动方程框图。

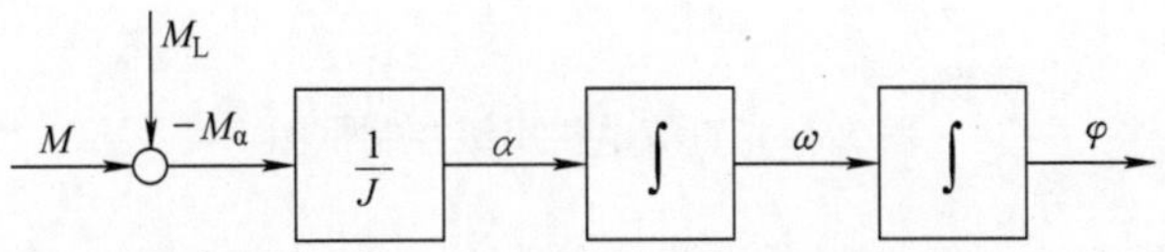

图 5.12 直流电机的运动方程框图

5.6.3 直流电机整体框图

将上述介绍的所有框图经过适当组合即可得到直流电机整体框图，如图 5.13 所示。

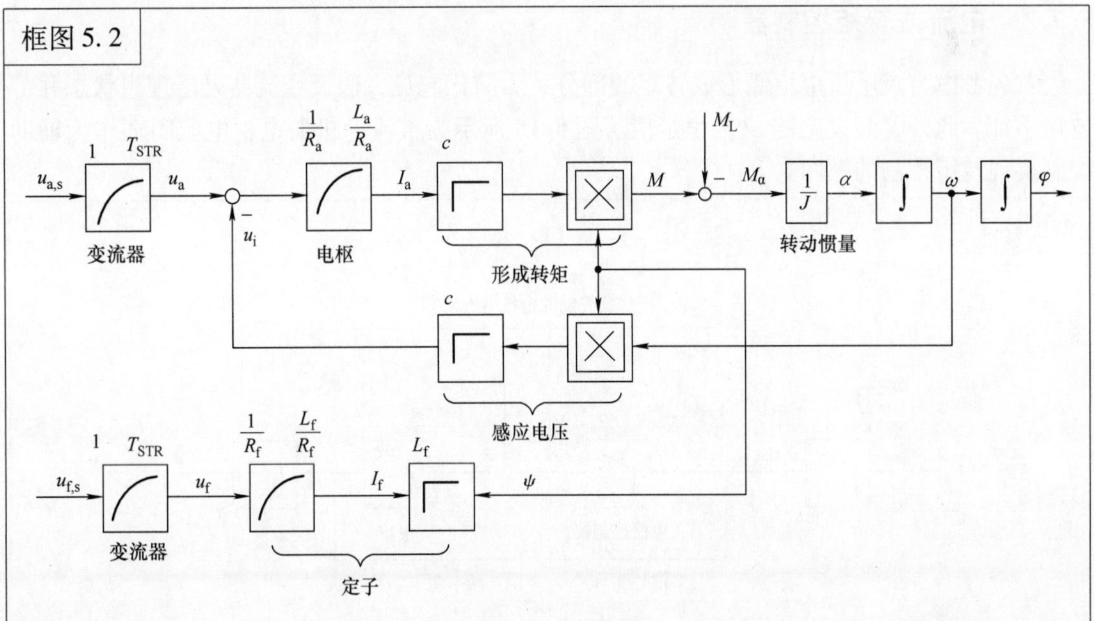

图 5.13 直流电机整体框图

⊖ 转动惯量：标量，等于物质元到给定轴的距离二次方与元的质量之积作为微分元的积分。

5.7 直流电机控制

串级控制[㊀]是电机的经典控制方法之一，如图 5.14 所示。

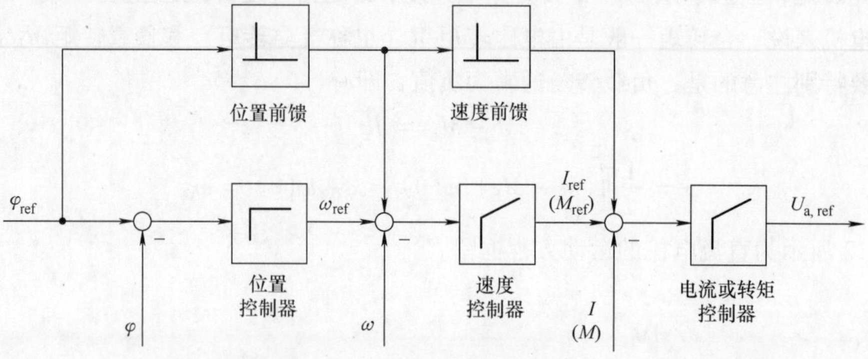

图 5.14　直流电机串级控制框图

上述串级控制框图中的位置控制器作为主控制器，速度控制器、电流或转矩控制器作为辅助控制器。由于主控制器与辅助控制器之间会相互影响，因此设计控制器参数时需要综合考虑。另外，串级控制可以轻易地对控制器输出变量进行限幅。由于串级控制具有优良的控制效果，此方法在工业中得到了广泛应用。**直流电机和交流电机均可采用串级控制方法**。下面进一步介绍直流电机串级控制中使用的相关控制器。

5.7.1 电流或转矩控制器

首先考虑直流电机电枢侧形成转矩的部分，为简化起见，假设变流器处于理想状态并可忽略不计。此外，假设磁链 Ψ 为恒定值。图 5.15 所示为直流电机的电枢电流闭环作为辅助控制实现转矩控制的框图。

框图 5.3

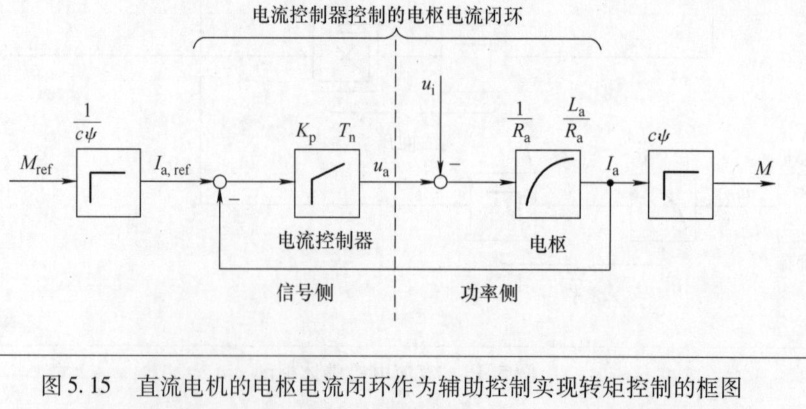

图 5.15　直流电机的电枢电流闭环作为辅助控制实现转矩控制的框图

㊀ 串级控制：一个控制器的输出变量是一个或多个次级控制回路的参比变量的控制形式。

由图 5.15 可以看出，感应电压 u_i 作为电枢电流闭环的扰动。结合式（5.3）和图 5.13 可知，感应电压与磁链和转速成正比关系，因此可以对其进行补偿（扰动补偿）。由于感应电压的变化相对于电流来说非常缓慢，所以即使不使用扰动补偿也可以通过控制器消除其扰动影响。

使用基于比例积分元件[㊀]的 PI 控制器作为电流控制器，从而在电流闭环的前向通道引入了积分环节，它对偏差变量进行积分作用从而可以消除静态误差。如果选择电枢时间常数 $\frac{L_a}{R_a}$ 作为 PI 控制器的再调时间[㊁] T_n，即可使 PI 控制器传递函数的分子部分 $T_n s+1$ 与式（5.6）中电枢传递函数的分母部分 $s\frac{L_a}{R_a}+1$ 相互抵消。经抵消后得到的电枢电流闭环依然可以看作是一阶滞后元件，其时间常数与 PI 控制器的比例作用系数成反比，表达式为 $\frac{T_n R_a}{K_p}$。在选择 PI 控制器比例作用系数时，还需同时考虑变流器的滞后影响，如此可使电枢电流闭环的时间常数不会因 PI 控制器比例作用系数的无限增加而趋近于零。选取的控制器比例作用系数越高，系统的超调也越大。控制器的参数设计可以参考图 5.16。有关 PI 控制器的选择和设计更为详尽的内容请读者参考其他参考文献。

有一点需要指出的是，对于电机来说，其实际上控制的是电流而非转矩。因为转矩与电流成正比，所以有时也称为转矩控制器，即使它本质上描述的是基于辅助电流控制闭环的转矩调节。

5.7.2 速度控制器

对电动车辆来说，基本不需要额外的控制器：驾驶员可以通过踩压加速踏板实时给定参考转矩。然而，目前几乎所有的车辆均配备“巡航控制”功能，也就是速度控制器。

图 5.17 所示为电机的速度控制闭环框图。由图可知，参考转矩是由速度控制器和速度前馈环节共同确定，因此无论转矩是由直流电机还是交流电机产生，并不影响转速控制效果。上述分析同样适用于 5.7.3 节讲述的位置控制器。

此时，使用具有一阶滞后元件特性的等效转矩闭环（图 5.15）来简化描述被控对象。负载转矩 M_L 可以看作是扰动变量。即使速度控制闭环的前向通道已经存在一个积分器，仍需选择 PI 控制器作为速度控制器以实现速度无静差控制，原因是负载转矩的作用点恰好位于积分器之前。对此进一步解释如下：将负载转矩 M_L 的作用点向右平移至积分器之后，从

㊀ 比例积分元件：比例元件和积分元件相加组合而成的线性时不变传递元件。理想 PI 元件的传递函数为

$$\frac{V(s)}{U(s)}=K_p\left(1+\frac{1}{T_n s}\right)$$

式中，K_p 是比例作用系数；T_n 是再调时间；s 是拉普拉斯变换复变量；$U(s)$ 是输入变换；$V(s)$ 是输出变换。

㊁ 再调时间：比例积分元件中，当输入变量做阶跃变化时，输出变量达到施加阶跃后立即出现的变化值 2 倍所需的时间。再调时间 T_n 可表示为

$$T_n=\frac{K_p}{K_I}=K_p T_I$$

式中，K_p 是比例作用系数；K_I 是积分作用系数；T_I 是积分作用时间。

优化表

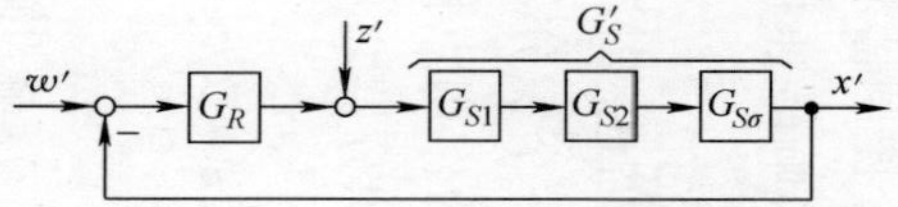

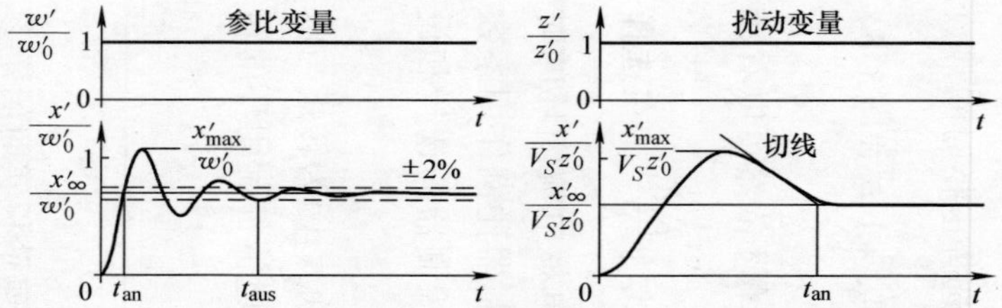

序号	类型	被控对象 G'_S	被控对象 合适范围	控制器 类型	控制器 G_R	控制器 优化标准	调整 T_R,T_n,T_v	调整 V_R	调整 $\frac{T_G}{T_\sigma}$	参比变量 w $\frac{t_{an}}{T_\sigma}$	参比变量 w $\frac{t_{aus}}{T_\sigma}(\pm2\%)$	参比变量 w $\frac{x'_{max}}{w'_0}$	参比变量 w $\frac{x'_\infty}{w'_0}$	参比变量 w $\frac{T_{ers}}{T_\sigma}$	扰动变量 z $\frac{t_{an}}{T_\sigma}$	扰动变量 z $\frac{1}{V_S}\frac{x'_{max}}{z'_0}$	扰动变量 z $\frac{1}{V_S}\frac{x'_\infty}{z'_0}$
1	PT_1	$\frac{V_S}{1+sT_\sigma}$	$T_\sigma=T_1+T_2+\cdots$	I	$\frac{V_R}{sT_n}=\frac{1}{sT_R}$	BO	$T_R=2V_ST_\sigma$	$\frac{T_n}{2T_\sigma V_S}$	—	4.7	8.4	1.04	1	2	6.3	0.64	0
2	PT_2	$\frac{V_S}{(1+sT_1)(1+sT_\sigma)}$	$\frac{T_1}{T_\sigma}\gg1$	P	V_R	BO	—	$\frac{T_1}{2T_\sigma V_S}$	—	(4.7)	(8.4)	$1.04\frac{x'_\infty}{\omega'_0}$	$\frac{V_RV_S}{1+V_RV_S}$	2	(4.7)	$\approx\frac{1}{1+V_RV_S}$	$\frac{1}{1+V_RV_S}$
3			$\frac{T_1}{T_\sigma}=1,2,\cdots$	PI	$V_R\frac{1+sT_n}{sT_n}$	BO	$T_n=T_1$	$\frac{T_1}{2T_\sigma V_S}$	—	4.7	8.4	1.04	1	2	$5.5\sqrt{\frac{T_1}{T_\sigma}}$	$\frac{0.5\sim1.2}{T_1/T_\sigma}$	0
4			$\frac{T_1}{T_\sigma}\geqslant4$	PI	$V_R\frac{1+sT_n}{sT_n}$	SO	$T_n=4T_\sigma$	$\frac{T_1}{2T_\sigma V_S}$	— 0~4	4.7~3.1 4.7~7.6	8.4~16.5 8.4~13.3	1.04~1.43 1.04~1.08	1 1	— 2~4	≈10	$\frac{1.2\sim1.6}{T_1/T_\sigma}$	0
5	PT_3	$\frac{V_S}{(1+sT_1)(1+sT_2)(1+sT_\sigma)}$ $T_2>T_\sigma$	$\frac{T_1}{T_\sigma}\gg1$	PD	$V_R(1+sT_v)$	BO	$T_v=T_2$	$\frac{T_1}{2T_\sigma V_S}$	—	(4.7)	(8.4)	$\left(1.04\frac{x'_\infty}{w'_0}\right)$	$\frac{V_RV_S}{1+V_RV_S}$	2	$4+\frac{T_2}{T_\sigma}$	$\approx\frac{1}{1+V_RV_S}$	$\frac{1}{1+V_RV_S}$
6			$\frac{T_1}{T_\sigma}=1,2,\cdots$	PID	$V_R\frac{(1+sT_n)(1+sT_v)}{sT_n}$	BO	$T_n=T_1$ $T_v=T_2$	$\frac{T_1}{2T_\sigma V_S}$	—	4.7	8.4	1.04	1	2	$4.4\sqrt{\frac{T_1T_2}{T_\sigma^2}}$	$\frac{0.5\sim0.75}{\sqrt{\frac{T_1}{T_\sigma}}\sqrt{\frac{T_2}{T_\sigma}}}$	0
7			$\frac{T_1}{T_\sigma}\geqslant4$	PID	$V_R\frac{(1-sT_n)(1+sT_v)}{sT_n}$	SO	$T_n=4T_\sigma$ $T_v=T_2$	$\frac{T_1}{2T_\sigma V_S}$	— 0~4	4.7~3.1 4.7~7.6	8.4~16.5 8.4~13.3	1.04~1.43 1.04~1.08	1 1	— 2~4	$\approx10\sqrt[4]{\frac{T_2}{T_\sigma}}$	$\frac{1.4\sim1.8}{\frac{T_1}{T_\sigma}\sqrt{\frac{T_2}{T_\sigma}}}$	0
8	IT_1	$\frac{V_S}{sT_1(1+sT_\sigma)}$	$\frac{T_1}{V_ST_\sigma}\gg1$	P	V_R	BO	—	$\frac{T_1}{2T_\sigma V_S}$	—	4.7	8.4	1.04	1	2	(4.7)	$\approx\frac{1}{V_RV_S}$	$\frac{1}{V_RV_S}$
9			$\frac{T_1}{V_ST_\sigma}>0$	PI	$V_R\frac{1+sT_n}{sT_n}$	SO	$T_n=4T_\sigma$	$\frac{T_1}{2T_\sigma V_S}$	— 4	3.1 7.6	16.5 13.3	1.43 1.08	1 1	— 4	10	$\frac{1.6}{T_1/T_\sigma}$	0
10	IT_2	$\frac{V_S}{sT_1(1+sT_2)(1+sT_\sigma)}$ $T_2>T_\sigma$	$\frac{T_1}{V_ST_\sigma}\gg1$	PD	$V_R(1+sT_v)$	BO	$T_v=T_2$	$\frac{T_1}{2T_\sigma V_S}$	—	4.7	8.4	1.04	1	2	$4+\frac{T_2}{T_\sigma}$	$\approx\frac{1}{V_RV_S}$	$\frac{1}{V_RV_S}$
11			$\frac{T_1}{V_ST_\sigma}>0$	PID	$V_R\frac{(1-sT_n)(1+sT_v)}{sT_n}$	SO	$T_n=4T_\sigma$ $T_v=T_2$	$\frac{T_1}{2T_\sigma V_S}$	— 4	3.1 7.6	16.5 13.3	1.43 1.08	1 1	— 4	$\approx10\sqrt[4]{\frac{T_2}{T_\sigma}}$	$\frac{1.8}{\frac{T_1}{T_\sigma}\sqrt{\frac{T_2}{T_\sigma}}}$	0

图 5.16　优化表

图片来源：Prof. Dierk Schröder，《电力传动 - 驱动系统控制》，施普林格出版社，2009，第 3 版，80 - 81 页。

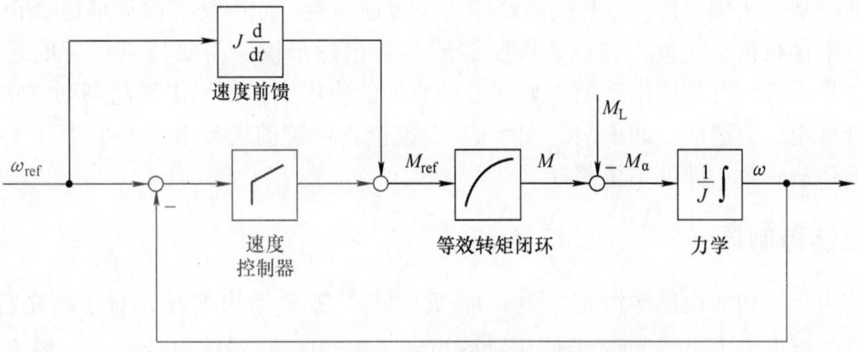

图 5.17　电机的速度控制闭环框图（见彩插）

而可以使用 $\omega_d = \int \frac{1}{J} M_L$ 来表示速度扰动变量。此时，阶跃类型的负载转矩可以等效为斜坡类型的速度扰动。只有当控制闭环的前向通道包含两个积分器时，才能够实现含有斜坡类型扰动的无静差控制。PI 控制器参数设置可以参考相关文献以及图 5.16。

图 5.17 蓝色部分描述了一个可选的速度前馈环节。假设去掉绿色部分表示的 PI 控制器，显然，速度前馈控制的工作原理可表述如下：前馈环节的转动惯量 J 与后面积分器中的 $\frac{1}{J}$ 相互抵消，从而使得控制无滞后，理想情况下，参比变量和被控变量完全相同。总体来说，PI 控制器需要在偏差变量出现之后才能进行调节，具有一定的滞后性。前馈控制通常是减小跟踪误差的有效方法。显然，速度前馈环节需要对参考速度 ω_{ref} 进行求导，只有 ω_{ref} 以解析的形式给出并且是可导的，才可以使用未经滤波的 ω_{ref}。一般来说，伺服系统经常用到前馈控制。

5.7.3　位置控制器

位置控制器是串级控制的主控制器。对于电动车辆来说，位置控制器可以作为距离控制器，目的是与前方行驶的车辆之间保持不小于允许值的最小安全距离。因此，位置控制器对电动车辆来说是一个特殊的应用。图 5.18 所示为位置控制闭环框图。

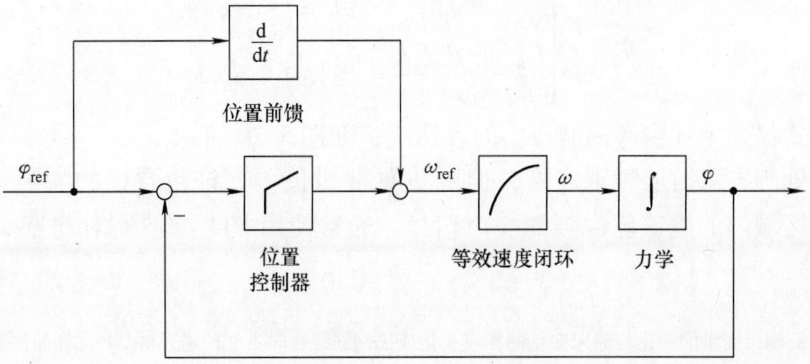

图 5.18　位置控制闭环框图

此时使用基于比例元件[注]的 P 控制器作为位置控制器，原因是前向通道已经包含一个积分器，而且不存在扰动变量。对于 P 控制器的参数选择来说，需要特别注意的是，在大部分应用场合是不希望有超调出现的，如在电动车辆的应用中，如果出现超调则意味着无法保持最小安全车距，会造成交通事故。图 5.18 中也包含位置前馈环节，其原理与上一节介绍的速度前馈环节一致，此处不再赘述。

5.7.4 磁链控制器

到目前为止，均假设磁链恒定不变，即 $\Psi=\Psi_N$。需要指出的是，对于转矩控制来说，也可以保持电枢电流 I_a 恒定而选择使用励磁电流 I_f 作为控制器输出变量。一般来说，直流电机励磁绕组的时间常数要明显大于其电枢绕组的时间常数，因此上述基于励磁电流 I_f 实现转矩控制的方法的动态性能相对较低。

由于测量磁链的代价太高，类似于第 5.7.1 节介绍的电流或转矩控制器，此处也可以使用励磁电流闭环作为辅助控制实现磁链调节，如图 5.19 所示。此时，励磁电流控制器与电枢电流控制器的选择与设计方法完全一致。

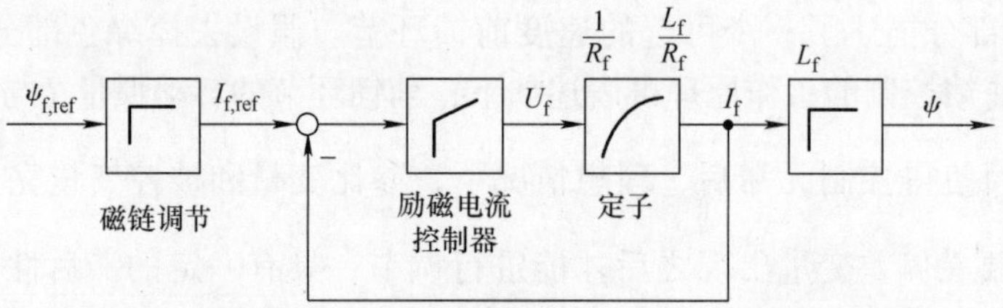

图 5.19 励磁电流闭环作为辅助控制实现磁链调节的框图

磁链参考值 Ψ_{ref} 的调整应满足相应条件，即产生的感应电压小于最大或额定感应电压，特别是在弱磁区域运行区域（图 5.10）。因此，控制规则可以根据下述条件求得：

$$U_i=c\Psi\omega \qquad \overset{!}{=} U_{i,N}=\text{恒值},\text{当}|\omega|>\omega_N\text{ 时}$$

$$\Leftrightarrow \Psi=\frac{U_{i,N}}{c\omega}=\frac{U_{a,N}-R_aI_{a,N}}{c\omega}$$

参考磁链 Ψ_{ref} 的表达式如下：

$$\Psi_{ref}=\begin{cases}\Psi_N & \text{当}|\omega|\leqslant\omega_N\text{ 时}\\ \dfrac{U_{a,N}-R_aI_{a,N}}{\omega} & \text{当}|\omega|>\omega_N\text{ 时}\end{cases}$$

用框图形式描述上述参考磁链 Ψ_{ref} 的表达式，如图 5.20 所示。

采用上述处理方法时应特别注意，速度 ω 的测量值不允许包含强的噪声信号，否则会导致弱磁运行区域内的磁链包含强的噪声信号。通常使用 PT1 滤波器对速度 ω 的测量值进行滤波。

[注] 比例元件：输出变量的变化与输入变量的相应变化成比例的线性时不变传递元件。P 元件的传递函数为

$$\frac{V(s)}{U(s)}=K_p$$

式中，K_p 是比例作用系数；s 是拉普拉斯变换复变量；$U(s)$ 是输入变换；$V(s)$ 是输出变换。

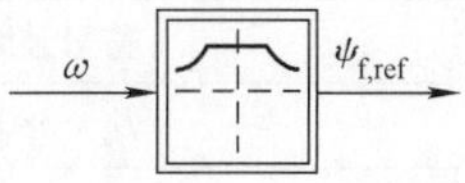

图 5.20　磁通参考值形成框图

此外还需要注意的是，前面讲述的转矩和速度闭环控制均假定磁链 $\Psi=\Psi_N$ 恒定。此时应对其进行适当调整，从而可以保持额定运行以及弱磁运行范围内的控制效果。

习　题

1. 请绘出一种直流电机横截面的简化结构图，并标出如下组成部分：电枢电流 I_a、定子、转子（电枢）、磁极、励磁绕组、电枢绕组、磁通 Φ、励磁电流 I_f、转矩 M。

2. 请说出三种不同类型的直流电机。

3. 请绘出他励直流电机的等效电路。

4. 请列出他励直流电机的微分方程。

5. 请绘出单相 H 桥变流器的拓扑结构。

6. 请问哪些类型的晶体管适用于电动车辆领域的应用?

7. 请问单相 H 桥如何产生三种不同的输出电压以及为什么输出电流的流向不受输出电压正负的影响?

8. 请绘出单相 H 桥在 PWM 控制方式下的电压、电流波形示意图。此外，请问如何计算等效电压?

9. 请绘出电机的四象限运行图，至少包括如下组成部分：额定运行范围、弱磁区域、电动（反转）、电动（正转）、发电（正转）、发电（反转）。

10. 请在所绘出的四象限运行图中标出如下变量：$+M_N$、$-M_N$、$+\omega_N$、$-\omega_N$、$+I_{a,N}$、$-I_{a,N}$、$+P_N$、$-P_N$。

11. 请在所绘出的四象限运行图中标出短时过载运行区域。

12. 请在所绘出的四象限运行图中画出额定运行以及弱磁运行范围内的功率速度特性曲线 $P=f(\omega)$。

13. 请对电枢电压微分方程进行拉普拉斯变换，然后将其变换为可对应 PT1 的传递函数的形式，并写出其比例作用系数和时间常数表达式。

14. 请对励磁电压微分方程进行拉普拉斯变换，然后将其变换为可对应 PT1 的传递函数的形式，并写出其比例作用系数和时间常数表达式。

15. 请绘出直流电机的运动方程框图。

16. 请绘出直流电机的整体框图。

17. 一个他励直流电机的参数如下所示：

参数	符号及数值
额定功率（机械）	$P_N=200W$
额定转速	$n_N=2000r/min$
额定电枢电压	$U_{a,N}=230V$
额定电枢电流	$I_{a,N}=1A$
额定励磁电压	$U_{f,N}=230V$
额定励磁电流	$I_{f,N}=0.18A$
最高转速	$n_{max}=6000r/min$

（续）

参数	符号及数值
电枢电感	$L_a = 380\text{mH}$
电枢电阻	$R_a = 16.7\Omega$
励磁电感	$L_f = 15\text{H}$
励磁电阻	$R_f = 2.3\Omega$
转动惯量	$J = 14\text{g} \cdot \text{m}^2$
电机常数	$c = 0.4$
变流器滞后时间	$T_U = 0.1\text{ms}$
中间直流电压	$U_{DC} = 560\text{V}$

1）请绘出直流电机的串级控制框图，并解释其工作原理。

2）请绘出直流电机的电枢电流控制闭环框图，并基于幅值最优原则设计控制器（提示：图 5.16 中的 BO 为德语 Betragsoptimum 的缩写，意为幅值最优）。

3）请绘出直流电机的电枢电流控制闭环作为辅助控制实现转矩控制的框图。

4）请绘出直流电机的励磁电流控制闭环框图，并基于幅值最优原则设计控制器［提示：同第 2）题］。

5）请绘出直流电机的励磁电流控制闭环作为辅助控制实现磁链控制的框图。

6）请问怎样设定磁链参考值，可使得系统在弱磁运行范围内实现自动调节？有哪些注意事项？

7）假设转矩动态性为第二优先级，且电枢电阻和励磁电阻大小相等。请设计一个基于定子电流和励磁电流的转矩调节系统，使得在给定转矩参考值下电阻损耗可达到最小。

8）请绘出速度控制闭环框图（提示：请将转矩控制闭环近似为一阶滞后环节）。

9）请绘出位置控制闭环框图（提示：请将速度控制结构近似为二阶滞后环节）。

第6章

交流驱动

6.1 交流电机结构

一种交流电机㊀横截面的简化结构如图 6.1 所示。

框图 6.1

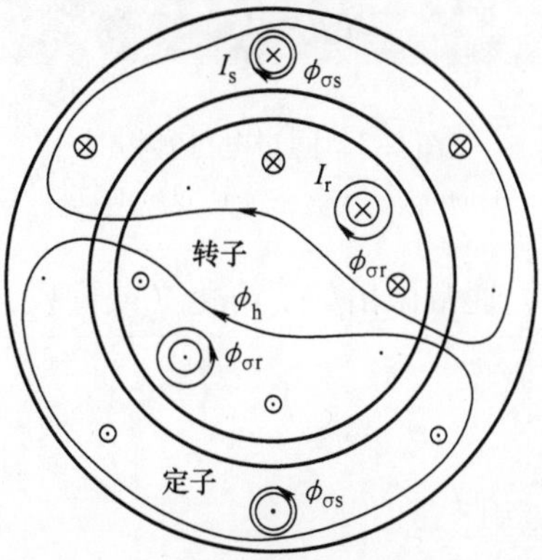

图 6.1　交流电机横截面的简化结构

图 6.2 和图 6.3 所示分别为异步电机㊁和同步电机㊂的实物图。

图 6.2　额定功率为 1.1kW 的异步电机实物图

㊀ 交流电机：一种电机，具有与交流系统连接的电枢绕组。

㊁ 异步电机：一种交流电机，其作为负载时的转速与所接电网频率之比不是恒定值。

㊂ 同步电机：一种交流电机，其电动势的频率与电机转速之比为恒定值。

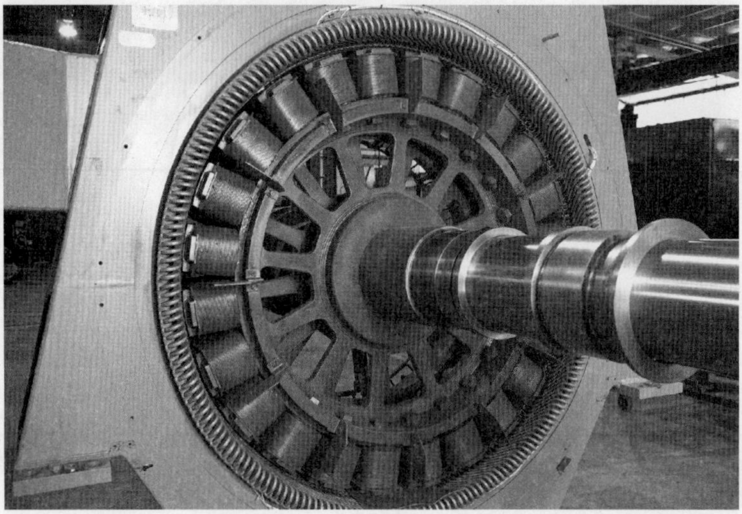

图 6.3　同步电机实物图

图片来源：http：//burfordinc. com/wp－content/uploads/2012/09/IMG_7175. jpg

研究交流电机数学模型时，通常做出如下简化（或假设）：

框图 6.2

磁链（电流）和磁通：

- 忽略空间谐波⇒二维模型
- 沿气隙呈正弦规律分布⇒基波⇒基波模型

此外：

- 线性铁心⇒$L \neq f(I)$
- 忽略铁心损耗和涡流损耗⇒仅存在欧姆损耗
- 不考虑温度变化对电阻和电感的影响⇒R，$L \neq f(T)$
- 忽略磁路饱和，各绕组的自感和互感都是恒定的
- 电机各相的特性完全一致

6.2 变流器

为了能够在三相电机的 3 个输出端口处生成任意大小的电压值，需将应用于直流电机的单相 H 桥变流器额外扩展一个桥臂[1]，称之为三相全桥变流器。图 6.4 所示为扩展后的三相全桥变流器拓扑结构。

[1] 桥臂：电力电子变流器或开关的一部分电路，以任意两个交流或直流端子为界，包括一个或多个连接在一起的同时导电的电子阀器件以及组件（如有）。

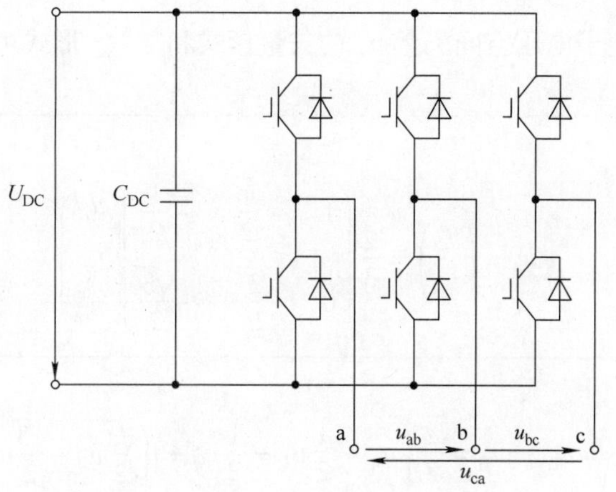

图 6.4　扩展后的三相全桥变流器拓扑结构

6.3　空间矢量–克拉克变换

由于考虑的是电机二维数学模型，那么与电机有关的变量，尤其是电压、电流和磁通等也应使用二维的矢量[1]形式描述。换言之，它与电机绕组的数量无关，始终拥有两个自由度，通常称之为**空间矢量**[2]。图 6.5 所示为定子电压空间矢量基本原理。

框图 6.3

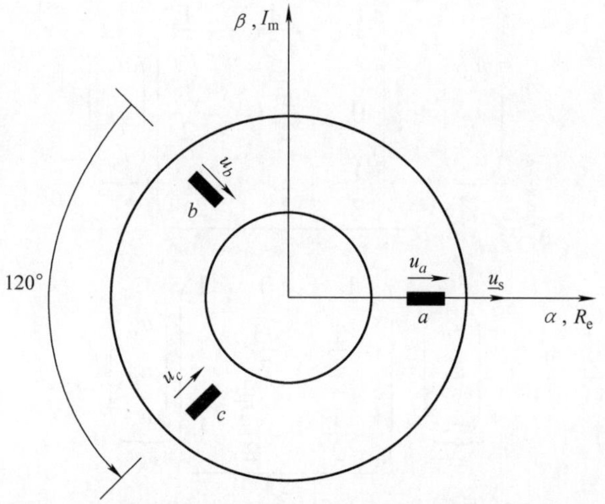

图 6.5　定子电压空间矢量基本原理

当然，并非强制要求电机是三相的和具有单对磁极。为了避免产生零序电流，电机相的数量需要满足一定的约束条件。本书所研究的对象为三相电机，当然，三相电机的研究方法也适用于任意相电机。所有的电磁关系适用于单对磁极，对于多对磁极的情形，其中每一对磁极的电磁关系完全相同。为了更简单地说明问题，通常只使用单对磁极进行举例。

[1] 矢量：可以表示为集合中的一个元的量，该集合中任一元乘以任一实数或任一复数，还有任两个元之和都是集合中的元。对于二维或三维实空间，矢量可用一个由其方向和长度表征的有向线段表示。

[2] 空间矢量：在电机内，可将在空间按正弦分布的物理量表示为空间矢量。

由图 6.5 可知，定子电压空间矢量 $\underline{\boldsymbol{u}}_{\mathrm{s}}$ 的矢量形式和复数㊀形式可通过**克拉克变换**确定。

- 矢量形式：

框图 6.4

$$\underline{\boldsymbol{u}}_{\mathrm{s}}=\begin{pmatrix}u_\alpha\\u_\beta\end{pmatrix}=\frac{2}{3}\begin{pmatrix}1 & -\frac{1}{2} & -\frac{1}{2}\\0 & \frac{\sqrt{3}}{2} & -\frac{\sqrt{3}}{2}\end{pmatrix}\begin{pmatrix}u_a\\u_b\\u_c\end{pmatrix}$$

- 复数形式：

$$\begin{aligned}\underline{\boldsymbol{u}}_{\mathrm{s}}&=u_\alpha+\mathrm{j}u_\beta=\frac{2}{3}\left[u_a-\frac{1}{2}u_b-\frac{1}{2}u_c+\mathrm{j}\left(\frac{\sqrt{3}}{2}u_b-\frac{\sqrt{3}}{2}u_c\right)\right]\\&=|\underline{\boldsymbol{u}}_{\mathrm{s}}|\mathrm{e}^{\mathrm{j}\varphi}=\frac{2}{3}\left(u_a+u_b\mathrm{e}^{\mathrm{j}\cdot 120°}+u_c\mathrm{e}^{\mathrm{j}\cdot 240°}\right)\end{aligned}$$

使用系数$\frac{2}{3}$是基于幅值不变原理，即保证合成的空间矢量最大幅值与单相最大幅值相等。此外，基于等功率原理得到的系数为 $\sqrt{2/3}$，请参见其他参考文献。

对于矢量形式来说，为了能够在反变换时可轻易地构造矩阵的逆，通常使用 3×3 型矩阵，如下所示：

框图 6.5

$$\underbrace{\begin{pmatrix}u_\alpha\\u_\beta\\u_\gamma\end{pmatrix}}_{\underline{\boldsymbol{u}}_{\mathrm{s}}^{\alpha\beta\gamma}}=\frac{2}{3}\underbrace{\begin{pmatrix}1 & -\frac{1}{2} & -\frac{1}{2}\\0 & \frac{\sqrt{3}}{2} & -\frac{\sqrt{3}}{2}\\\frac{1}{2} & \frac{1}{2} & \frac{1}{2}\end{pmatrix}}_{\underset{\sim}{T}_{\mathrm{C}}}\underbrace{\begin{pmatrix}u_a\\u_b\\u_c\end{pmatrix}}_{\underline{\boldsymbol{u}}_{\mathrm{s}}^{abc}}$$

$$\underbrace{\begin{pmatrix}u_a\\u_b\\u_c\end{pmatrix}}_{\underline{\boldsymbol{u}}_{\mathrm{s}}^{abc}}=\underbrace{\begin{pmatrix}1 & 0 & 1\\-\frac{1}{2} & \frac{\sqrt{3}}{2} & 1\\-\frac{1}{2} & -\frac{\sqrt{3}}{2} & 1\end{pmatrix}}_{\underset{\sim}{T}_{\mathrm{C}}^{-1}}\underbrace{\begin{pmatrix}u_\alpha\\u_\beta\\u_\gamma\end{pmatrix}}_{\underline{\boldsymbol{u}}_{\mathrm{s}}^{\alpha\beta\gamma}}$$

其中，$u_\gamma=0$。此外，采用上述形式也可以描述零序电流，即在非绝缘中性点和 $i_\gamma\neq 0$ 的情况下。

㊀ 复数是指包含实数以及可以用有序实数对（a，b）表示且满足下列性质的集合的元素：

- 对（a，0）表示实数 a。
- 加法定义为 $(a_1,b_1)+(a_2,b_2)=(a_1+a_2,b_1+b_2)$。
- 乘法定义为$(a_1,b_1)\times(a_2,b_2)=(a_1a_2-b_1b_2,a_1b_2+a_2b_1)$。

对（a，b）定义的复数记为 $c=a+\mathrm{j}b$，其中 j 为虚数单位，a 为实部，b 为虚部。一个复数也可以表示为$c=|c|(\cos\varphi+\mathrm{j}\sin\varphi)=|c|\mathrm{e}^{\mathrm{j}\varphi}$，其中$|c|$为非负实数，称为模，$\varphi$ 为实数，称为辐角。在电工技术中，复数通常在字母符号下加一下画线，如 $\underline{c}$。

实际表明，空间互差120°电角度的三相正弦电压波形 u_a、u_b、u_c 所合成的电压空间矢量 $\underline{\boldsymbol{u}}_s$ 的长度（矢量的长度也可称为模）恒定，即 $|\underline{\boldsymbol{u}}_s|$ = 恒值。此外，根据电机各相特性完全一致这一假设，在正弦电压馈电情形下所形成的电流矢量和磁链矢量的长度也保持恒定。图6.6清晰地解释了这一原理。

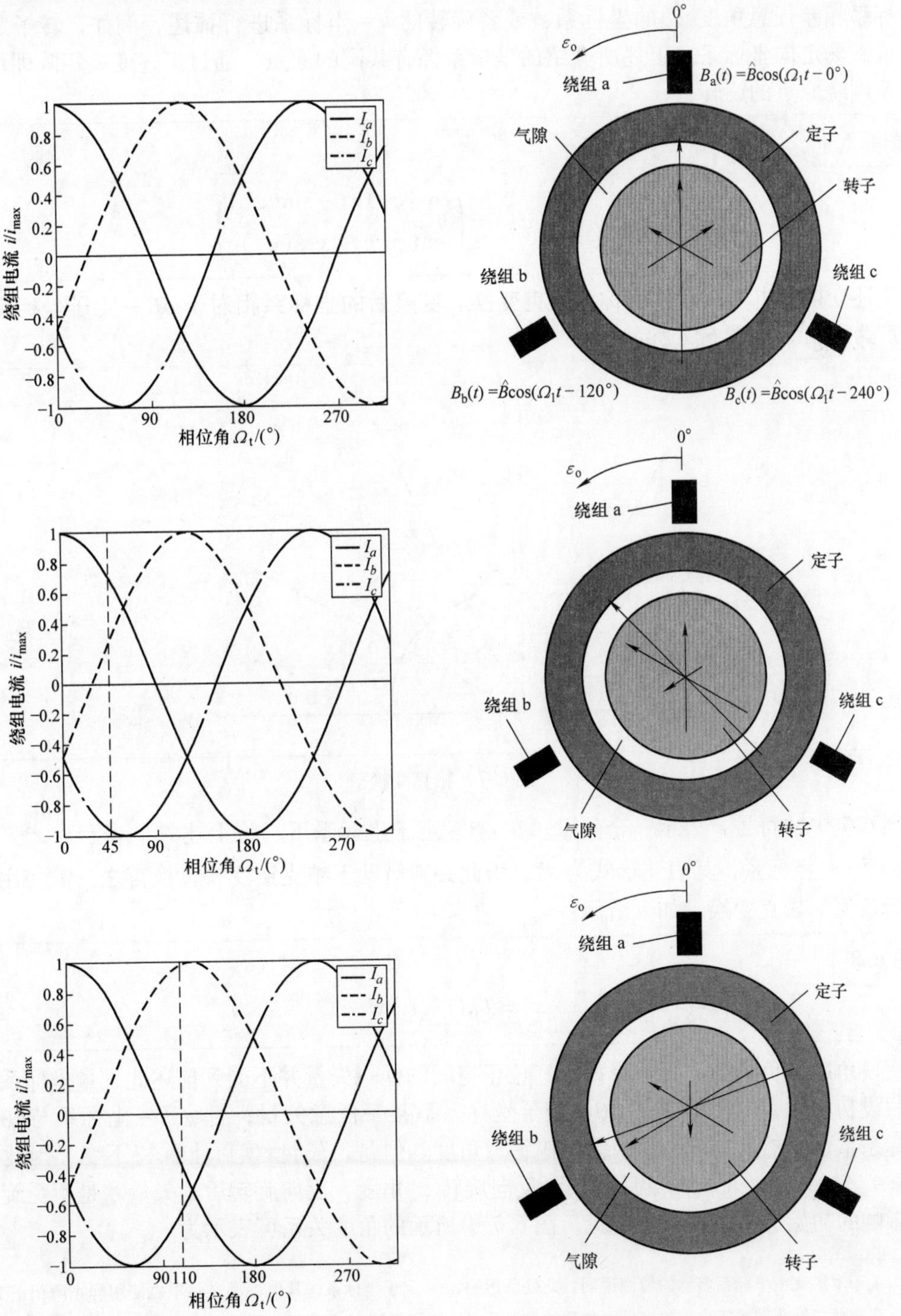

图6.6 不同时间点下的电流矢量示意图

6.4 坐标系 - 帕克变换

图 6.5 描述了 $\alpha\beta$ - 定子坐标系[⊖]下的电压空间矢量示意图。任一空间矢量也可通过与定子坐标系相差任意角度 φ_k 的坐标系，或者旋转的 k - 坐标系进行描述，例如，转子定向坐标系或磁场定向坐标系。上述所介绍的坐标系拥有共同的原点，通过下述变换矩阵即可实现坐标系围绕原点的旋转：

框图 6.6

$$\underset{\sim}{\boldsymbol{T}}_{\mathrm{P}}(\varphi_k) = \underset{\sim}{\boldsymbol{R}}(\varphi_k) = \begin{pmatrix} \cos(\varphi_k) & -\sin(\varphi_k) \\ \sin(\varphi_k) & \cos(\varphi_k) \end{pmatrix}$$

上述变换在电力驱动领域称为**帕克变换。变换后的坐标系相对于 $\boldsymbol{\alpha\beta}$ - 定子坐标系的旋转角度为 $+\boldsymbol{\varphi_k}$**，如图 6.7 所示。

框图 6.7

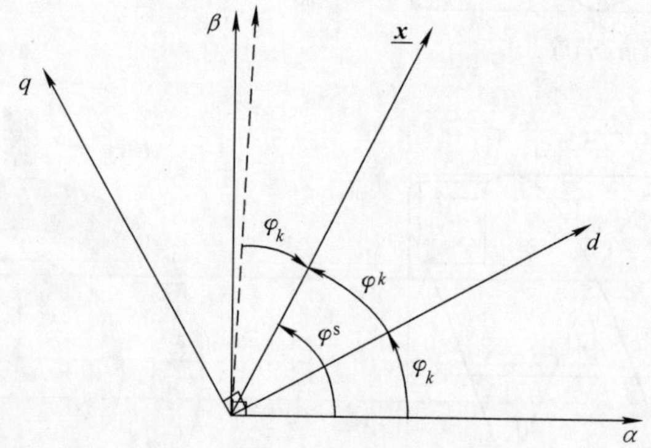

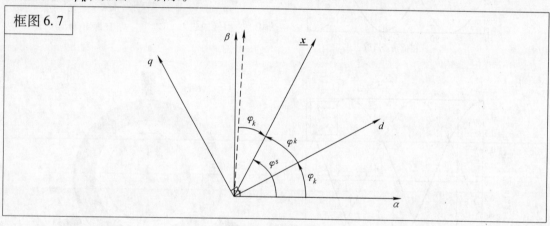

图 6.7　帕克变换

图 6.7 中的符号 $\underline{\boldsymbol{x}}$ 表示一个矢量。在 $\alpha\beta$ - 定子坐标系下，将上述矢量表示为 $\underline{\boldsymbol{x}}^{\mathrm{s}}$。若将 $\underline{\boldsymbol{x}}^{\mathrm{s}}$ 转换至 k - 坐标系，其表述形式为 $\underline{\boldsymbol{x}}^{k}$，为此必须借助于帕克逆变换，换言之，需使用变换角度为负值的帕克变换，如下所示：

框图 6.8

$$\underline{\boldsymbol{x}}^{k} = \underset{\sim}{\boldsymbol{T}}_{\mathrm{P}}(-\varphi_k)\underline{\boldsymbol{x}}^{\mathrm{s}}$$

变换角度为负值的原因解释如下：位于空间的任一矢量并不受到描述此矢量坐标系的影响。假设初始时，使用 $\underline{\boldsymbol{x}}^{\mathrm{s}}$ 描述 $\alpha\beta$ - 定子坐标系下某一任意矢量，且令 k - 坐标系与 $\alpha\beta$ - 定子坐标系重合，然后令 k - 坐标系旋转 $+\varphi_k$ 角度。但是，矢量 $\underline{\boldsymbol{x}}$ 实际上保持不变，因此需将随着 k - 坐标系旋转 $+\varphi_k$ 角度后的矢量反向旋转 φ_k 角度，反向旋转后的矢量才是不受旋转坐标系影响的初始矢量。为清晰起见，图 6.7 中所示的角度关系可表示为

⊖ 关于本讲义中坐标系名称的使用说明：此处所指的 $\alpha\beta$ - 定子坐标系，其他参考文献中也使用静止两相正交坐标系或两相静止轴系等来描述。后面出现的参考系名称使用规则也基于德文原文意思翻译，不局限于其他参考文献的表述方式。

框图 6.9

$$\varphi^k = \varphi^{\mathrm{s}} - \varphi_k$$

帕克变换具有如下特性：

- 正交性：$\underset{\sim}{\boldsymbol{T}}_{\mathrm{P}}(\varphi_k)^{-1} = \underset{\sim}{\boldsymbol{T}}_{\mathrm{P}}(\varphi_k)^{\mathrm{T}} = \underset{\sim}{\boldsymbol{T}}_{\mathrm{P}}(-\varphi_k)$
- 无缩放性：$\det[\underset{\sim}{\boldsymbol{T}}_{\mathrm{P}}(\varphi_k)] = \det[\underset{\sim}{\boldsymbol{T}}_{\mathrm{P}}(\varphi_k)^{-1}] = 1$

帕克变换的等效描述方式也可以使用复数形式：

$$\underline{\boldsymbol{x}}^k = \underline{\boldsymbol{x}}^{\mathrm{s}} \mathrm{e}^{-\mathrm{j}\varphi_k}$$

$$\underline{\boldsymbol{x}}^{\mathrm{s}} = \underline{\boldsymbol{x}}^k \mathrm{e}^{\mathrm{j}\varphi_k}$$

6.5 电磁关系

图 6.8 所示为从一个新的视角来描绘图 6.1 所示的电磁关系。可以看出，图中使用电流和磁通的流向代替空间矢量来描述电机的电磁关系。

框图 6.10

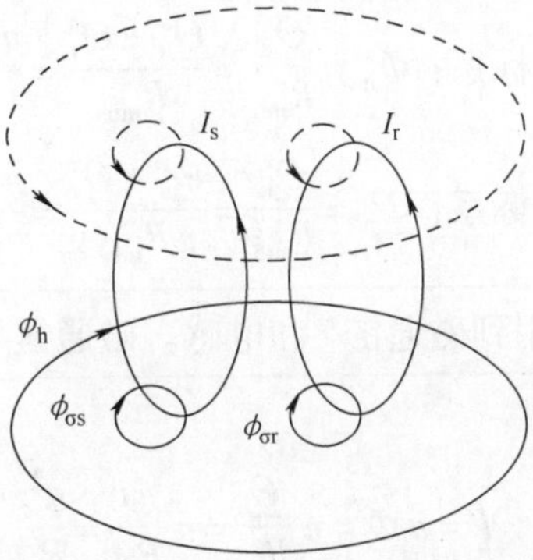

图 6.8 交流电机的电磁关系

基于图 6.1 和空间矢量的相关知识，即可推导出相应的电磁关系。通常，**磁压**[1]和**磁通**[2]之间的关系可由磁路欧姆定律[3]描述：

---

[1] 磁压：标量，等于磁场强度 $\boldsymbol{H}$ 沿着连接 a、b 两点的一条规定路径的线积分，即 $V_{\mathrm{m}} = \int_{r_a}^{r_b} \boldsymbol{H}\mathrm{d}\boldsymbol{r}$。式中，$\boldsymbol{r}_a$ 和 $\boldsymbol{r}_b$ 分别是 a 和 b 的位置矢量，d$\boldsymbol{r}$ 是矢量线元（说明：作为对比，同样给出了电压和电流的定义）。

电压：标量，等于电场强度 $\boldsymbol{E}$ 沿着连接 a、b 两点的一条规定路径的线积分，即 $U_{\mathrm{ab}} = \int_{r_a}^{r_b} \boldsymbol{E}\mathrm{d}\boldsymbol{r}$。式中，$\boldsymbol{r}_a$ 和 $\boldsymbol{r}_b$ 分别是 a 和 b 的位置矢量，d$\boldsymbol{r}$ 是矢量线元。

[2] 磁通：标量，等于通过一给定有向面 S 的磁通密度 $\boldsymbol{B}$ 的通量，即 $\Phi = \int_S \boldsymbol{B}e_n \mathrm{d}A$。式中，$e_n \mathrm{d}A$ 是矢量面积元。

电流：标量，等于通过一给定有向面 S 的电流密度 $\boldsymbol{J}$ 的通量，即 $I = \int_S \boldsymbol{J}e_n \mathrm{d}A$。式中，$e_n \mathrm{d}A$ 是矢量面积元。

[3] 磁路欧姆定律：类似于电路欧姆定律（理想电阻器端电压正比于电阻器中电流），对应关系为磁压对应电压，磁阻对应电阻，磁通对应电流。

框图 6.11

$$\underline{\Theta}=n\,\underline{i}=R_{\mathrm{m}}\underline{\Phi}$$

$$\Leftrightarrow\underline{\Phi}=\frac{\underline{\Theta}}{R_{\mathrm{m}}}=\frac{n\,\underline{i}}{R_{\mathrm{m}}}$$

式中，Θ 是磁压；R_{m} 是磁阻；Φ 是磁通。

图 6.8 所示的漏磁通可表示为

框图 6.12

$$\text{定子：}\underline{\Phi}_{\sigma\mathrm{s}}^{\mathrm{s}}=\frac{\underline{\Theta}_{\mathrm{s}}^{\mathrm{s}}}{R_{\mathrm{m}\sigma\mathrm{s}}}=\frac{n_{\mathrm{s}}\underline{i}_{\mathrm{s}}^{\mathrm{s}}}{R_{\mathrm{m}\sigma\mathrm{s}}}$$

$$\text{转子：}\underline{\Phi}_{\sigma\mathrm{r}}^{\mathrm{r}}=\frac{\underline{\Theta}_{\mathrm{r}}^{\mathrm{r}}}{R_{\mathrm{m}\sigma\mathrm{r}}}=\frac{n_{\mathrm{r}}\underline{i}_{\mathrm{r}}^{\mathrm{r}}}{R_{\mathrm{m}\sigma\mathrm{r}}}$$

主磁通可表示为

框图 6.13

$$\text{定子坐标系：}\underline{\Phi}_{\mathrm{h}}^{\mathrm{s}}=\frac{\underline{\Theta}_{\mathrm{h}}^{\mathrm{s}}}{R_{\mathrm{mh}}}=\frac{\underline{\Theta}_{\mathrm{s}}^{\mathrm{s}}+\underline{\Theta}_{\mathrm{r}}^{\mathrm{s}}}{R_{\mathrm{mh}}}=\frac{n_{\mathrm{s}}\underline{i}_{\mathrm{s}}^{\mathrm{s}}+n_{\mathrm{r}}\underline{i}_{\mathrm{r}}^{\mathrm{s}}}{R_{\mathrm{mh}}}$$

$$\text{转子坐标系：}\underline{\Phi}_{\mathrm{h}}^{\mathrm{r}}=\frac{\underline{\Theta}_{\mathrm{h}}^{\mathrm{r}}}{R_{\mathrm{mh}}}=\frac{\underline{\Theta}_{\mathrm{s}}^{\mathrm{r}}+\underline{\Theta}_{\mathrm{r}}^{\mathrm{r}}}{R_{\mathrm{mh}}}=\frac{n_{\mathrm{s}}\underline{i}_{\mathrm{s}}^{\mathrm{r}}+n_{\mathrm{r}}\underline{i}_{\mathrm{r}}^{\mathrm{r}}}{R_{\mathrm{mh}}}$$

一般来说，电磁关系还需用到磁通链[⊖]和电感。**磁通链**可由下式表述：

框图 6.14

$$\underline{\Psi}=n\,\underline{\Phi}=n\,\frac{\underline{\Theta}}{R_{\mathrm{m}}}=n\,\frac{n\,\underline{i}}{R_{\mathrm{m}}}=\frac{n^{2}\underline{i}}{R_{\mathrm{m}}}$$

电感可由下式表述：

框图 6.15

$$L=\frac{\mathrm{d}\underline{\Psi}}{\mathrm{d}\underline{i}}=\frac{n^{2}}{R_{\mathrm{m}}}$$

同理，可得到漏磁通链的表述形式如下：

框图 6.16

$$\text{定子：}\underline{\Psi}_{\sigma\mathrm{s}}^{\mathrm{s}}=n_{\mathrm{s}}\underline{\Phi}_{\sigma\mathrm{s}}^{\mathrm{s}}=n_{\mathrm{s}}\frac{\underline{\Theta}_{\mathrm{s}}^{\mathrm{s}}}{R_{\mathrm{m}\sigma\mathrm{s}}}=n_{\mathrm{s}}\frac{n_{\mathrm{s}}\underline{i}_{\mathrm{s}}^{\mathrm{s}}}{R_{\mathrm{m}\sigma\mathrm{s}}}=\frac{n_{\mathrm{s}}^{2}\underline{i}_{\mathrm{s}}^{\mathrm{s}}}{R_{\mathrm{m}\sigma\mathrm{s}}}$$

$$\text{转子：}\underline{\Psi}_{\sigma\mathrm{r}}^{\mathrm{r}}=n_{\mathrm{r}}\underline{\Phi}_{\sigma\mathrm{r}}^{\mathrm{r}}=n_{\mathrm{r}}\frac{\underline{\Theta}_{\mathrm{r}}^{\mathrm{r}}}{R_{\mathrm{m}\sigma\mathrm{r}}}=n_{\mathrm{r}}\frac{n_{\mathrm{r}}\underline{i}_{\mathrm{r}}^{\mathrm{r}}}{R_{\mathrm{m}\sigma\mathrm{r}}}=\frac{n_{\mathrm{r}}^{2}\underline{i}_{\mathrm{r}}^{\mathrm{r}}}{R_{\mathrm{m}\sigma\mathrm{r}}}$$

[⊖] 磁通链：磁矢位沿曲线的标量线积分。对于闭合曲线，磁通链等于穿过以曲线所围得任一曲面的磁通；对于 N 匝的线圈，磁通链约等于 $N\underline{\Phi}$，其中 $\underline{\Phi}$ 是穿过由一匝线圈所围得任一曲面的磁通（说明：磁通链可简称为磁链）。

漏电感表述形式如下：

框图 6.17

$$定子：L_{\sigma s}=\frac{d\underline{\Psi}_{s}^{s}}{d\underline{i}_{s}^{s}}=\frac{n_{s}^{2}}{R_{m\sigma s}}$$

$$转子：L_{\sigma r}=\frac{d\underline{\Psi}_{r}^{r}}{d\underline{i}_{r}^{r}}=\frac{n_{r}^{2}}{R_{m\sigma r}}$$

同理，也可得到主磁通链的表述形式如下：

框图 6.18

$$定子：\underline{\Psi}_{hs}^{s}=n_{s}\underline{\Phi}_{h}^{s}=n_{s}\frac{\underline{\Theta}_{h}^{s}}{R_{mh}}=n_{s}\frac{\underline{\Theta}_{s}^{s}+\underline{\Theta}_{r}^{s}}{R_{mh}}$$

$$=n_{s}\frac{n_{s}\underline{i}_{s}^{s}+n_{r}\underline{i}_{r}^{s}}{R_{mh}}$$

$$转子：\underline{\Psi}_{hr}^{r}=n_{r}\underline{\Phi}_{h}^{r}=n_{r}\frac{\underline{\Theta}_{h}^{r}}{R_{mh}}=n_{r}\frac{\underline{\Theta}_{s}^{r}+\underline{\Theta}_{r}^{r}}{R_{mh}}$$

$$=n_{r}\frac{n_{s}\underline{i}_{s}^{r}+n_{r}\underline{i}_{r}^{r}}{R_{mh}}$$

主电感的表述形式如下：

框图 6.19

$$定子：L_{hs}=\frac{d\underline{\Psi}_{hs}^{s}}{d\underline{i}_{s}^{s}}=\frac{n_{s}^{2}}{R_{mh}}$$

$$转子：L_{hr}=\frac{d\underline{\Psi}_{hr}^{r}}{d\underline{i}_{r}^{r}}=\frac{n_{r}^{2}}{R_{mh}}$$

并可确定互感的表述形式如下：

框图 6.20

$$\left.\begin{aligned}&定子：L_{sr}=\frac{d\underline{\Psi}_{hs}^{s}}{d\underline{i}_{r}^{s}}=\frac{n_{s}n_{r}}{R_{mh}}\\&转子：L_{rs}=\frac{d\underline{\Psi}_{hr}^{r}}{d\underline{i}_{s}^{r}}=\frac{n_{r}n_{s}}{R_{mh}}\end{aligned}\right\}=L_{M}$$

最后，定子和转子的磁通链可由漏磁通链和主磁通链相加而得：

框图 6.21

$$
\begin{aligned}
\text{定子：}\underline{\Psi}_{\mathrm{s}}^{\mathrm{s}} &= (\underline{\Phi}_{\mathrm{h}}^{\mathrm{s}} + \underline{\Phi}_{\sigma\mathrm{s}}^{\mathrm{s}})n_{\mathrm{s}} = \underline{\Psi}_{\mathrm{hs}}^{\mathrm{s}} + \underline{\Psi}_{\sigma\mathrm{s}}^{\mathrm{s}} \\
&= \frac{n_{\mathrm{s}}\underline{i}_{\mathrm{s}}^{\mathrm{s}} + n_{\mathrm{r}}\underline{i}_{\mathrm{r}}^{\mathrm{s}}}{R_{\mathrm{mh}}} n_{\mathrm{s}} + \frac{n_{\mathrm{s}}\underline{i}_{\mathrm{s}}^{\mathrm{s}}}{R_{\mathrm{m}\sigma\mathrm{s}}} n_{\mathrm{s}} \\
&= L_{\mathrm{hs}}\underline{i}_{\mathrm{s}}^{\mathrm{s}} + L_{\mathrm{M}}\underline{i}_{\mathrm{r}}^{\mathrm{s}} + L_{\sigma\mathrm{s}}\underline{i}_{\mathrm{s}}^{\mathrm{s}} \\
&= \underbrace{(L_{\mathrm{hs}} + L_{\sigma\mathrm{s}})}_{=:L_{\mathrm{s}}}\underline{i}_{\mathrm{s}}^{\mathrm{s}} + L_{\mathrm{M}}\underline{i}_{\mathrm{r}}^{\mathrm{s}}
\end{aligned}
$$

$$
\begin{aligned}
\text{转子：}\underline{\Psi}_{\mathrm{r}}^{\mathrm{r}} &= (\underline{\Phi}_{\mathrm{h}}^{\mathrm{r}} + \underline{\Phi}_{\sigma\mathrm{r}}^{\mathrm{r}})n_{\mathrm{r}} = \underline{\Psi}_{\mathrm{hr}}^{\mathrm{r}} + \underline{\Psi}_{\sigma\mathrm{r}}^{\mathrm{r}} \\
&= \frac{n_{\mathrm{s}}\underline{i}_{\mathrm{s}}^{\mathrm{r}} + n_{\mathrm{r}}\underline{i}_{\mathrm{r}}^{\mathrm{r}}}{R_{\mathrm{mh}}} n_{\mathrm{r}} + \frac{n_{\mathrm{r}}\underline{i}_{\mathrm{r}}^{\mathrm{r}}}{R_{\mathrm{m}\sigma\mathrm{r}}} n_{\mathrm{r}} \\
&= L_{\mathrm{hr}}\underline{i}_{\mathrm{r}}^{\mathrm{r}} + L_{\mathrm{M}}\underline{i}_{\mathrm{s}}^{\mathrm{r}} + L_{\sigma\mathrm{r}}\underline{i}_{\mathrm{r}}^{\mathrm{r}} \\
&= \underbrace{(L_{\mathrm{hr}} + L_{\sigma\mathrm{r}})}_{=:L_{\mathrm{r}}}\underline{i}_{\mathrm{r}}^{\mathrm{r}} + L_{\mathrm{M}}\underline{i}_{\mathrm{s}}^{\mathrm{r}}
\end{aligned}
$$

上述两式也称为磁链方程，并将用于第 6.6 节所述的系统方程。

6.6 系统方程

6.6.1 电压微分方程

一般来说，电机电路可通过电阻和绕组的串联形式进行描述，即：

框图 6.22

$$u = Ri + \frac{\mathrm{d}\Psi}{\mathrm{d}t}$$

上述方程也同样适用于空间矢量表述形式，如下所示：

框图 6.23

$$\text{定子电压微分方程：}\underline{\boldsymbol{u}}_{\mathrm{s}}^{\mathrm{s}} = R_{\mathrm{s}}\underline{i}_{\mathrm{s}}^{\mathrm{s}} + \frac{\mathrm{d}\underline{\Psi}_{\mathrm{s}}^{\mathrm{s}}}{\mathrm{d}t} \qquad \underline{\Psi}_{\mathrm{s}}^{\mathrm{s}}(0) = \underline{\Psi}_{\mathrm{s0}}^{\mathrm{s}}$$

$$\text{转子电压微分方程：}\underline{\boldsymbol{u}}_{\mathrm{r}}^{\mathrm{r}} = R_{\mathrm{r}}\underline{i}_{\mathrm{r}}^{\mathrm{r}} + \frac{\mathrm{d}\underline{\Psi}_{\mathrm{r}}^{\mathrm{r}}}{\mathrm{d}t} \qquad \underline{\Psi}_{\mathrm{r}}^{\mathrm{r}}(0) = \underline{\Psi}_{\mathrm{r0}}^{\mathrm{r}}$$

根据磁链方程，可得到磁通链表达式如下：

框图 6.24

$$\text{定子磁通链：}\underline{\Psi}_{\mathrm{s}}^{\mathrm{s}} = L_{\mathrm{s}}\underline{i}_{\mathrm{s}}^{\mathrm{s}} + L_{\mathrm{M}}\underline{i}_{\mathrm{r}}^{\mathrm{s}}$$

$$\text{转子磁通链：}\underline{\Psi}_{\mathrm{r}}^{\mathrm{r}} = L_{\mathrm{r}}\underline{i}_{\mathrm{r}}^{\mathrm{r}} + L_{\mathrm{M}}\underline{i}_{\mathrm{s}}^{\mathrm{r}}$$

6.6.2　转矩方程

基于能量法的转矩方程表达式如下所示：

框图 6.25

$$\underline{\boldsymbol{M}}=\frac{3}{2}p(\underline{\boldsymbol{\Psi}}\times\underline{i})$$

其中，系数$\frac{3}{2}$是基于第 6.3 节中介绍的空间矢量的系数$\frac{2}{3}$的倒数，$\underline{\boldsymbol{\Psi}}\times\underline{i}$ 表示向量积[㊀]。结合向量积的计算公式，可以计算出基于定子侧变量的转矩方程如下：

框图 6.26

$$\underline{\boldsymbol{M}}=\begin{pmatrix}M_{\alpha}\\M_{\beta}\\M_{\gamma}\end{pmatrix}=\frac{3}{2}p(\underline{\boldsymbol{\Psi}}_{\mathrm{s}}^{\mathrm{s}}\times\underline{i}_{\mathrm{s}}^{\mathrm{s}})=\frac{3}{2}p\left[\begin{pmatrix}\boldsymbol{\Psi}_{\mathrm{s}\alpha}^{\mathrm{s}}\\\boldsymbol{\Psi}_{\mathrm{s}\beta}^{\mathrm{s}}\\0\end{pmatrix}\times\begin{pmatrix}i_{\mathrm{s}\alpha}^{\mathrm{s}}\\i_{\mathrm{s}\beta}^{\mathrm{s}}\\0\end{pmatrix}\right]$$

$$=\frac{3}{2}p\begin{pmatrix}0\\0\\\boldsymbol{\Psi}_{\mathrm{s}\alpha}^{\mathrm{s}}i_{\mathrm{s}\beta}^{\mathrm{s}}-\boldsymbol{\Psi}_{\mathrm{s}\beta}^{\mathrm{s}}i_{\mathrm{s}\alpha}^{\mathrm{s}}\end{pmatrix}$$

式中，p 是极对数。

上式所选取的是定子坐标系（使用上标 s）下的变量，当然也可使用转子坐标系（使用上标 r）或其他任意旋转坐标系（使用上标 k）下的变量，前提是所有的变量均位于同一坐标系。当使用转子侧变量时，需要改变符号，如下所示：

框图 6.27

$$\underline{\boldsymbol{M}}=-\frac{3}{2}p(\underline{\boldsymbol{\Psi}}_{\mathrm{r}}^{k}\times\underline{i}_{\mathrm{r}}^{k})$$

由于转矩不存在α－和β－分量，而磁链和电流却仅包含α－和β－分量，因此转矩方程的另外一种表述形式如下：

框图 6.28

$$\text{定子侧：}\boldsymbol{M}=\frac{3}{2}p\,\underline{i}_{\mathrm{s}}^{\mathrm{T}}\,\underset{\sim}{\boldsymbol{J}}\underline{\boldsymbol{\Psi}}_{\mathrm{s}}$$

$$\text{转子侧：}\boldsymbol{M}=-\frac{3}{2}p\,\underline{i}_{\mathrm{r}}^{\mathrm{T}}\,\underset{\sim}{\boldsymbol{J}}\underline{\boldsymbol{\Psi}}_{\mathrm{r}}$$

式中的转矩 $\boldsymbol{M}=\boldsymbol{M}_{\gamma}$为一维变量，磁链和电流均为二维变量，且有：

㊀ 向量积：轴向量 $\boldsymbol{U}\times\boldsymbol{V}$，与给定的两个向量 $\boldsymbol{U}$ 和 $\boldsymbol{V}$ 正交，使得向量 $\boldsymbol{U}$、$\boldsymbol{V}$ 和 $\boldsymbol{U}\times\boldsymbol{V}$ 根据空间定向成为一个右手三面体或左手三面体。它的大小等于两个给定向量的大小与其夹角的正弦的乘积，即 $|\boldsymbol{U}\times\boldsymbol{V}|=|\boldsymbol{U}||\boldsymbol{V}|\sin\theta$。对于向量 $\boldsymbol{U}=\boldsymbol{U}_xe_x+\boldsymbol{U}_ye_y+\boldsymbol{U}_ze_z$ 和 $\boldsymbol{V}=\boldsymbol{V}_xe_x+\boldsymbol{V}_ye_y+\boldsymbol{V}_ze_z$，其中 e_x、e_y、e_z 为规范正交基，向量积表示为 $\boldsymbol{U}\times\boldsymbol{V}=(\boldsymbol{U}_y\boldsymbol{V}_z-\boldsymbol{U}_z\boldsymbol{V}_y)e_x+(\boldsymbol{U}_z\boldsymbol{V}_x-\boldsymbol{U}_x\boldsymbol{V}_z)e_y+(\boldsymbol{U}_x\boldsymbol{V}_y-\boldsymbol{U}_y\boldsymbol{V}_x)e_z$。

框图 6.29

$$\underset{\sim}{J}=\begin{pmatrix}0 & -1\\ 1 & 0\end{pmatrix}=\underset{\sim}{R}(90°)$$

此外，使用复数表述方式下的转矩表达式如下：

$$\text{定子侧：}\boldsymbol{M}=\frac{3}{2}pI_{\mathrm{m}}(\underline{\boldsymbol{\Psi}}_{\mathrm{s}}^{\mathrm{s}*}\ \underline{i}_{\mathrm{s}}^{\mathrm{s}})$$

$$\text{转子侧：}\boldsymbol{M}=-\frac{3}{2}pI_{\mathrm{m}}(\boldsymbol{\Psi}_{\mathrm{r}}^{\mathrm{r}*}\ \underline{i}_{\mathrm{r}}^{\mathrm{r}})$$

6.6.3 运动方程

交流电机与直流电机的运动方程完全一致，即：

框图 6.30

$$\begin{aligned}\boldsymbol{M}-\boldsymbol{M}_{\mathrm{L}} &= \boldsymbol{J}\dot{\omega}_{\mathrm{m}}\\ \Leftrightarrow\dot{\omega}_{\mathrm{m}} &= \frac{1}{\boldsymbol{J}}(\boldsymbol{M}-\boldsymbol{M}_{\mathrm{L}})\\ \omega_{\mathrm{m}} &= \frac{1}{\boldsymbol{J}}\int(\boldsymbol{M}-\boldsymbol{M}_{\mathrm{L}})\quad \omega_{\mathrm{m}}(0)=\omega_{\mathrm{m0}}\\ \varphi_{\mathrm{m}} &= \frac{1}{\boldsymbol{J}}\iint(\boldsymbol{M}-\boldsymbol{M}_{\mathrm{L}})\quad \varphi_{\mathrm{m}}(0)=\varphi_{\mathrm{m0}}\ \underbrace{\dot{\varphi}_{\mathrm{m}}(0)}_{\omega_{\mathrm{m}}(0)}=\underbrace{\dot{\varphi}_{\mathrm{m0}}}_{\omega_{\mathrm{m0}}}\end{aligned}$$

其中，机械转速 ω_{m} 与电气转速 ω_{e} 以及机械位置 φ_{m} 与电气位置 φ_{e} 之间的关系可借助于极对数 p 来表示：

框图 6.31

$$\omega_{\mathrm{e}}=p\omega_{\mathrm{m}}$$
$$\varphi_{\mathrm{e}}=p\varphi_{\mathrm{m}}$$

6.7 交流电机框图

由于现实中不存在纯粹的微分器，因此需将第 6.6.1 节中的定子电压微分方程向 $\frac{\mathrm{d}\underline{\boldsymbol{\Psi}}_{\mathrm{s}}^{\mathrm{s}}}{\mathrm{d}t}$ 换，然后对其进行积分，过程如下：

框图 6.32

$$\underline{\boldsymbol{u}}_{\mathrm{s}}^{\mathrm{s}}=R_{\mathrm{s}}\underline{i}_{\mathrm{s}}^{\mathrm{s}}+\frac{\mathrm{d}\underline{\boldsymbol{\Psi}}_{\mathrm{s}}^{\mathrm{s}}}{\mathrm{d}t}$$

$$\Leftrightarrow\frac{\mathrm{d}\underline{\boldsymbol{\Psi}}_{\mathrm{s}}^{\mathrm{s}}}{\mathrm{d}t}=\underline{\boldsymbol{u}}_{\mathrm{s}}^{\mathrm{s}}-R_{\mathrm{s}}\underline{i}_{\mathrm{s}}^{\mathrm{s}}$$

$$\underline{\boldsymbol{\Psi}}_{\mathrm{s}}^{\mathrm{s}}=\int(\underline{\boldsymbol{u}}_{\mathrm{s}}^{\mathrm{s}}-R_{\mathrm{s}}\underline{i}_{\mathrm{s}}^{\mathrm{s}})\qquad \underline{\boldsymbol{\Psi}}_{\mathrm{s}}^{\mathrm{s}}(0)=\underline{\boldsymbol{\Psi}}_{\mathrm{s0}}^{\mathrm{s}}$$

图 6.9 所示为上述方程框图的直观描述。

框图 6.33

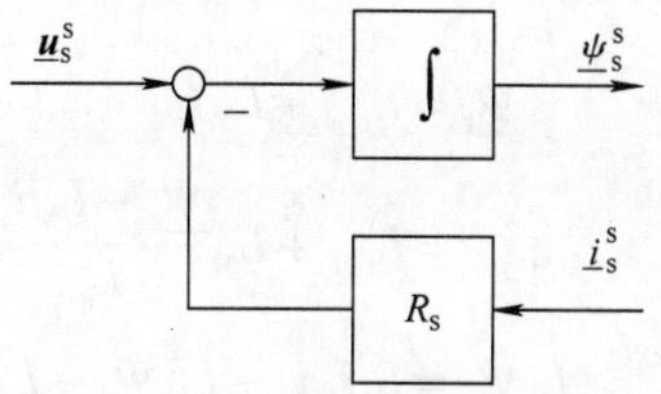

图 6.9　交流电机的定子框图

同理，可对转子电压微分方程进行类似的变换：

框图 6.34

$$\underline{\boldsymbol{\Psi}}_r^r = \int(\underline{\boldsymbol{u}}_r^r - R_r \underline{i}_r^r) \quad \underline{\boldsymbol{\Psi}}_r^r(0) = \underline{\boldsymbol{\Psi}}_{r0}^r$$

图 6.10 所示为上述方程框图的直观描述。

框图 6.35

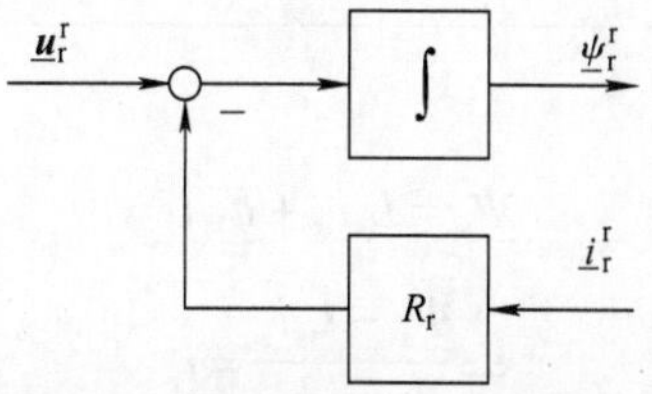

图 6.10　交流电机的转子框图

可以看出，上述定子框图和转子框图的输入为电压 $\underline{u}$ 和电流 $\underline{i}$，输出为磁通链 $\underline{\boldsymbol{\Psi}}$（简称磁链）。为了能够直接使用第 6.6.1 节中的磁链表达式，理想的方案是选取电流 $\underline{i}$ 作为输出，磁链 $\underline{\boldsymbol{\Psi}}$ 作为输入。显然，上述方案需借助于微分器才有可能实现，然而，现实中并不存在微分器且在数值上难以把握。因此必须对第 6.6.1 节中的两个磁链方程进行适当的变换，使得定子电流 $\underline{i}_s$ 以及转子电流 $\underline{i}_r$ 单独位于方程的某一侧，定子磁链 $\underline{\boldsymbol{\Psi}}_s$ 和转子磁链 $\underline{\boldsymbol{\Psi}}_r$ 作为输入位于方程的另一侧。为清晰起见，再次给出独立于任意坐标系的磁链方程：

框图 6.36

$$\underline{\boldsymbol{\Psi}}_s = L_s \underline{i}_s + L_M \underline{i}_r$$
$$\underline{\boldsymbol{\Psi}}_r = L_r \underline{i}_r + L_M \underline{i}_s$$

将定子磁链方程向定子电流 $\underline{i}_s$ 侧进行变换，可得：

框图 6.37

$$\underline{\boldsymbol{\Psi}}_s = L_s \underline{i}_s + L_M \underline{i}_r$$
$$\Leftrightarrow \frac{\underline{\boldsymbol{\Psi}}_s - L_M \underline{i}_r}{L_s} = \underline{i}_s$$

然后将定子电流 $\underline{i}_s$ 代入转子磁链方程并向转子电流 $\underline{i}_r$ 侧进行变换，过程如下：

框图 6.38

$$\begin{aligned}\underline{\Psi}_r &= L_r\underline{i}_r + L_M\underline{i}_s \\ &= L_r\underline{i}_r + L_M\frac{\underline{\Psi}_s - L_M\underline{i}_r}{L_s}\\ L_s\underline{\Psi}_r &= L_sL_r\underline{i}_r + L_M\underline{\Psi}_s - L_M^2\underline{i}_r\\ &= (L_sL_r - L_M^2)\underline{i}_r + L_M\underline{\Psi}_s\\ L_s\underline{\Psi}_r - L_M\underline{\Psi}_s &= (L_sL_r - L_M^2)\underline{i}_r\\ \frac{1}{L_sL_r - L_M^2}(L_s\underline{\Psi}_r - L_M\underline{\Psi}_s) &= \underline{i}_r\end{aligned}$$

从而可以得到转子电流 $\underline{i}_r$ 的函数表达式为 $\underline{i}_r = f(\underline{\Psi}_s, \underline{\Psi}_r)$。

为了能够获得定子电流 $\underline{i}_s$ 的函数表达式 $\underline{i}_s = f(\underline{\Psi}_s, \underline{\Psi}_r)$，需将定子磁链方程向转子电流 $\underline{i}_r$ 侧而非定子电流 $\underline{i}_s$ 侧进行变换，如下所示：

框图 6.39

$$\begin{aligned}\underline{\Psi}_s &= L_s\underline{i}_s + L_M\underline{i}_r\\ \Leftrightarrow \frac{\underline{\Psi}_s - L_s\underline{i}_s}{L_M} &= \underline{i}_r\end{aligned}$$

将转子电流 $\underline{i}_r$ 代入转子磁链方程并向定子电流 $\underline{i}_s$ 侧进行变换，过程如下：

框图 6.40

$$\begin{aligned}\underline{\Psi}_r &= L_r\underline{i}_r + L_M\underline{i}_s\\ &= L_r\frac{\underline{\Psi}_s - L_s\underline{i}_s}{L_M} + L_M\underline{i}_s\\ L_M\underline{\Psi}_r &= L_r\underline{\Psi}_s - L_sL_r\underline{i}_s + L_M^2\underline{i}_s\\ &= L_r\underline{\Psi}_s - (L_sL_r - L_M^2)\underline{i}_s\\ L_r\underline{\Psi}_s - L_M\underline{\Psi}_r &= (L_sL_r - L_M^2)\underline{i}_s\\ \frac{1}{L_sL_r - L_M^2}(L_r\underline{\Psi}_s - L_M\underline{\Psi}_r) &= \underline{i}_s\end{aligned}$$

从而可以得到定子电流 $\underline{i}_s$ 表达式为 $\underline{i}_s = f(\underline{\Psi}_s, \underline{\Psi}_r)$。

图 6.11 和图 6.12 所示分别为交流电机定子、转子磁链框图。

框图 6.41

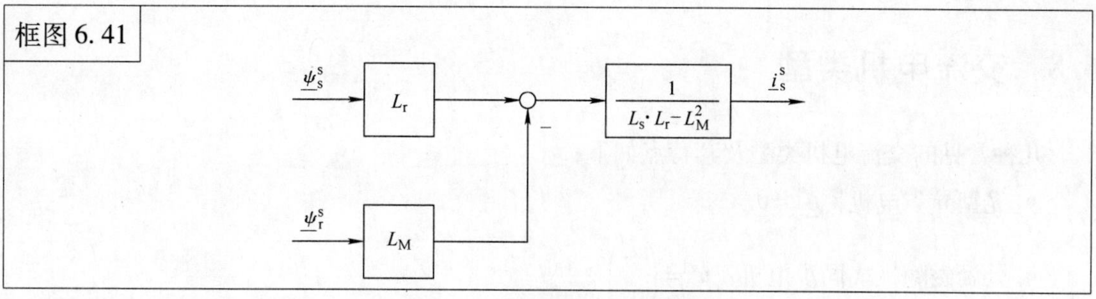

图 6.11 交流电机定子磁链框图

框图 6.42

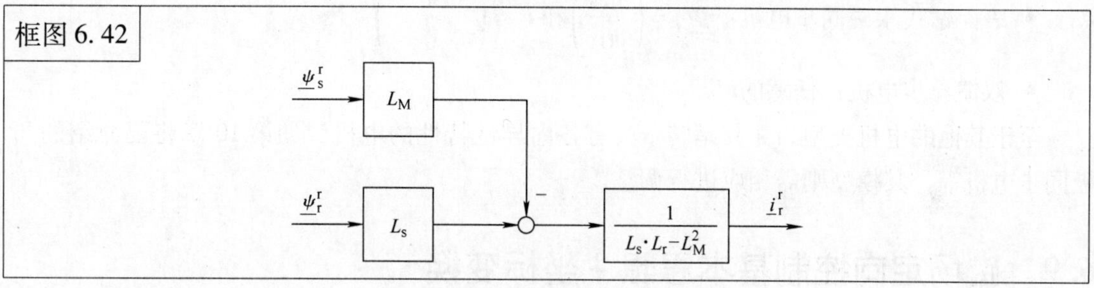

图 6.12 交流电机转子磁链框图

交流电机转矩形成的框图直观描述可根据第 6.6.2 节中的转矩方程得到，运动方程框图与图 5.12 所示的直流电机的运动方程框图一致。图 6.13 所示为包含必要的定子和转子坐标变换的交流电机整体框图。

框图 6.43

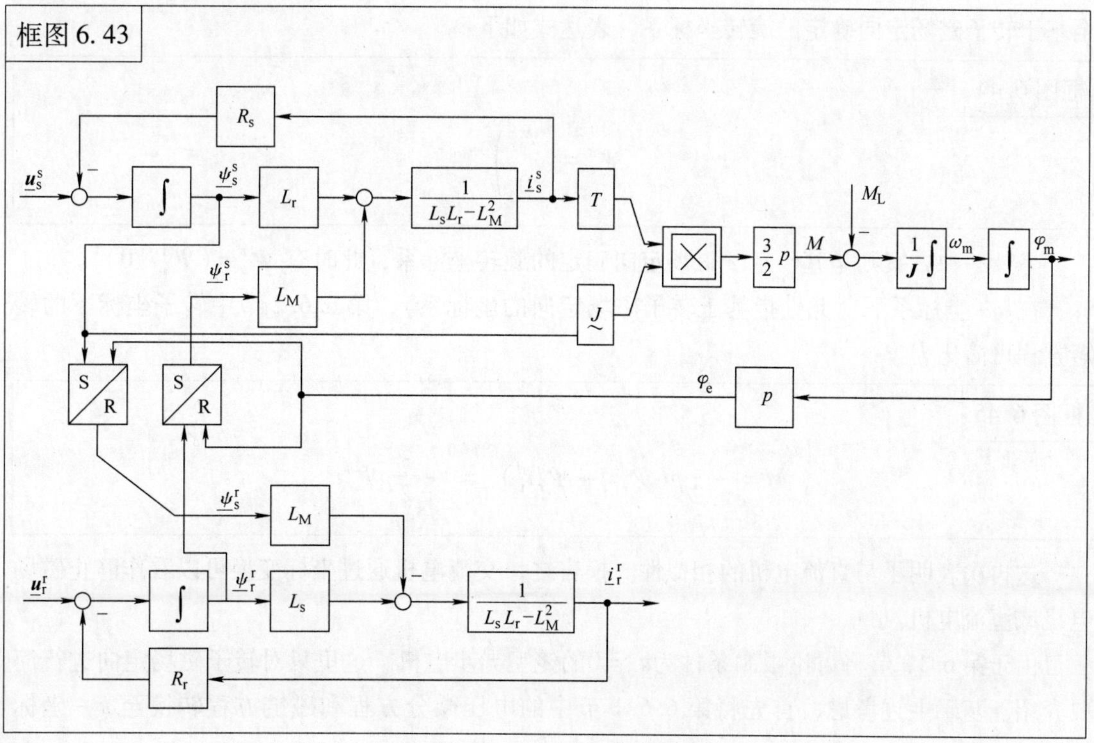

图 6.13 交流电机整体框图

6.8 交流电机类型

几种常见的交流电机类型及其特点如下：

- 笼型异步电机：$\underline{\boldsymbol{u}}_{\mathrm{r}}=\underline{0}$。
- 外励磁隐极式同步电机：$\underline{\boldsymbol{u}}_{\mathrm{r}}^{\mathrm{r}}=\begin{pmatrix} u_{\mathrm{r}}^{d} \\ 0 \end{pmatrix}$。
- 表面贴式永磁同步电机：$\underline{\boldsymbol{\Psi}}_{\mathrm{r}}^{\mathrm{r}}=\begin{pmatrix} \Psi_{\mathrm{PM}} \\ 0 \end{pmatrix}$和$\underline{\boldsymbol{i}}_{\mathrm{r}}^{\mathrm{r}}=\begin{pmatrix} \Psi_{\mathrm{PM}}/L_{\mathrm{s}} \\ 0 \end{pmatrix}$。
- 双馈异步电机：任意的$\underline{\boldsymbol{u}}_{\mathrm{r}}^{\mathrm{r}}$。

至于其他的电机类型，尤其是转子具有各向异性特性的电机，如第 10 章将要介绍的凸极同步电机等，其模型则需相应进行调整。

6.9 磁场定向控制基本思想 – 坐标变换

交流电机磁场定向控制的基本思想在于选取基于磁链空间矢量的坐标系作为参考坐标系，也就是站在磁链空间矢量的视角下考虑问题。如此可以得到类似于直流电机的电磁关系，即在上述参考坐标系下的磁场停止旋转，可以看作静止磁场。所有的空间矢量也需转换至基于转子磁场定向确定的旋转坐标系，表达式如下：

框图 6.44

$$\underline{\boldsymbol{\Psi}}_{\mathrm{r}}^{k}=\begin{pmatrix} \Psi_{\mathrm{r}}^{d} \\ 0 \end{pmatrix}$$

另外一种方案则是基于定子磁场定向确定的旋转坐标系，此时有 $\underline{\boldsymbol{\Psi}}_{\mathrm{s}}^{k}=(\Psi_{\mathrm{s}}^{d}\quad 0)^{\mathrm{T}}$。

在 k – 坐标系下（此处指基于转子磁场定向的坐标系），第 6.6.2 节中转子坐标下的转矩方程可简化为

框图 6.45

$$\boldsymbol{M}=-\frac{3}{2}p(\Psi_{\mathrm{r}}^{d}i_{\mathrm{r}}^{q}-\Psi_{\mathrm{r}}^{q}i_{\mathrm{r}}^{d})\overset{\Psi_{\mathrm{r}}^{q}=0}{=}-\frac{3}{2}p\Psi_{\mathrm{r}}^{d}i_{\mathrm{r}}^{q}$$

这再次表明了与直流电机的相似性。换言之，交流电机通过坐标变换可以看作静止磁场电机或直流电机。

由于第 6.10 节将讨论限制条件为$\underline{\boldsymbol{u}}_{\mathrm{r}}=\underline{0}$的笼型异步电机，这里只对转子磁场定向进行简要介绍。基于上述考虑，首先将第 6.6.1 节中的电压微分方程和磁链方程转换至 k – 坐标系，过程如下：

- 定子电压微分方程：

框图 6.46

$$\underbrace{\underline{u}_{s}^{s}}_{\underset{\sim}{T}_{P}(\varphi_k)\underline{u}_{s}^{k}} = \boldsymbol{R}_{s}\underbrace{\underline{i}_{s}^{s}}_{\underset{\sim}{T}_{P}(\varphi_k)\underline{i}_{s}^{k}} + \overbrace{\underbrace{\frac{d(\underset{\sim}{T}_{P}(\varphi_k)\underline{\Psi}_{s}^{k})}{dt}}_{\frac{d\underset{\sim}{T}_{P}(\varphi_k)}{dt}\underline{\Psi}_{s}^{k}+\underset{\sim}{T}_{P}(\varphi_k)\frac{d\underline{\Psi}_{s}^{k}}{dt}}}^{\frac{d\underline{\Psi}_{s}^{s}}{dt}}$$

$\frac{d\underset{\sim}{T}_{P}(\varphi_k)}{dt}$可表示为

$$\frac{d\underset{\sim}{T}_{P}(\varphi_k)}{dt} = \frac{d}{dt}\begin{pmatrix}\cos(\varphi_k) & -\sin(\varphi_k)\\ \sin(\varphi_k) & \cos(\varphi_k)\end{pmatrix}$$

$$= \underbrace{\dot{\varphi}_k}_{=:\omega_k}\begin{pmatrix}-\sin(\varphi_k) & -\cos(\varphi_k)\\ \cos(\varphi_k) & -\sin(\varphi_k)\end{pmatrix}$$

$$= \omega_k\,\underset{\sim}{T}_{P}(\varphi_k)\,\underset{\sim}{J}$$

代入后可得：

$$\underset{\sim}{T}_{P}(\varphi_k)\underline{u}_{s}^{k} = R_{s}\,\underset{\sim}{T}_{P}(\varphi_k)\underline{i}_{s}^{k} + \omega_k\,\underset{\sim}{T}_{P}(\varphi_k)\underset{\sim}{J}\underline{\Psi}_{s}^{k} + \underset{\sim}{T}_{P}(\varphi_k)\frac{d\underline{\Psi}_{s}^{k}}{dt}\,\Big|\,\underset{\sim}{T}_{P}(-\varphi_k)$$

$$\underline{u}_{s}^{k} = R_{s}\underline{i}_{s}^{k} + \omega_k\underset{\sim}{J}\underline{\Psi}_{s}^{k} + \frac{d\underline{\Psi}_{s}^{k}}{dt}$$

- 转子电压微分方程：假设转子相对于定子的旋转角度为 φ_{m}，那么需首先将转子电压微分方程变换到 $\alpha\beta$ - 定子坐标系，然后，基于定子电压微分方程变换时使用的旋转角 φ_k 可以将其变换到 k - 坐标系。

框图 6.47

提示：首先在 $\alpha\beta$ - 定子坐标系下描述（$-\varphi_{m}$），然后变换至 k - 坐标系（φ_k）。

$$\underline{u}_{r}^{r} = R_{r}\underline{i}_{r}^{r} + \frac{d\underline{\Psi}_{r}^{r}}{dt}$$

$$\underset{\sim}{T}_{P}(-\varphi_{m})\underline{u}_{r}^{s} = R_{r}\underset{\sim}{T}_{P}(-\varphi_{m})\underline{i}_{r}^{s} + \frac{d(\underset{\sim}{T}_{P}(-\varphi_{m})\underline{\Psi}_{r}^{s})}{dt}$$

$$\underset{\sim}{T}_{P}(-\varphi_{m})\underset{\sim}{T}_{P}(\varphi_k)\underline{u}_{r}^{k} = R_{r}\underset{\sim}{T}_{P}(-\varphi_{m})\underset{\sim}{T}_{P}(\varphi_k)\underline{i}_{r}^{k} + \frac{d(\underset{\sim}{T}_{P}(-\varphi_{m})\underset{\sim}{T}_{P}(\varphi_k)\underline{\Psi}_{r}^{k})}{dt}$$

$$\underset{\sim}{\boldsymbol{T}}_{\mathrm{P}}(\varphi_k-\varphi_{\mathrm{m}})\underline{\boldsymbol{u}}_{\mathrm{r}}^k=R_{\mathrm{r}}\underset{\sim}{\boldsymbol{T}}_{\mathrm{P}}(\varphi_k-\varphi_{\mathrm{m}})\underline{\boldsymbol{i}}_{\mathrm{r}}^k+\frac{\mathrm{d}(\underset{\sim}{\boldsymbol{T}}_{\mathrm{P}}(\varphi_k-\varphi_{\mathrm{m}})\underline{\boldsymbol{\Psi}}_{\mathrm{r}}^k)}{\mathrm{d}t}$$

$$=R_{\mathrm{r}}\underset{\sim}{\boldsymbol{T}}_{\mathrm{P}}(\varphi_k-\varphi_{\mathrm{m}})\underline{\boldsymbol{i}}_{\mathrm{r}}^k+\frac{\mathrm{d}\underset{\sim}{\boldsymbol{T}}_{\mathrm{P}}(\varphi_k-\varphi_{\mathrm{m}})}{\mathrm{d}t}\underline{\boldsymbol{\Psi}}_{\mathrm{r}}^k+$$

$$\underset{\sim}{\boldsymbol{T}}_{\mathrm{P}}(\varphi_k-\varphi_{\mathrm{m}})\frac{\mathrm{d}\underline{\boldsymbol{\Psi}}_{\mathrm{r}}^k}{\mathrm{d}t}$$

同上，可得到$\frac{\mathrm{d}\underset{\sim}{\boldsymbol{T}}_{\mathrm{P}}(\varphi_k-\varphi_{\mathrm{m}})}{\mathrm{d}t}$，代入后可得：

$$\underset{\sim}{\boldsymbol{T}}_{\mathrm{P}}(\varphi_k-\varphi_{\mathrm{m}})\underline{\boldsymbol{u}}_{\mathrm{r}}^k=R_{\mathrm{r}}\underset{\sim}{\boldsymbol{T}}_{\mathrm{P}}(\varphi_k-\varphi_{\mathrm{m}})\underline{\boldsymbol{i}}_{\mathrm{r}}^k+$$

$$(\omega_k-\omega_{\mathrm{m}})\underset{\sim}{\boldsymbol{T}}_{\mathrm{P}}(\varphi_k-\varphi_{\mathrm{m}})\boldsymbol{J}\,\underline{\boldsymbol{\Psi}}_{\mathrm{r}}^k+$$

$$\underset{\sim}{\boldsymbol{T}}_{\mathrm{P}}(\varphi_k-\varphi_{\mathrm{m}})\frac{\mathrm{d}\underline{\boldsymbol{\Psi}}_{\mathrm{r}}^k}{\mathrm{d}t}\Big|\,\underset{\sim}{\boldsymbol{T}}_{\mathrm{P}}(-\varphi_k+\varphi_{\mathrm{m}})$$

$$\underline{\boldsymbol{u}}_{\mathrm{r}}^k=R_{\mathrm{r}}\underline{\boldsymbol{i}}_{\mathrm{r}}^k+(\omega_k-\omega_{\mathrm{m}})\boldsymbol{J}\underline{\boldsymbol{\Psi}}_{\mathrm{r}}^k+\frac{\mathrm{d}\underline{\boldsymbol{\Psi}}_{\mathrm{r}}^k}{\mathrm{d}t}$$

注意：上述形式适用于极对数 $p=1$ 的情况。对于任意数量的极对数 p 来说，必须使用 $\varphi_{\mathrm{el}}=p\varphi_{\mathrm{m}}$ 代替 φ_{m}，以及用 $\omega_{\mathrm{el}}=p\omega_{\mathrm{m}}$ 代替 ω_{m}。

- 定子磁链：

框图 6.48

$$\underline{\boldsymbol{\Psi}}_{\mathrm{s}}^{\mathrm{s}}=L_{\mathrm{s}}\underline{\boldsymbol{i}}_{\mathrm{s}}^{\mathrm{s}}+L_{\mathrm{M}}\underline{\boldsymbol{i}}_{\mathrm{r}}^{\mathrm{s}}\qquad\Big|\,\underset{\sim}{\boldsymbol{T}}_{\mathrm{P}}(-\varphi_k)$$

$$\underset{\sim}{\boldsymbol{T}}_{\mathrm{P}}(-\varphi_k)\underline{\boldsymbol{\Psi}}_{\mathrm{s}}^{\mathrm{s}}=L_{\mathrm{s}}\underset{\sim}{\boldsymbol{T}}_{\mathrm{P}}(-\varphi_k)\underline{\boldsymbol{i}}_{\mathrm{s}}^{\mathrm{s}}+L_{\mathrm{M}}\underset{\sim}{\boldsymbol{T}}_{\mathrm{P}}(-\varphi_k)\underline{\boldsymbol{i}}_{\mathrm{r}}^{\mathrm{s}}$$

$$\underline{\boldsymbol{\Psi}}_{\mathrm{s}}^k=L_{\mathrm{s}}\underline{\boldsymbol{i}}_{\mathrm{s}}^k+L_{\mathrm{M}}\underline{\boldsymbol{i}}_{\mathrm{r}}^k$$

- 同理，使用 $\underset{\sim}{\boldsymbol{T}}_{\mathrm{P}}(-\varphi_k+\varphi_{\mathrm{m}})$取代 $\underset{\sim}{\boldsymbol{T}}_{\mathrm{P}}(-\varphi_k)$，可得到转子磁链：

框图 6.49

$$\underline{\boldsymbol{\Psi}}_{\mathrm{r}}^k=L_{\mathrm{r}}\underline{\boldsymbol{i}}_{\mathrm{r}}^k+L_{\mathrm{M}}\underline{\boldsymbol{i}}_{\mathrm{s}}^k$$

6.10 笼型异步电机磁场定向控制

本节介绍笼型异步电机（$\underline{\boldsymbol{u}}_{\mathrm{r}}^{\mathrm{r}}=\underline{0}$）的一种基于串级控制思想的控制方法，类似于第 5.7 节中介绍的直流电机串级控制。其中，速度和位置控制器以及磁链参考值的形成均类似于直流电机，对于笼型异步电机来说，需要特别设计的是电流控制器和磁链控制器。

基于第 6.9 节推导的相关方程可得出笼型异步电机的系统方程，如下所示：

$$\underline{\boldsymbol{u}}_{\mathrm{s}}^k=R_{\mathrm{s}}\underline{\boldsymbol{i}}_{\mathrm{s}}^k+\omega_k\boldsymbol{J}\underline{\boldsymbol{\Psi}}_{\mathrm{s}}^k+\frac{\mathrm{d}\underline{\boldsymbol{\Psi}}_{\mathrm{s}}^k}{\mathrm{d}t}\tag{6.1}$$

$$\underline{0}=R_{\mathrm{r}}\underline{\boldsymbol{i}}_{\mathrm{r}}^{k}+(\omega_{k}-\omega_{\mathrm{m}})\underbrace{\underset{\sim}{\boldsymbol{J}}\begin{pmatrix}\boldsymbol{\Psi}_{\mathrm{r}}^{d}\\0\end{pmatrix}}_{\begin{pmatrix}0\\ \Psi_{\mathrm{r}}^{d}\end{pmatrix}}+\begin{pmatrix}\dot{\boldsymbol{\Psi}}_{\mathrm{r}}^{d}\\0\end{pmatrix} \tag{6.2}$$

$$\underline{\boldsymbol{\Psi}}_{\mathrm{s}}^{k}=L_{\mathrm{s}}\underline{\boldsymbol{i}}_{\mathrm{s}}^{k}+L_{\mathrm{M}}\underline{\boldsymbol{i}}_{\mathrm{r}}^{k} \tag{6.3}$$

$$\begin{pmatrix}\boldsymbol{\Psi}_{\mathrm{r}}^{d}\\0\end{pmatrix}=L_{\mathrm{r}}\underline{\boldsymbol{i}}_{\mathrm{r}}^{k}+L_{\mathrm{M}}\underline{\boldsymbol{i}}_{\mathrm{s}}^{k} \tag{6.4}$$

$$M=\frac{3}{2}p\underline{\boldsymbol{i}}_{\mathrm{s}}^{k\mathrm{T}}\underset{\sim}{\boldsymbol{J}}\underline{\boldsymbol{\Psi}}_{\mathrm{s}}^{k} \tag{6.5}$$

可以看出，转矩方程选取的是定子侧变量，因为转子电流并不像定子电流一样是可以直接控制和测量的。

6.10.1 k－坐标系下的转矩方程框图

由于转矩方程式（6.5）包含的是定子磁链，所以必须再次对其进行变换，使其出现转子磁链。为此，需将转子磁链方程式（6.4）向转子电流 $\underline{i}_{\mathrm{r}}^{k}$ 侧进行变换，过程如下：

框图 6.50

$$\underline{\boldsymbol{\Psi}}_{\mathrm{r}}^{k}=L_{\mathrm{r}}\underline{\boldsymbol{i}}_{\mathrm{r}}^{k}+L_{\mathrm{M}}\underline{\boldsymbol{i}}_{\mathrm{s}}^{k}$$

$$\Leftrightarrow\frac{1}{L_{\mathrm{r}}}(\underline{\boldsymbol{\Psi}}_{\mathrm{r}}^{k}-L_{\mathrm{M}}\underline{\boldsymbol{i}}_{\mathrm{s}}^{k})=\underline{\boldsymbol{i}}_{\mathrm{r}}^{k}$$

然后代入定子磁链方程（6.3）可得：

框图 6.51

$$\begin{aligned}\underline{\boldsymbol{\Psi}}_{\mathrm{s}}^{k}&=L_{\mathrm{s}}\underline{\boldsymbol{i}}_{\mathrm{s}}^{k}+L_{\mathrm{M}}\underline{\boldsymbol{i}}_{\mathrm{r}}^{k}\\&=L_{\mathrm{s}}\underline{\boldsymbol{i}}_{\mathrm{s}}^{k}+L_{\mathrm{M}}\frac{1}{L_{\mathrm{r}}}(\underline{\boldsymbol{\Psi}}_{\mathrm{r}}^{k}-L_{\mathrm{M}}\underline{\boldsymbol{i}}_{\mathrm{s}}^{k})\\&=L_{\mathrm{s}}\underline{\boldsymbol{i}}_{\mathrm{s}}^{k}+\frac{L_{\mathrm{M}}}{L_{\mathrm{r}}}\underline{\boldsymbol{\Psi}}_{\mathrm{r}}^{k}-\frac{L_{\mathrm{M}}^{2}}{L_{\mathrm{r}}}\underline{\boldsymbol{i}}_{\mathrm{s}}^{k}\\&=\left(L_{\mathrm{s}}-\frac{L_{\mathrm{M}}^{2}}{L_{\mathrm{r}}}\right)\underline{\boldsymbol{i}}_{\mathrm{s}}^{k}+\frac{L_{\mathrm{M}}}{L_{\mathrm{r}}}\underline{\boldsymbol{\Psi}}_{\mathrm{r}}^{k}\\&=L_{\mathrm{s}}\underbrace{\left(1-\frac{L_{\mathrm{M}}^{2}}{L_{\mathrm{s}}L_{\mathrm{r}}}\right)}_{=:\sigma}\underline{\boldsymbol{i}}_{\mathrm{s}}^{k}+\frac{L_{\mathrm{M}}}{L_{\mathrm{r}}}\underline{\boldsymbol{\Psi}}_{\mathrm{r}}^{k}\end{aligned}$$

式中，σ 是漏磁因数[㊀]。

㊀ 漏磁因数：漏磁因数 σ_{ij} 和电感性耦合因数 k_{ij} 的关系为 $\sigma_{ij}=1-k_{ij}^{2}$。

注：电感性耦合因数的表示式为

$$k_{ij}=\frac{|L_{ij}|}{\sqrt{L_{ii}L_{jj}}}$$

式中，L_{ii} 和 L_{jj} 是元件自感；L_{ij} 是元件间互感。

最后将其代入转矩方程式（6.5）可得：

框图 6.52

$$
\begin{aligned}
M &= \frac{3}{2}p\underline{\boldsymbol{i}}_{\mathrm{s}}^{k\mathrm{T}}\underset{\sim}{\boldsymbol{J}}\underline{\boldsymbol{\Psi}}_{\mathrm{s}}^{k}\\
&= \frac{3}{2}p\underline{\boldsymbol{i}}_{\mathrm{s}}^{k\mathrm{T}}\underset{\sim}{\boldsymbol{J}}\left(L_{\mathrm{s}}\sigma\underline{\boldsymbol{i}}_{\mathrm{s}}^{k}+\frac{L_{\mathrm{M}}}{L_{\mathrm{r}}}\underline{\boldsymbol{\Psi}}_{\mathrm{r}}^{k}\right)\\
&= \underbrace{\frac{3}{2}p\underline{\boldsymbol{i}}_{\mathrm{s}}^{k\mathrm{T}}\underset{\sim}{\boldsymbol{J}}L_{\mathrm{s}}\sigma\underline{\boldsymbol{i}}_{\mathrm{s}}^{k}}_{=0,\text{因}\underline{\boldsymbol{i}}_{\mathrm{s}}^{k}\perp\underset{\sim}{\boldsymbol{J}}\underline{\boldsymbol{i}}_{\mathrm{s}}^{k}}+\frac{3}{2}p\underline{\boldsymbol{i}}_{\mathrm{s}}^{k\mathrm{T}}\underset{\sim}{\boldsymbol{J}}\frac{L_{\mathrm{M}}}{L_{\mathrm{r}}}\underline{\boldsymbol{\Psi}}_{\mathrm{r}}^{k}\\
&= \frac{3}{2}p\frac{L_{\mathrm{M}}}{L_{\mathrm{r}}}\left(i_{\mathrm{s}}^{d}\quad i_{\mathrm{s}}^{q}\right)\underbrace{\begin{pmatrix}0 & -1\\ 1 & 0\end{pmatrix}\begin{pmatrix}\boldsymbol{\Psi}_{\mathrm{r}}^{d}\\ 0\end{pmatrix}}_{\begin{pmatrix}0\\ \boldsymbol{\Psi}_{\mathrm{r}}^{d}\end{pmatrix}}\\
&= \frac{3}{2}p\frac{L_{\mathrm{M}}}{L_{\mathrm{r}}}i_{\mathrm{s}}^{q}\boldsymbol{\Psi}_{\mathrm{r}}^{d}
\end{aligned}
$$

可以看出，k－坐标系下的笼型异步电机转矩方程形式与第 5.2 节中的直流电机转矩方程式（5.4）具有同样的优势。

基于上述转矩方程，图 6.14 所示为 k－坐标系下的笼型异步电机转矩形成框图。

框图 6.53

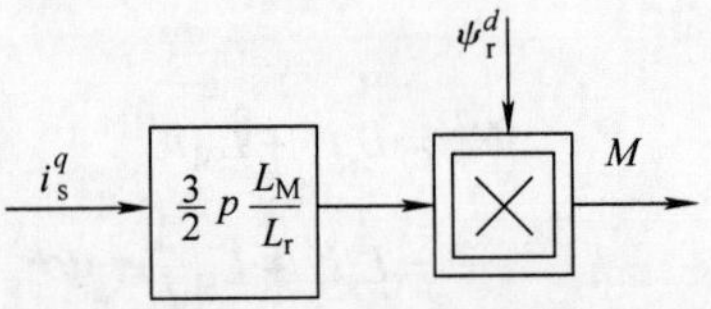

图 6.14　k－坐标系下的笼型异步电机转矩形成框图

6.10.2　转子磁链动态方程与磁链角

根据转子磁链方程式（6.4），将其改写为分量形式：

框图 6.54

$$
\begin{pmatrix}\boldsymbol{\Psi}_{\mathrm{r}}^{d}\\ 0\end{pmatrix}=L_{\mathrm{r}}\begin{pmatrix}i_{\mathrm{r}}^{d}\\ i_{\mathrm{r}}^{q}\end{pmatrix}+L_{\mathrm{M}}\begin{pmatrix}i_{\mathrm{s}}^{d}\\ i_{\mathrm{s}}^{q}\end{pmatrix}
$$

$$
\boldsymbol{\Psi}_{\mathrm{r}}^{d}=L_{\mathrm{r}}i_{\mathrm{r}}^{d}+L_{\mathrm{M}}i_{\mathrm{s}}^{d}\qquad\qquad 0=L_{\mathrm{r}}i_{\mathrm{r}}^{q}+L_{\mathrm{M}}i_{\mathrm{s}}^{q}
$$

$$
\Leftrightarrow\frac{1}{L_{\mathrm{r}}}\left(\boldsymbol{\Psi}_{\mathrm{r}}^{d}-L_{\mathrm{M}}i_{\mathrm{s}}^{d}\right)=i_{\mathrm{r}}^{d}\qquad\qquad\Leftrightarrow-\frac{L_{\mathrm{M}}}{L_{\mathrm{r}}}i_{\mathrm{s}}^{q}=i_{\mathrm{r}}^{q}
$$

将上述转子电流分量代入转子电压微分方程式（6.2）可得：

框图 6.55

$$\begin{pmatrix}0\\0\end{pmatrix}=R_r\begin{pmatrix}i_r^d\\i_r^q\end{pmatrix}+(\omega_k-\omega_m)\begin{pmatrix}0\\\Psi_r^d\end{pmatrix}+\begin{pmatrix}\dot{\Psi}_r^d\\0\end{pmatrix}$$

$$\begin{pmatrix}0\\0\end{pmatrix}=R_r\begin{pmatrix}\frac{1}{L_r}(\Psi_r^d-L_M i_s^d)\\-\frac{L_M}{L_r}i_s^q\end{pmatrix}+(\omega_k-\omega_m)\begin{pmatrix}0\\\Psi_r^d\end{pmatrix}+\begin{pmatrix}\dot{\Psi}_r^d\\0\end{pmatrix}$$

根据上述方程的 d 轴分量，可得到转子磁链的动态方程表达式如下：

框图 6.56

$$0=\frac{R_r}{L_r}(\Psi_r^d-L_M i_s^d)+\dot{\Psi}_r^d$$

$$\Leftrightarrow\frac{L_r}{R_r}\dot{\Psi}_r^d+\Psi_r^d=L_M i_s^d$$

根据一阶滞后元件的定义，上述方程经拉普拉斯变换后对应的是一阶滞后元件（PT1）的传递函数，其比例作用系数为 $K_p=L_M$，时间常数为 $T_1=\frac{L_r}{R_r}$，输入为 $u=i_s^d$，输出为 Ψ_s^d。

从而，可以将图 6.14 进一步扩展为图 6.15 所示的框图。

框图 6.57

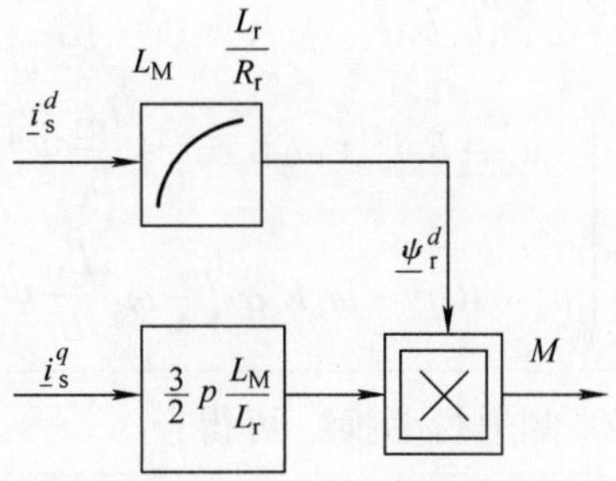

图 6.15 k－坐标系下含有转子磁链 d 轴分量动态方程描述的转矩形成框图

根据框图 6.55 中方程的 q 轴分量，可得：

框图 6.58

$$0=-\frac{R_r L_M}{L_r}i_s^q+(\omega_k-\omega_m)\Psi_r^d$$

$$\omega_k=\omega_m+\frac{R_r L_M}{L_r}\frac{i_s^q}{\Psi_r^d}$$

上述方程也被称为控制条件，通过对其积分即可确定磁链角：

框图 6.59

$$\varphi_k=\varphi_m+\frac{R_r L_M}{L_r}\int\frac{i_s^q}{\Psi_r^d}$$

6.10.3 定子电流空间矢量动态方程

笼型异步电机作为被控系统仅使用定子电压空间矢量作为输入量。因此，必须获取定子电流空间矢量的动态方程。将第 6.10.1 节中的磁链 $\underline{\boldsymbol{\Psi}}_s^k$ 代入定子电压微分方程式（6.1），并写出其分量形式，具体过程如下：

框图 6.60

$$\begin{aligned}\underline{\boldsymbol{u}}_s^k &= R_s\underline{\boldsymbol{i}}_s^k + \omega_k \underset{\sim}{\boldsymbol{J}}\underline{\boldsymbol{\Psi}}_s^k + \frac{d\underline{\boldsymbol{\Psi}}_s^k}{dt}\\ &= R_s\underline{\boldsymbol{i}}_s^k + \omega_k\underset{\sim}{\boldsymbol{J}}\left(L_s\sigma\,\underline{\boldsymbol{i}}_s^k + \frac{L_M}{L_r}\underline{\boldsymbol{\Psi}}_r^k\right) + \frac{d}{dt}\left(L_s\sigma\,\underline{\boldsymbol{i}}_s^k + \frac{L_M}{L_r}\underline{\boldsymbol{\Psi}}_r^k\right)\\ &= (R_s\underline{\boldsymbol{i}}_s^k + \omega_k L_s\sigma\underset{\sim}{\boldsymbol{J}}\,\underline{\boldsymbol{i}}_s^k) + L_s\sigma\frac{d}{dt}\underline{\boldsymbol{i}}_s^k + \omega_k\frac{L_M}{L_r}\underset{\sim}{\boldsymbol{J}}\underline{\boldsymbol{\Psi}}_r^k + \frac{L_M}{L_r}\dot{\underline{\boldsymbol{\Psi}}}_r^k\end{aligned}$$

$$\Leftrightarrow \frac{d}{dt}\underline{\boldsymbol{i}}_s^k = \frac{1}{L_s\sigma}\left[\underline{\boldsymbol{u}}_s^k - (R_s\underline{\boldsymbol{i}}_s^k + \omega_k L_s\sigma\underset{\sim}{\boldsymbol{J}}\underline{\boldsymbol{i}}_s^k) - \omega_k\frac{L_M}{L_r}\underset{\sim}{\boldsymbol{J}}\underline{\boldsymbol{\Psi}}_r^k - \frac{L_M}{L_r}\dot{\underline{\boldsymbol{\Psi}}}_r^k\right]$$

$$\begin{aligned}\frac{d}{dt}\begin{pmatrix} i_s^d \\ i_s^q\end{pmatrix} &= \frac{1}{L_s\sigma}\left[\begin{pmatrix} u_s^d \\ u_s^q\end{pmatrix} - \begin{pmatrix} R_s i_s^d - \omega_k L_s\sigma i_s^q \\ R_s i_s^q + \omega_k L_s\sigma i_s^d\end{pmatrix}\right]\\ &\quad - \frac{1}{L_s\sigma}\left[\begin{pmatrix} 0 \\ \omega_k\dfrac{L_M}{L_r}\Psi_r^d\end{pmatrix} + \begin{pmatrix}\dfrac{L_M}{L_r}\dot{\Psi}_r^d \\ 0\end{pmatrix}\right]\end{aligned}$$

$$\begin{pmatrix}\dfrac{d}{dt}i_s^d \\ \dfrac{d}{dt}i_s^q\end{pmatrix} = \frac{1}{L_s\sigma}\begin{pmatrix} u_s^d - R_s i_s^d + \omega_k L_s\sigma i_s^q - \dfrac{L_M}{L_r}\dot{\Psi}_r^d \\ u_s^q - R_s i_s^q - \omega_k L_s\sigma i_s^d - \omega_k\dfrac{L_M}{L_r}\Psi_r^d\end{pmatrix}$$

将框图 6.56 中的方程向 $\dot{\Psi}_r^d$ 侧进行变换，可得：

框图 6.61

$$\dot{\Psi}_r^d = -\frac{R_r}{L_r}\Psi_r^d + \frac{R_r L_M}{L_r}i_s^d$$

然后将其代入框图 6.60，可得到 d 轴分量形式如下：

框图 6.62

$$\begin{aligned}\frac{d}{dt}i_s^d &= \frac{1}{L_s\sigma}\left[u_s^d - R_s i_s^d + \omega_k L_s\sigma i_s^q - \frac{L_M}{L_r}\left(-\frac{R_r}{L_r}\Psi_r^d + \frac{R_r L_M}{L_r}i_s^d\right)\right]\\ &= \frac{1}{L_s\sigma}\left[u_s^d - R_s i_s^d + \omega_k L_s\sigma i_s^q + \frac{R_r L_M}{L_r^2}\Psi_r^d - \frac{R_r L_M^2}{L_r^2}i_s^d\right]\\ &= \frac{1}{L_s\sigma}\left[u_s^d - \left(R_s + \frac{R_r L_M^2}{L_r^2}\right)i_s^d + \omega_k L_s\sigma i_s^q + \frac{R_r L_M}{L_r^2}\Psi_r^d\right]\end{aligned}$$

整体来说，定子电流空间矢量的动态方程可表示为

框图 6.63

$$\begin{pmatrix} \frac{\mathrm{d}}{\mathrm{d}t} i_s^d \\ \frac{\mathrm{d}}{\mathrm{d}t} i_s^q \end{pmatrix} = \frac{1}{L_s \sigma} \begin{pmatrix} u_s^d - \left(R_s + \frac{R_r L_M^2}{L_r^2}\right) i_s^d \underbrace{+ \omega_k L_s \sigma i_s^q + \frac{R_r L_M}{L_r^2} \Psi_r^d}_{*} \\ u_s^q - R_s i_s^q \underbrace{- \omega_k L_s \sigma i_s^d - \omega_k \frac{L_M}{L_r} \Psi_r^d}_{*} \end{pmatrix}$$

上述方程可使用框图形式进行更为直观的描述，由此即可进一步完善 k – 坐标系下的笼型异步电机框图。当进行控制器设计时，上式中带有 * 标注的部分被视为扰动，可通过合理设计控制器而消除上述扰动，也可通过增加扰动前馈环节对其进行补偿。为简化起见，上式中的方程忽略扰动后可表示为

$$\begin{pmatrix} \frac{\mathrm{d}}{\mathrm{d}t} i_s^d \\ \frac{\mathrm{d}}{\mathrm{d}t} i_s^q \end{pmatrix} = \frac{1}{L_s \sigma} \begin{pmatrix} u_s^d - \left(R_s + \frac{R_r L_M^2}{L_r^2}\right) i_s^d \\ u_s^q - R_s i_s^q \end{pmatrix}$$

由此可见，可分别使用输入为定子电压 d 轴分量 u_s^d 和定子电压 q 轴分量 u_s^q 的两个一阶滞后元件（PT1）来分别构造定子电流 d 轴分量 i_s^d 和定子电流 q 轴分量 i_s^q，其比例作用系数和时间常数如图 6.16 所示。

框图 6.64

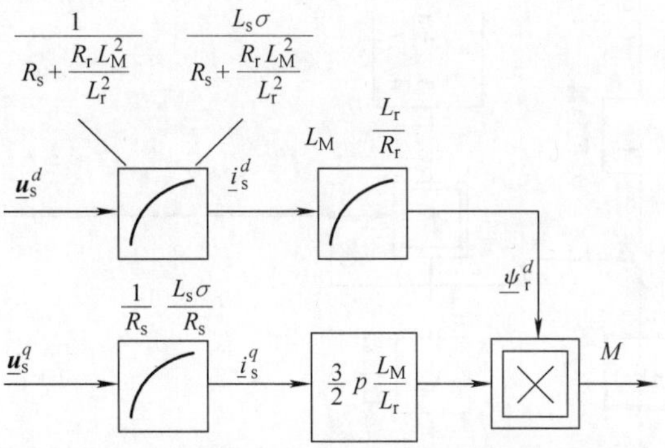

图 6.16 k – 坐标系下笼型异步电机框图（忽略定子电流空间矢量动态方程中的扰动项）

6.10.4 k – 坐标系下笼型异步电机完整框图

基于上述分析可知，异步电机实际上可以等效为直流电机：定子电流 q 轴分量对应电枢电流，定子电流 d 轴分量对应励磁电流，而且等效“励磁绕组”的动态性也明显慢于“电枢绕组”的动态性。因此，所有控制器均可使用与直流电机完全相同的方法进行设计。在弱磁控制区域下进行转矩控制以及转速控制时需额外注意的是，被控系统的比例作用系数会随着磁链 Ψ_r^d 的改变而变化。

图 6.17 所示为笼型异步电机磁场定向控制的完整框图，其中包含若干实现不同功能的控制器（图 6.17 中标有 * 的部分如图 6.18 所示）。显然，图中描述的磁链参考值的构造并

框图 6.65

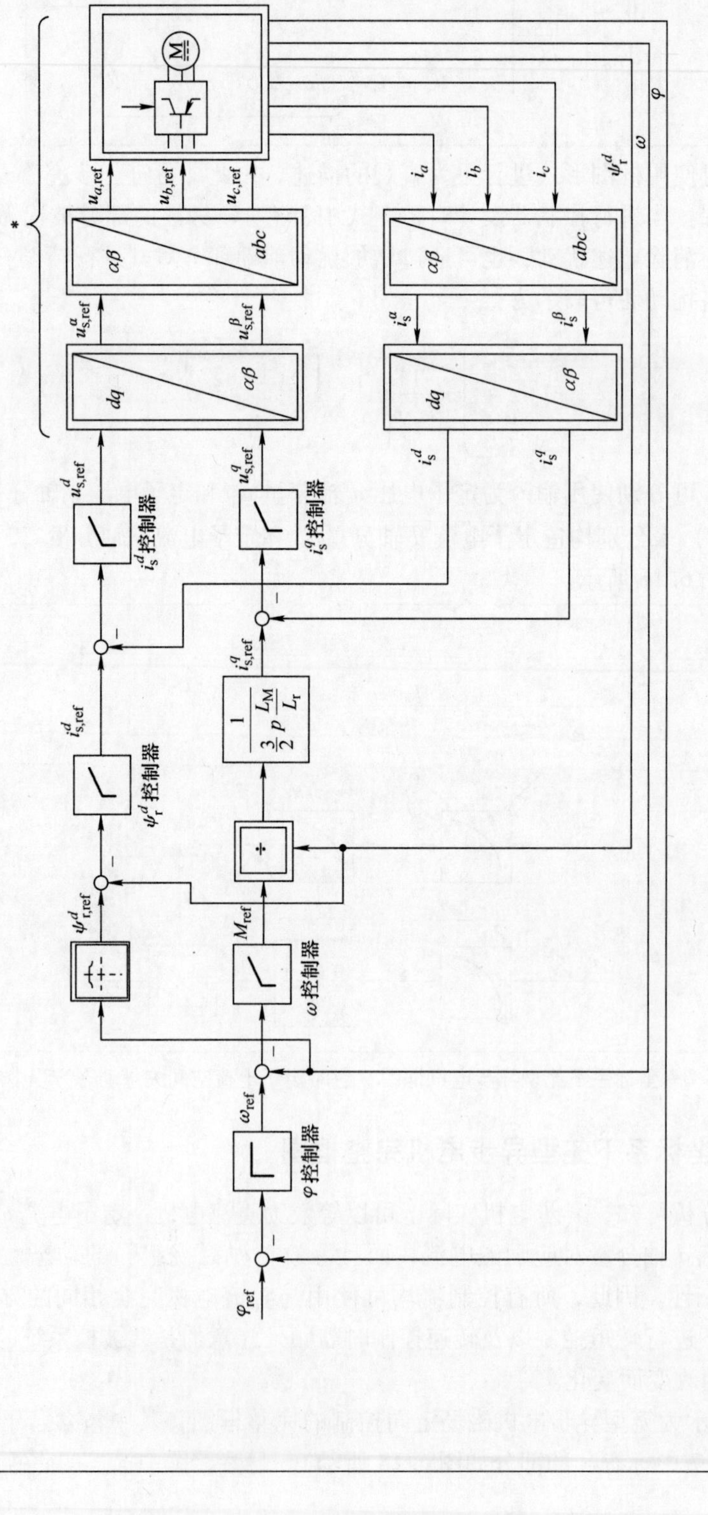

图 6.17 基于磁场定向控制的笼型异步电机完整框图

不像直流电机时一样简单，相关内容将在第 9 章进一步讨论。上述框图存在下述假设：转子磁链的模和辐角是可以测量的，当然需要付出昂贵的代价。第 12 章将介绍不需要磁链传感器而构建磁链的方法。

框图 6.66

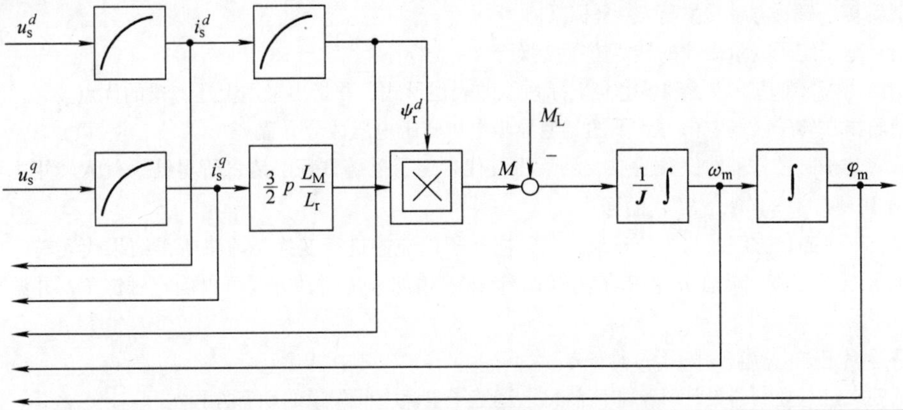

图 6.18 k – 坐标系下笼型异步电机框图

习　题

1. 请绘出一种交流电机横截面的简化结构图，并标出如下组成部分：转子电流 I_r、定子电流 I_s、主磁通 $\boldsymbol{\Phi}_h$、转子、定子漏磁通 $\boldsymbol{\Phi}_{\sigma s}$、定子、转子漏磁通 $\boldsymbol{\Phi}_{\sigma r}$。

2. 请问在研究交流电机模型时，通常做出哪些简化或假设？

3. 请绘出三相全桥变流器的拓扑结构。

4. 请基于定子电压空间矢量描述空间矢量基本原理，并绘出示意图（说明：请使用具有单对磁极的三相电机作为示例）。

5. 如果电机具有两对磁极时，第 4 题中的示意图会出现哪些变化，请绘图说明。

6. 请问空间矢量理论是否适用于电机的其他所有变量？如果不适用，那么请问需要满足哪些约束条件？

7. 请给出矢量形式下的由 abc – 变换至 $\alpha\beta$ – 坐标系所需的变换矩阵，以及对应的反变换矩阵。请问上述变换的专业术语是什么？

8. 请问借助于哪一变换矩阵也可在旋转坐标下描述空间矢量？请问上述变换的专业术语是什么？

9. 请绘出一个 $\alpha\beta$ – 坐标系，并在坐标系中表示空间矢量 $\underline{\boldsymbol{x}}^s = (1 \quad 2)^T$。

10. 请在前面所绘图形中添加一个 k – 坐标系，使它相对于 $\alpha\beta$ – 坐标系的旋转角度为 $\varphi_k = 20°$。

11. 请将空间矢量 $\underline{\boldsymbol{x}}^s$ 变换至 k – 坐标系。请问您所使用的变换角度的符号是正还是负，并给出相应理由。

12. 请给出交流电机电路的一般描述形式，然后写出基于空间矢量形式表述的定子电压微分方程和转子电压微分方程。

13. 请将所写出的两个电压微分方程分别向 $\underline{\boldsymbol{\Psi}}_s^s$ 和 $\underline{\boldsymbol{\Psi}}_r^r$ 侧进行变换。

14. 请给出基于空间矢量形式表述的定子磁链方程和转子磁链方程。

15. 请对所写出的两个磁链方程进行适当变换，使其具有 $\underline{\boldsymbol{i}}_s^s = f(\underline{\boldsymbol{\Psi}}_s^s, \underline{\boldsymbol{\Psi}}_r^s)$ 和 $\underline{\boldsymbol{i}}_r^r = f(\underline{\boldsymbol{\Psi}}_r^r, \underline{\boldsymbol{\Psi}}_s^r)$ 的形式。

16. 请写出基于转子变量表述的转矩方程。

17. 请写出交流电机的运动方程。请问电机的机械转速与电气转速之间具有何种关系？

18. 请绘出输入为 $\underline{u}_{\mathrm{s}}^{\mathrm{s}}$ 和 $\underline{u}_{\mathrm{r}}^{\mathrm{r}}$ 的交流电机整体框图。

19. 请问哪些常见的电机类型可直接通过一般的交流电机模型进行描述，并给出相应电机类型的特点。

20. 请将定子电压微分方程转换至 k－坐标系。

21. 请将转子电压微分方程转换至 k－坐标系。

22. 请将定子磁链方程转换至 k－坐标系。

23. 请将转子磁链方程转换至 k－坐标系。

24. 请将基于定子变量表述的转矩方程转换至 k－坐标系。

25. 请给出 $\underline{\Psi}_{\mathrm{r}}^{k}$ 在基于转子磁场定向坐标系下的表述形式，并指出采用上述方式的优点。

26. 请给出在转子磁场定向方式下的笼型异步电机转子电压微分方程。

27. 请将转子磁链方程向 $\underline{i}_{\mathrm{r}}^{k}$ 侧变换，然后将其代入定子磁链方程。请将所得结果代入转矩方程，并经适当变换使其具有 $M=f(i_{\mathrm{s}}^{q},\ \Psi_{\mathrm{r}}^{d})$ 的形式。

28. 请将转子磁链方程改写为分量形式，并向转子电流侧进行变换。请将所得结果代入转子电压微分方程，并给出转子磁链在 d 轴分量的动态方程表达式。请问采用何种方式可以确定磁链角，并给出相应表达式。

29. 请给出定子电流空间矢量的动态方程。

30. 请问在进行控制器设计时，如何简化上述定子电流空间矢量的动态方程？

31. 请绘出 k－坐标系下基于转子磁场定向控制的笼型异步电机完整框图。

第三篇　电力驱动强化知识

第7章 车辆作为被控对象

本章将选取车辆作为被控对象，并使用简化的数学模型对其进行描述。此简化模型对于控制器设计和仿真分析来说尤为重要。

7.1 电动车辆类型

正如已在第 3.1 节所述，存在如下不同类型的基于电力驱动的电动车辆：

- 电动或混合动力 - 汽车/公共汽车/货车。
- 电动或混合动力 - 火车/有轨电车。
- 电动摩托车/单轮车。
- 电动自行车和踏板电动自行车。

一般来说，由于借助于电力驱动可实现高转速和高转矩运行，所以并非强制需要使用变速装置，当然更无需使用手动变速器。但要清楚的是，使用变速器可呈现的一大优势是能够减少电机的尺寸和重量。

7.1.1 混合动力车辆拓扑结构

本书关注的重点在于纯电动车辆，因为混合动力电动车辆仅作为一种过渡方案。为了内容的完整性，图 7.1 简单描绘了几种基本的混合动力车辆拓扑结构。此外，为了使读者对车辆拓扑结构有更为清晰的认识[㊀]，图 7.2 和图 7.3 所示分别为参考文献［3］和慕尼黑工业大学机械学院课程“车辆技术基础”讲义[㊁]中关于不同车辆类型对应的电气化程度示意图。

对比图 7.1 和图 7.3 可知，仅通过图 7.1 很难直观地认识车辆的拓扑结构。图 7.1 来源于慕尼黑工业大学电气与信息工程学院课程“电动车辆驱动控制技术”讲义，其侧重点在于车辆的驱动控制而非车辆本身，图 7.3 来源于慕尼黑工业大学机械学院课程“车辆技术基础”讲义，其侧重点在于车辆本身而非驱动控制。本书后续与车辆相关的示意图也类似于图 7.1 所示的简化结构，对车辆本身感兴趣的读者可以参考车辆技术相关书籍。

昂贵且笨重的电池是电动汽车的瓶颈。为了利用电力驱动的优势，同时限制车辆的制造成本，起初的方案是在电力驱动外附加使用内燃机驱动。随着电池技术的不断发展，使得降低内燃机功率而增大电机功率这一方案越来越有价值。发展到纯电动汽车之前的最后一个替

㊀ 原德文版讲义中并未包含图 7.2 和图 7.3，增加以上两幅图旨在给出更为清晰的拓扑结构，使读者有一个更为直观的理解。

㊁ 德国慕尼黑工业大学用于教学用途的讲义通常是由相应学科研究所的教授及其科研团队负责编写，主要用于教学需要，而并非正式出版物，学生可以很低廉的价格购买或直接从课题组网站下载。讲义中通常会给出详细的参考书籍，以供课外学习之用。

代方案是增程式电动汽车[㊀]：内燃机直接发电或借助于变速器驱动发电机。此时，内燃机可以运行在最佳工作点，所产生的能量用于馈电给电力驱动系统。此外，内燃机在其最佳工作点运行时产生的多余能量可用于对电池进行充电。

框图 7.1

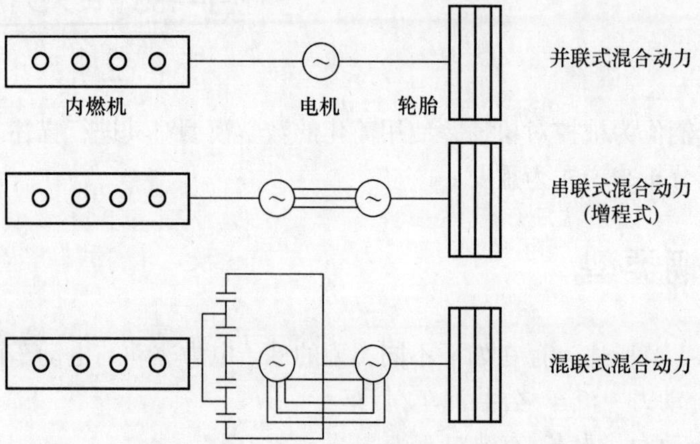

图 7.1　三种混合动力车辆拓扑结构示意图

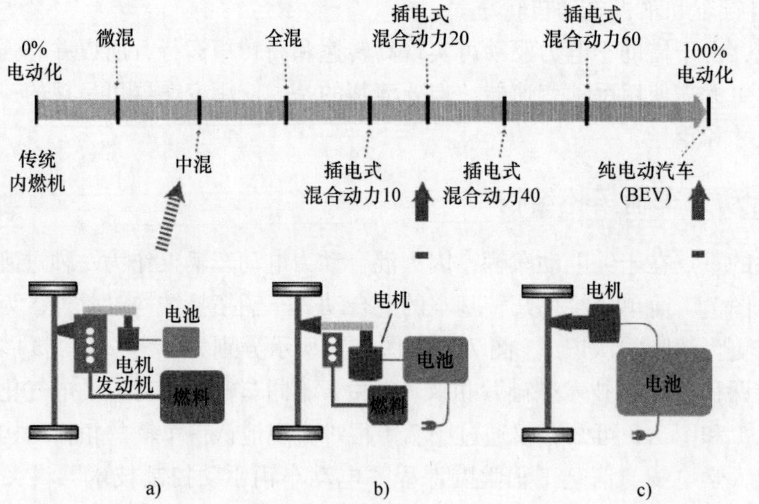

图 7.2　不同车辆类型对应的电气化程度示意图（一）

a）中度混合动力（约 20%）　b）插电式混合动力（约 50%）　c）纯电动（100%）

7.1.2　电动车辆拓扑结构

对于电动车辆来说，通常存在三种基本的驱动类型，它们可使电机作用力通过车轮传递至路面，如图 7.4 所示。图 7.5 所示为包含增程式内燃机驱动的电动车辆电力拓扑结构示意图。

㊀ 增程式电动汽车：一种在纯电动模式下可以达到其所有的动力性能，而当车载可充电储能系统无法满足续驶里程要求时，打开车载辅助供电装置为动力系统提供电能，以延长续驶里程的电动汽车，且该车载辅助供电装置与驱动系统没有传动轴（带）等传动连接。

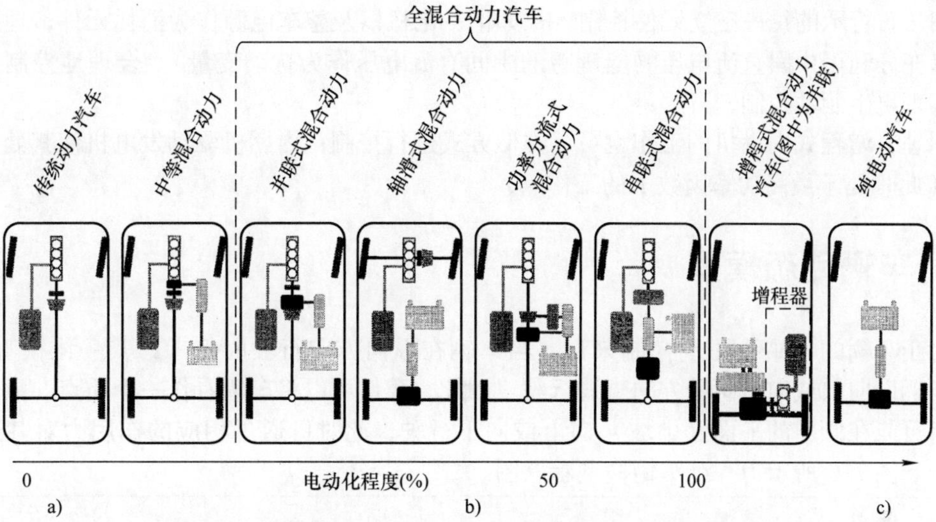

图 7.3 不同车辆类型对应的电气化程度示意图（二）

a）内燃机车（0%） b）混合动力（0% ~100%） c）纯电动（100%）

框图 7.2

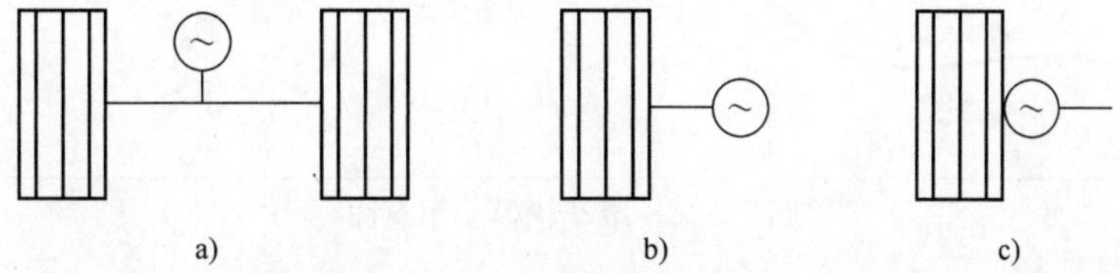

图 7.4 电动车辆驱动类型

a）轴驱动 b）单轮驱动 c）轮毂驱动

框图 7.3

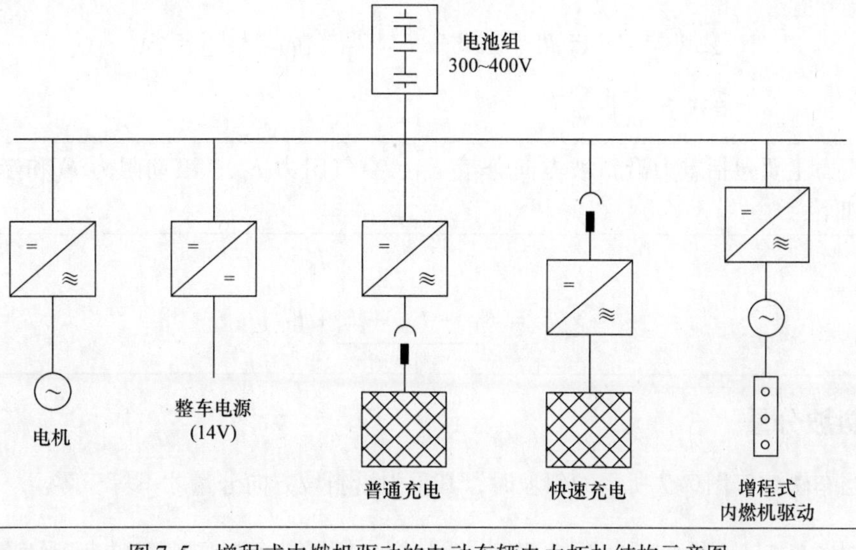

图 7.5 增程式内燃机驱动的电动车辆电力拓扑结构示意图

图 7.5 所示的每一独立元件控制方式如下：**电机**以及**整车电源**作为消耗元件，理想情况下可以充分利用中间直流电压（非理想的中间直流电压作为扰动变量）。合理地控制**变换器**可以实现再生制动控制[⊖]。

同理，**增程式内燃机**的工作也可以类似方式进行控制：内燃机驱动发电机使其处于发电状态（此时处于最高功率因数下的工作点）。

7.2 车辆动态模型

对于车辆的（主）驱动控制来说，当车辆在纵向方向行驶时仅考虑其一维模型即可，也即车辆以向前或向后两种方向直线行驶。因此，我们可以将车辆看作一个质点。显然，车辆也有可能在倾斜的平面（山坡）向上或向下行驶，此时可通过相应的作用力对其进行建模分析。图 7.6 所示为一维车辆模型示意图。

框图 7.4

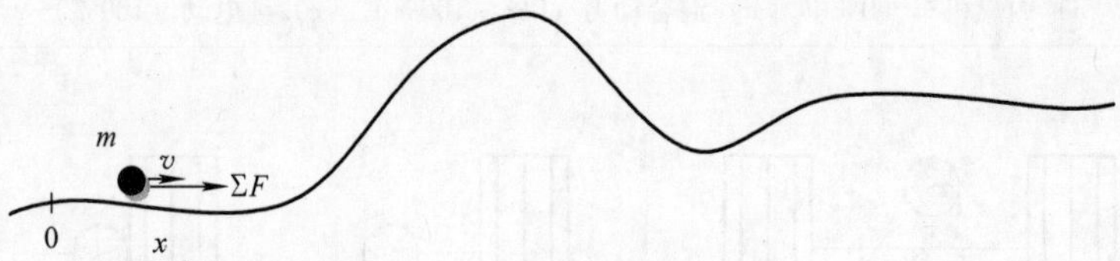

图 7.6 一维车辆模型示意图

7.2.1 运动方程

质点的运动方程可以使用牛顿第二运动定理进行描述：

框图 7.5

$$\sum F = ma = m\dot{v} = m\ddot{x},\ v(0) = v_0,\ x(0) = x_0$$

$$\Leftrightarrow x = \frac{1}{m}\iint \sum F$$

其中，作用力主要包括重力沿斜坡方向分量 F_H、空气阻力 F_{ae}、滚动阻力 F_r和牵引力 F_T，其关系式如下：

框图 7.6

$$\sum F = \underbrace{F_H + F_{ae} + F_r}_{\text{阻力}} + F_T$$

7.2.2 斜坡分量

只有当车辆位于图 7.7 所示的斜坡时，其重力沿斜坡方向分量才不等于零。

⊖ 再生制动控制：通过驱动电机由电动状态转换为发电状态，将行驶中车辆的动能转换为电能回充至车载储能装置而实现对车速控制的控制方式。

框图 7.7

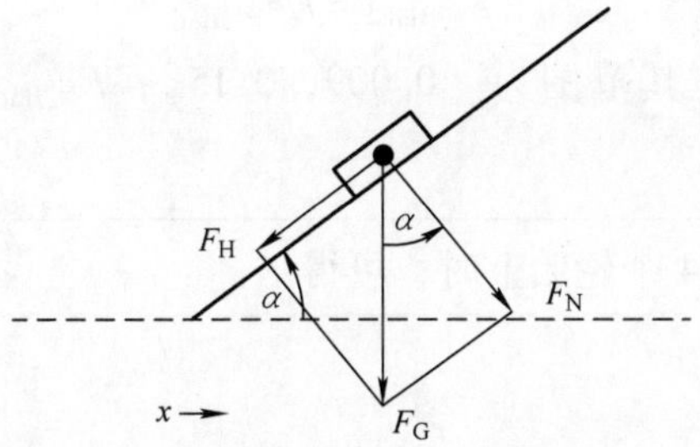

图 7.7 重力沿斜坡方向分量

重力沿斜坡方向分量可由下式表示：

框图 7.8

$$F_H = -F_G \sin\alpha = -mg\sin\alpha \quad \text{式中} \ g = 9.81\text{m/s}^2$$

通常使用百分比形式的斜度 s_α 来代替角度 α 进行计算。角度 α 与斜度 s_α 之间的关系如下

框图 7.9

$$\alpha = \arctan s_\alpha$$

7.2.3 空气阻力

车辆的空气阻力可以描述如下：

框图 7.10

$$|F_{ae}| = \frac{1}{2}\rho(v_w - v)^2 A c_w$$

式中，ρ 是空气密度，$\rho \approx 1.2\text{kg/m}^3$；$v$ 是车辆行驶速度；v_w 是风速；A 是车辆正面迎风投影面积 c_w 是阻力系数，c_w 的取值范围为 0.2 ~ 0.4。

为了更为准确地描述空气阻力，还需考虑其符号的正负，它取决于车速与风速的相对速度，具体表示如下：

$$F_{ae} = \text{sign}(v_w - v)\frac{1}{2}\rho(v_w - v)^2 A c_w$$

7.2.4 滚动阻力

轮胎仅在其与道路的接触面处被挤压，其余部位则处于放松状态。因此车辆在行驶过程中，整个轮胎的各个部位连续地被挤压与放松。由于上述过程并非完全处于弹性状态，所以部分能量会转化为热量损耗。上述能量损耗与作用在轮胎上的法向力成正比。对于单个轮胎的能量损耗来说，可以借助于下述滚动阻力进行描述：

框图 7.11

$$|F_{r,Rad}| = f_r F_{N,Rad}$$

式中，f_r是滚动阻力系数，其范围为［0.009，0.15］；$F_{N,Rad}$是作用在单个轮胎上的法向力。

当整体质量平均分布在4个轮胎上时，可得：

框图 7.12

$$F_{N,Rad} = \frac{mg\cos\alpha}{4}$$

因此，作用在4个轮胎上的滚动阻力合力可简化如下：

框图 7.13

$$|F_r| = 4f_r F_{N,Rad} = 4f_r \frac{mg\cos\alpha}{4} = f_r \underbrace{mg\cos\alpha}_{F_N}$$

滚动阻力其实也在一定程度上取决于速度，因其影响很小而可忽略不计。为了保证在所有运行状态下的模型准确性，需同样考虑作用力的符号，它取决于车辆行驶速度的方向，具体表示如下：

$$F_{r,Rad} = \mathrm{sign}(-v) f_r F_{N,Rad}$$

7.2.5 牵引力－无转差率

牵引力是电机的动力和机械制动器的制动力合力，表示如下：

框图 7.14

$$F_T = \sum F_M + \sum F_B$$

如果使用图7.4所示的**不带变速器的单轮驱动或轮毂驱动**，单个车轮的牵引力对应的是单个车轮的牵引力矩，假设车轮有效半径为r_{Rad}，则有：

框图 7.15

$$F_{T,Rad} = \frac{M_M + M_{B,Rad}}{r_{Rad}}$$

在**带有变速器**的情形下，需使用传动比对电机力矩进行相应转化，如下所示：

框图 7.16

$$F_{T,Rad} = \frac{\overbrace{i_G M_M}^{M_G} + M_{B,Rad}}{r_{Rad}}$$

上述方程是基于无摩擦的理想变速器这一假设而得。通常使用取决于转速的负载转矩对变速器摩擦力进行建模，也可以使用取决于功率流向的有效系数对其进行建模。

如果电机驱动的是车轴（轴驱动），也即一台电机同时驱动车辆的两个车轮，那么车轮就起到了力矩开关的作用。一般来说，可使用差速器实现力矩的均等分配，因此对于车轴的单个车轮来说，其作用力如下：

框图 7.17

$$F_{\mathrm{T,Rad}} = \frac{\frac{M_{\mathrm{M}}}{2} + M_{\mathrm{B,Rad}}}{r_{\mathrm{Rad}}}$$

对于车轴来说，其作用力为两个车轮的合力，表示如下：

框图 7.18

$$\begin{aligned} F_{\mathrm{T,Achse}} &= \sum F_{\mathrm{T,Rad}} \\ &= 2F_{\mathrm{T,Rad}} = 2\,\frac{\frac{M_{\mathrm{M}}}{2} + M_{\mathrm{B,Rad}}}{r_{\mathrm{Rad}}} = \frac{M_{\mathrm{M}} + 2M_{\mathrm{B,Rad}}}{r_{\mathrm{Rad}}} \end{aligned}$$

当设计电机的驱动控制器时，通常做出如下简化假设：**车辆驱动方式为单轴驱动，且电机驱动与机械制动器的制动不同时进行**。基于上述假设条件，车辆牵引力方程可进一步简化为

框图 7.19

$$F_{\mathrm{T}} = \frac{M_{\mathrm{M}}}{r_{\mathrm{Rad}}} \quad \text{带有变速器的情形：} F_{\mathrm{T}} = \frac{i_{\mathrm{G}} M_{\mathrm{M}}}{r_{\mathrm{Rad}}}$$

当考虑无转差率下的牵引力以及刚性变速器时，车辆的平移质点运动方程与旋转的电机运动方程是直接相互耦合的。为此，需将旋转的电机运动方程转化为平移的形式，这也是到目前为止所采用的方式。另外，也可将平移的质点运动方程转化为旋转的形式，此方式则更加适合于驱动控制的设计情形。基于下述过程可将第 7.2.1 节中的作用力可以转化为力矩：

框图 7.20

$$\begin{aligned} \sum F &= ma && \Big| \cdot r_{\mathrm{Rad}} \\ \underbrace{r_{\mathrm{Rad}} \sum F}_{\sum M^{\mathrm{Rad}}} &= r_{\mathrm{Rad}} ma && \Big| \cdot \frac{r_{\mathrm{Rad}}}{r_{\mathrm{Rad}}} \\ &= r_{\mathrm{Rad}}^2 m \frac{a}{r_{\mathrm{Rad}}} \\ &= J_{\mathrm{Fz}}^{\mathrm{Rad}} \alpha^{\mathrm{Rad}} \end{aligned}$$

在无变速器的情况下（即 $i_{\mathrm{G}} = 1$），旋转变量适用于车轮且与电机的旋转变量保持一致。

当存在传动比为 i_G 的变速器时，则有如下关系：

框图 7.21

$$r_{Rad}\sum F = J_{Fz}^{Rad}\alpha^{Rad} \qquad \Big|\cdot i_G^{-1}$$

$$\underbrace{\frac{r_{Rad}\sum F}{i_G}}_{\sum M^M} = \frac{J_{Fz}^{Rad}\alpha^{Rad}}{i_G}$$

$$= \frac{J_{Fz}^{Rad}\dfrac{\alpha^M}{i_G}}{i_G}$$

$$= \underbrace{\frac{J_{Fz}^{Rad}}{i_G^2}}_{J_{Fz}^M}\alpha^M$$

到目前为止，车轮、车轴、变速器以及电机的转动惯量均忽略不计。若考虑上述装置的转动惯量，其方程形式可扩展为：

框图 7.22

$$\underbrace{\frac{r_{Rad}\sum F}{i_G}}_{\sum M^M} = \underbrace{\left(\frac{\overbrace{r_{Rad}^2 m + J_{Rad}^{Rad}}^{J_{Fz}^{Rad}} + J_{Welle}^{Rad}}{i_G^2} + J_G^M + J_M^M\right)}_{\sum J^M}\alpha^M$$

基于上述方程可以得到图 7.8 所示的运动方程框图，可以看出，这一框图与直流驱动以及交流驱动两章中所描述的运动方程框图实质上是等效的。

框图 7.23

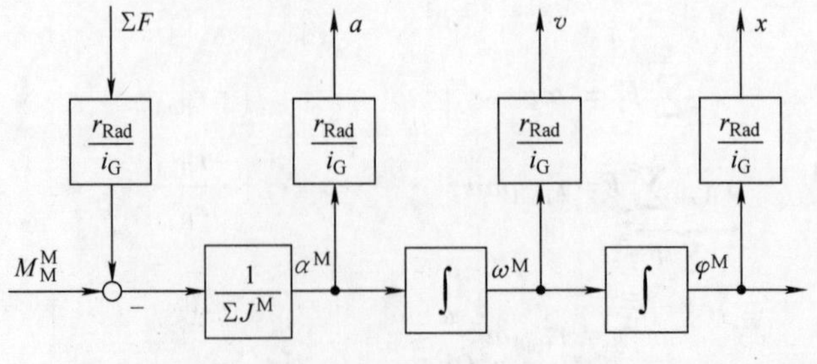

图 7.8　无转差率下的一维车辆运动方程框图

7.2.6 牵引力-带转差率

在更为精确的模型中，则认为车轮作用力仅可通过摩擦力传递至路面。显然，由于不断转动的车轮，摩擦力实际上并非是静摩擦力而是滑动摩擦力。车轮的滑动摩擦力 $F_{\mu,\mathrm{Rad}}$ 可借助于摩擦系数 μ 与车轮的法向力 $F_{\mathrm{N,Rad}}$ 进行描述：

框图 7.24

$$F_{\mu,\mathrm{Rad}}=\mu F_{\mathrm{N,Rad}}$$

根据牛顿第三定律可知，摩擦力在相互摩擦的两个平面上的符号相反，也即：

框图 7.25

$$F_{\mu,\mathrm{Rad}}=F_{\mathrm{T,Rad}}=-F_{\mu,\mathrm{gegen}}$$

式中，$F_{\mathrm{T,Rad}}$ 用于加速车辆，$F_{\mu,\mathrm{gegen}}$ 是作用在车轮的反作用力。

通过车轮以及变速器可将上述反作用力转化为作用在电动机上的负载力矩：

框图 7.26

$$M_{\mu,\mathrm{gegen}}=\frac{r_{\mathrm{Rad}}}{i_{\mathrm{G}}}F_{\mu,\mathrm{gegen}}=-\frac{r_{\mathrm{Rad}}}{i_{\mathrm{G}}}F_{\mathrm{T,rad}}$$

由于摩擦系数取决于摩擦面的相对速度，我们可使用转差率 s㊀来描述相对速度，关系如下：

框图 7.27

$$s:=\frac{v_{\mathrm{Rad}}-v}{v_{\mathrm{Rad}}}=\frac{r_{\mathrm{Rad}}\omega_{\mathrm{Rad}}-v}{r_{\mathrm{Rad}}\omega_{\mathrm{Rad}}}$$

从而有：

框图 7.28

$$\mu=\mu(s)$$

上述关系 $\mu(s)$ 通常取决于轮胎状态和道路情况。图 7.9 所示为干燥沥青路面上的摩擦曲线 $F_{\mu,\mathrm{Rad}}=f(s)$ 示意图。

㊀ 此处对应的是驱动转差率的定义。转差率通常可区分为[3]：

$$\text{驱动转差率 } s_{\mathrm{a}}:=\frac{v_{\mathrm{Rad}}-v}{v_{\mathrm{Rad}}}\text{和制动转差率 } s_{\mathrm{b}}:=\frac{v-v_{\mathrm{Rad}}}{v}$$

上述区分对于防止奇点的出现是必要的，因为当 $v_{\mathrm{Rad}}=0$ 时，$s_{\mathrm{a}}\to\infty$；当 $v=0$ 时，$s_{\mathrm{b}}\to\infty$。恰当地使用上述定义的组合形式可使得转差率始终为正，且仅在 v、$v_{\mathrm{Rad}}=0$ 时，未对其定义（此处将其定义为零）。显然，作用力的符号需根据是否存在驱动加速或制动的情形而做出相应的调整。本部分讨论的驱动转差率也用于制动的情形，主要基于以下两点考虑：①其形式类似于笼型异步电机转差率的定义；②可正确地描述功率。接下来将不必考虑其符号条件。显然，上述模型仅适用于 v、$v_{\mathrm{Rad}}>0$ 的情形。

框图 7.29

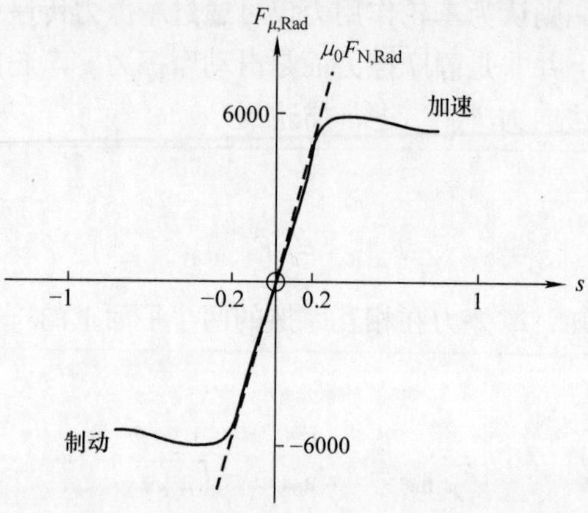

图 7.9　干燥沥青路面上的摩擦曲线 $F_{\mu,\mathrm{Rad}}=f(s)$ 示意图[3]

图 7.9 表明，当转差率较小时，可认为摩擦力近似线性变化。因此，当转差率的范围为 $s\in[-0.2,\ 0.2]$ 时，摩擦力可表示为

$$F_{\mu,\mathrm{Rad}}=ks$$

可进一步确定斜率 k 的表达式如下：

$$k=\mu_0 F_{\mathrm{N,Rad}}$$

用于初始斜率的摩擦系数实际值约为 $\mu_0\approx5$[3]。图 7.10 所示为带转差率的电机和车辆运动方程框图。

框图 7.30

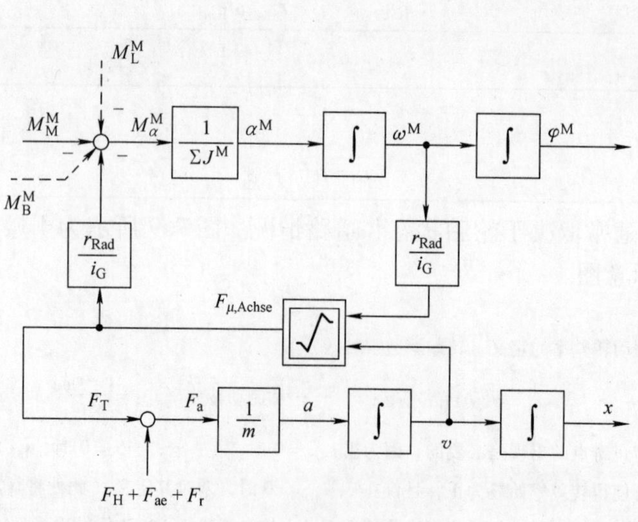

图 7.10　带转差率的电机和车辆运动方程框图

7.3　功率平衡

机械功率平衡表达式如下：

框图 7.31

$$
\begin{aligned}
P &= v(F_{\mathrm{H}} + F_{\mathrm{ae}} + F_{\mathrm{r}} - F_{\mathrm{a}}) - \left| \left(\frac{r_{\mathrm{Rad}}}{i_{\mathrm{G}}}\omega^{\mathrm{M}} - v \right) F_{\mu} \right| \\
&= v\Bigg(-mg\sin\alpha + \\
&\qquad \mathrm{sign}(v_{\mathrm{w}} - v)\frac{1}{2}\rho(v_{\mathrm{w}} - v)^2 A c_{\mathrm{w}} + \\
&\qquad \mathrm{sign}(-v) f_{\mathrm{r}} mg\cos\alpha - \\
&\qquad ma \Bigg) - \\
&\qquad \left| \left(\frac{r_{\mathrm{Rad}}}{i_{\mathrm{G}}}\omega^{\mathrm{M}} - v \right) \mu(s) mg\cos(\alpha) \right|
\end{aligned}
$$

负的功率被看作消耗，它来源于储能装置的能量损失。在强劲加速过程时，加速功率将占据总功率最大的比重[3]。

7.4　驱动设计考虑因素

7.4.1　电机和变流器的选择

整体来说，相比于内燃机驱动，使用电机和变流器的电力驱动具有更高的效率，因此选择何种类型的电机以及变流器都无关紧要。唯一需要排除的是具有明显较低功率密度以及转矩密度且必须使用换向器的直流电机。根据市面上已量产的电动车辆类型可知，对于不同的汽车制造厂商来说，其电机和变流器的选择方案大相径庭。电机和变流器类型选择的主要因素包括成本（汽车工业领域可谓是锱铢必较）、可用性（费用）、重量及尺寸、功率因数。

在预先确定电池能量密度的前提下，最后两个因素决定了续驶里程。

7.4.2　变速器

对于电机来说，存在下述关系：

框图 7.32

$$M_{\mathrm{N}} \sim A_{\mathrm{M,max}} B_{\mathrm{max}} V$$

式中，$A_{\mathrm{M,max}}$是最大电流承载能力；B_{max}是最大磁通密度；V是体积，$V \sim lr^2$。

电流承载能力取决于所使用的冷却方式。水冷方式下电机的电流承载能力约为风冷方式下其承载能力的 4 倍，因此水冷方式对于电动车辆来说尤为合适。最大磁通密度受到铁心饱和的限制，一般来说，气隙处的磁通密度 $B_{max} \leqslant 1T$。因此，电机的额定力矩与其体积成正比（也可以说是质量，因电机绝大部分是由铁心组成的）：

框图 7.33

$$m, V \sim M_N$$

此处需要指出的是，上述方程并未出现极对数。极对数的作用仅仅用于确定电气频率与机械频率之间的比例关系。

上述方程中同样没有出现额定速度。如此就可以巧妙地让电机保持高速运行以提供所需的牵引功率，从而节约其重量和体积。但是为此必须使用一个变速器，使其满足：

框图 7.34

$$m, V \sim i_G$$

传动比 i_G 与电机和变速器的质量及体积之间的关系曲线如图 7.11 所示。由图可以明显看出，存在一个可使系统总质量及总体积达到最小的最优传动比。

框图 7.35

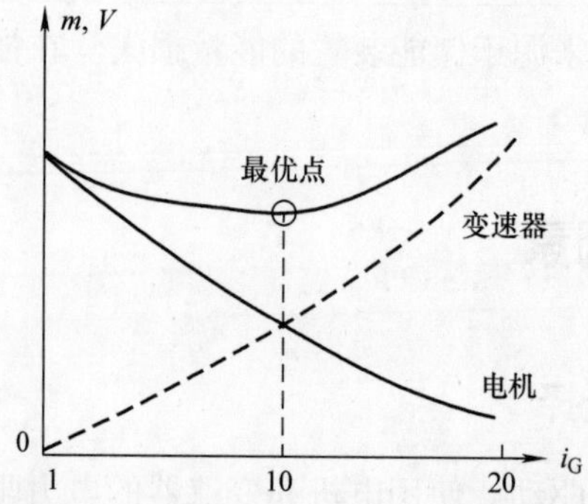

图 7.11　最优传动比

7.4.3　弱磁的应用

电机的额定电流承载能力如下：

框图 7.36

$$A_{M,N} \sim nI_{M,N}$$

式中，n 是绕组匝数；$I_{M,N}$ 是（形成转矩的）额定电流。

显然，恒定转速下的感应电压满足以下关系：

框图 7.37

$$U_i \sim n$$

上述两式关系也在一定程度上反映机械功率关系，如下所示：

框图 7.38

$$P_m = U_i I_M$$

其中，

$$U_i \sim n \quad I_M \sim \frac{1}{n}$$

$\Rightarrow n$ 被抵消掉。

根据匝数 n 可以确定用于机械功率的电压 U_i和电流 I_M数值。

对于具有相同功率的电机来说，通常选取较大的电压 U_i（从而对应数量多的匝数 n 和数值小的电流 $I_{M,N}$），如此便具有下述优势：①相对较小的电缆横截面；②导线及变流器中相对较小的欧姆损耗；③相对较低的变流器费用（费用 ~ S_N，根据电池确定电压等级为 400V，因此，费用 ~ I_N）。

基于上述分析，在电动车辆中使用弱磁技术是很有意义的：电机（绕组匝数 n）的设计目标是使得车辆在较低速度下运行时 U_i即可达到最大中间直流电压（即电池电压），从而可以保证小的额定电流 $I_{M,N}$。在更高的速度下则需要削弱磁场，从而使得电压 U_i不再继续增加。显然，可达到的最大力矩也会相应变小。

需要进一步指出的是，电动车辆的弱磁技术仅在下述情形下才投入使用：

1）加速时需要主牵引力，且在更高的速度下，弱磁会妨碍加速性能。

2）驾驶员所期望的是仅仅在低速下具有较大的加速性能，因驾驶员已习惯内燃机驱动的车辆。

对于非永磁体励磁电机来说，v_N 的取值范围通常在$\frac{1}{4}v_{max} \sim \frac{1}{3}v_{max}$。对于永磁励磁电机来说，通常选择 $v_N \approx \frac{1}{2}v_{max}$，因为一般需要施加与永磁体磁场方向相反的磁场以实现弱磁。

电机在弱磁区域运行带来额外的优势是可以达到其最大效率。

总体来说，在电动车辆中使用弱磁控制是一种重要的方法。

7.4.4 第一象限设计

驱动系统设计时需要考虑的是所驱动的被控对象，也即车辆。此时，核心变量包括平移的作用力及速度，上述变量之间的关系可以通过机械特性描述，直流电机的机械特性已在图 5.10中给出。图 7.12 所示为电力驱动及内燃机驱动在第一象限范围内的机械特性。

框图 7.39

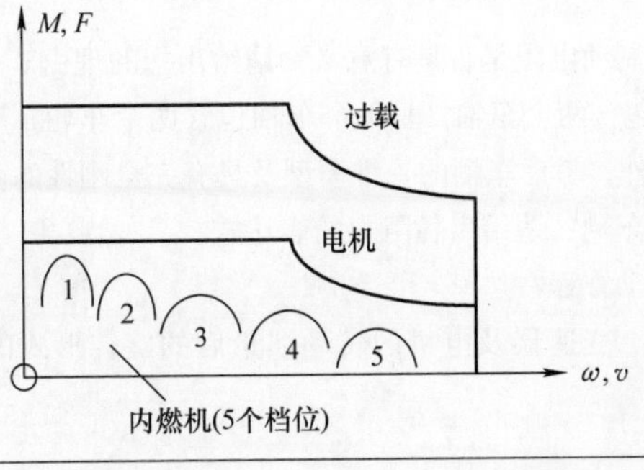

图 7.12 电力驱动及内燃机驱动在第一象限范围内的机械特性

图 7.13 所示为电力驱动在不同设计可能性下的机械特性。

框图 7.40

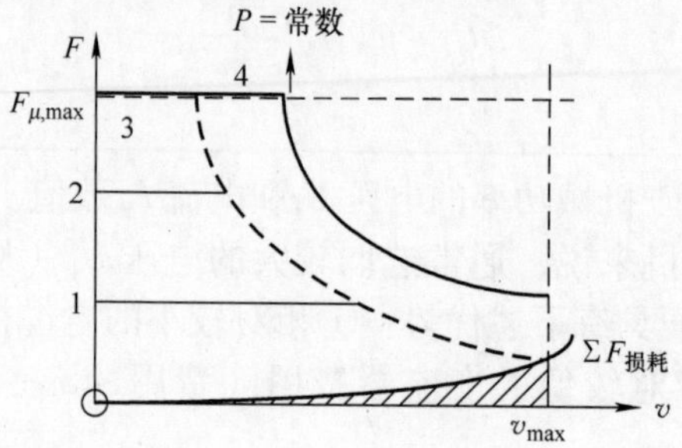

图 7.13　电力驱动在不同设计可能性下的机械特性

在不失一般性的前提下，假设车辆在笔直的道路上行驶，此时重力沿斜坡方向分量 $F_H=0$。通常所使用 $F_{\mu,\max}$ 的值㊀取决于干燥的道路及给定的车辆重量。下面列出了额定力矩不断增加的 4 种设计情形：

框图 7.41

1）同等尺寸下具有较小的额定力矩。

2）在短时过载情形下可达到最大力矩。

3）可持续达到最大力矩。

4）即使在最大速度情形下也可以实现运动型加速。

力矩越小，电机的尺寸越小也越便宜，在相同的续驶里程条件下，所需电池组尺寸也越小且越便宜。上述 4 种设计情形对应的分别是从最便宜到最昂贵且最具运动型的车辆。

习　　题

1. 请绘出三种基本的混合动力车辆拓扑结构。

2. 请问存在哪三种基本的驱动类型可以使电机作用力通过车轮传递至路面？

3. 请绘出包含增程式内燃机驱动的电动车辆电气拓扑结构示意图。请问如何控制所绘图中的每一独立元件？

4. 请问在电动车辆中使用制动电阻是否是有意义？请给出您的理由。

第 5 ~ 14 题所考虑的车辆包含两个车轴，且每个车轴包含两个车轮，车辆的驱动方式为后置后驱，且包含传动比为 i_G 的变速器。此外，考虑车辆的一维模型及具有完全刚性的变速器。

5. 请问有哪些阻力作用于车辆？请给出各阻力的表达式。

6. 请问如何表示质点的运动方程？

7. 请给出考虑车轮、车轴、变速器及电机的转动惯量后的旋转形式的运动方程，并绘出对应的框图（无转差率的情形）。

㊀ 一般来说，轨道车辆的摩擦系数要小得多。对于磁悬浮列车来说，$F_{\mu,\max}$ 实际上并不存在限制。

8. 请基于下面虚构的数据计算电机驱动系统的整体转动惯量（车轮可以被看作一个实心圆柱体）。

描述	符号及数值
车轮质量	$m_{Rad}=10\text{kg}$
变速器质量	$m_G=200\text{kg}$
电机质量	$m_M=250\text{kg}$
电池组质量	$m_B=400\text{kg}$
其他部分质量	$m_R=400\text{kg}$
变速器转动惯量	$J_G^M=0.001\text{kg}\cdot\text{m}^2$
电机转动惯量	$J_M^M=0.15\text{kg}\cdot\text{m}^2$
传动比	$i_G=10$
有效半径	$r_{Rad}=20\text{cm}$

9. 请问当电机最大力矩为 $M_{M,max}^{M}=200\text{N}\cdot\text{m}$ 时，车辆在笔直道路上由静止加速至100km/h需要多长时间？

10. 请问第9题计算出的加速时间在现实中是否可以实现？给出您的理由。

11. 请给出驱动转差率的定义。

12. 请绘出带转差率的电机和车辆运动方程框图。

13. 请给出车辆的机械功率平衡表达式。

14. 给出如下图所示的给定路线和速度曲线信息，请回答下述问题：

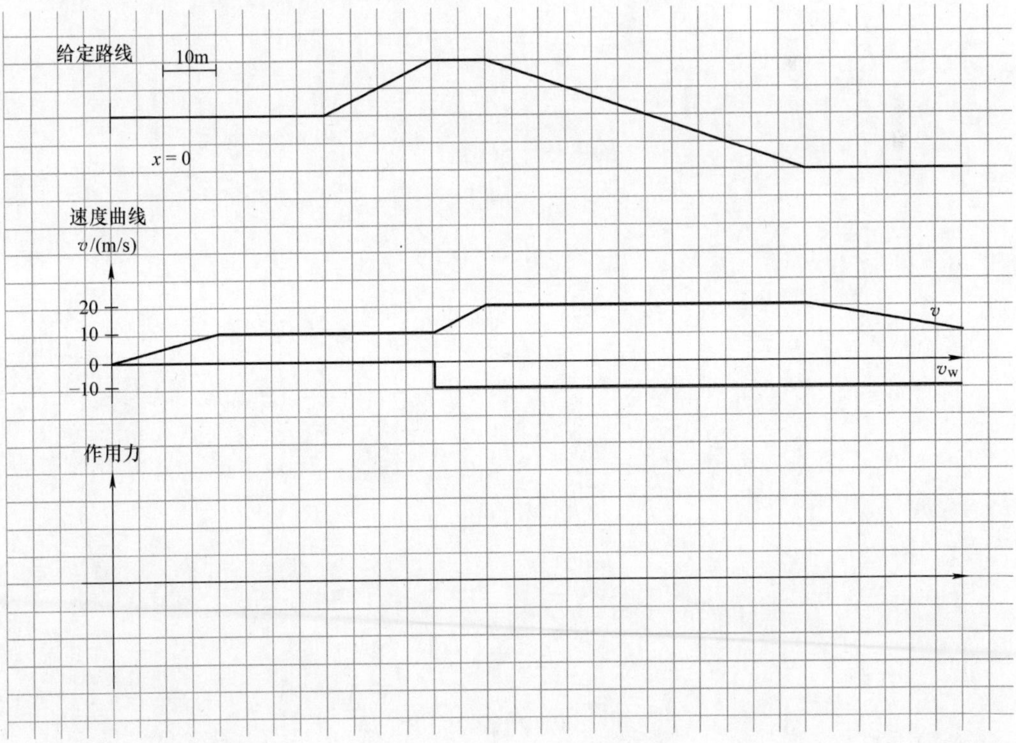

1）请给出 $\alpha(x)$ 的表达式。

2）请给出重力沿斜坡方向分量 $F_H(x)$ 的表达式。

3）请给出 $v_w(x)$ 的表达式。

4）请在上图中绘出重力沿斜坡方向分量 $F_{H}(x)$ 及空气阻力的变化曲线。

15. 请问通常使用哪些标准来选择电机和变流器？

16. 请问通常由哪些额定参数决定电机的尺寸和重量？

17. 请按力矩密度由高到低的顺序对下述电机类型进行排序并给出理由：永磁同步电机、开关磁阻电机、他励直流电机、外励磁同步电机、笼型异步电机。

18. 请问在电动车辆中使用变速器是否有意义？

19. 请问为何在电动车辆中使用弱磁技术是很有意义的？

20. 请绘出电力驱动的两种不同设计可能性的机械特性。

第8章

扰动、限幅、非线性

到目前为止，均假设执行机构、被控对象和传感器[㊀]是理想的和线性的。此外，还假设变流器可以提供无限高的电压，且电机和变流器也能够承受无限高的电压和电流。显然，上述假设很大程度上简化了真实的驱动系统。本章将使用部分非线性元件来进一步扩展线性模型和控制器。但要清楚的是，上述控制器的设计仍然是基于纯线性控制闭环的方法，此类型控制方式也被称为近似线性控制。

8.1　非理想传感器

任何一个系统都具有**滞后**这一共同特征，即使其值可能非常微小。大部分传感器件可近似看作具有一阶滞后元件的特性，但有时也必须借助更高阶的滞后元件进行描述。控制效果会因反馈通道中的滞后因素而受到影响。

任一传感器所检测得到的都是包含**测量噪声**的测量值，噪声类型取决于具体的传感器以及测量环境。强烈的测量噪声会引起控制偏差的严重偏移，从而影响控制器的输出变量，并有可能导致执行机构和被控对象产生较高的能量消耗和承受较高的负荷。存在多种不同的方案可以克服上述问题，常见的两种分别是**减小控制器比例作用系数**和**使用滤波器**。当然，也可以结合使用上述两种方案。但是，无论何种方案都会影响控制效果，因此需在控制效果和被控变量测量噪声之间进行折中考虑。

此外，一些传感器件还具有**非线性特性**，我们可以通过非线性特性曲线的反转克服上述问题。最后要提及但并非不重要的是，上述所有特性都有可能会随着时间发生变化。

图 8.1 所示为传感器模型及其测量值处理模型的框图。

测量传感器通常位于**控制闭环的反馈通道**，如图 4.1 所示，因此，控制器实际控制的是非准确的且无论如何都存在滞后的被控变量。换个角度来说，也可以把测量传感器以及滤波器看作是被控对象的组成部分。在不改变控制器参数的情况下，尤其是控制器的比例作用系数，则有可能引起系统的振荡甚至不稳定。**基于上述分析，控制器的设计必须考虑测量传感器和测量值处理部分的影响**。由于控制效果会受到非理想传感器件的影响，所以**传感器质量对于控制效果来说也至关重要**。

㊀ 传感器：能感受被测量并按照一定的规律转换成可用输出信号的器件或装置，通常由敏感元件和转换原件组成。其中，敏感元件指传感器中能直接感受或响应被测量的部分；转换元件指传感器中能将敏感元件感受或响应的被测量转换成适于传输或测量的电信号部分。

框图 8.1

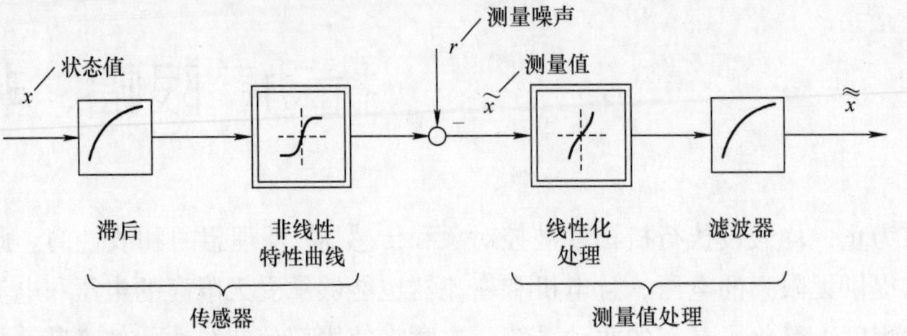

图 8.1　传感器模型及其测量值处理模型的框图

8.2　控制器限幅

为了防止电机、变流器以及被控对象的其他组成部分受到损坏，必须要特别限制的是电流及转速。

8.2.1　限幅实现

控制器限幅可以通过限制参比变量来实现。基于上述方式可以将期望的被控变量限定在最大值范围之内，但有可能会出现超调情形。从数学上来看，可以通过下述条件实现：

框图 8.2

$$y=\begin{cases} u & \text{当 } y_{\min}\leqslant u\leqslant y_{\max}\text{ 时}\\ y_{\max} & \text{当 } u>y_{\max}\text{ 时}\\ y_{\min} & \text{当 } u<y_{\min}\text{ 时}\end{cases}$$

图 8.2 所示为限幅器框图。

框图 8.3

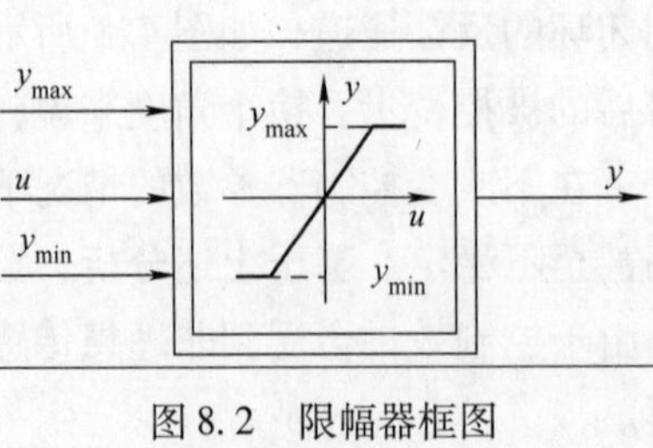

图 8.2　限幅器框图

8.2.2　积分饱卷

图 8.3 所示为带有转矩限幅的速度控制闭环框图，其中对参考转矩（也可以说是参考电流，因电流与转矩直接相关）进行了限幅。不带限幅的速度控制闭环框图可参见图 5.17。

框图 8.4

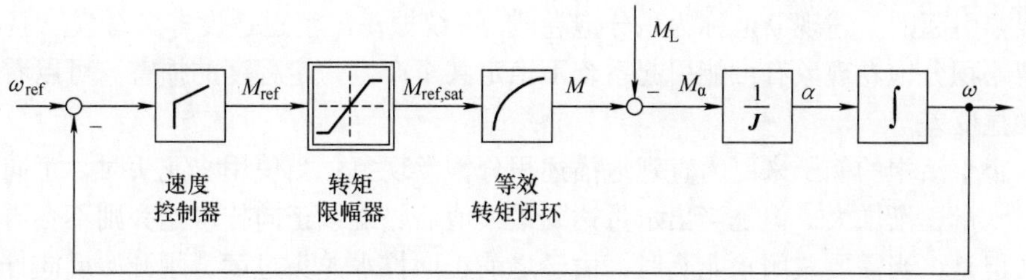

图 8.3 带有转矩限幅的速度控制闭环框图

图 8.4 所示为参考速度由零速至额定转速时的阶跃响应[⊖]：其中绿色代表不带转矩限幅器；红色代表带有转矩限幅器且最大幅值为额定转矩。

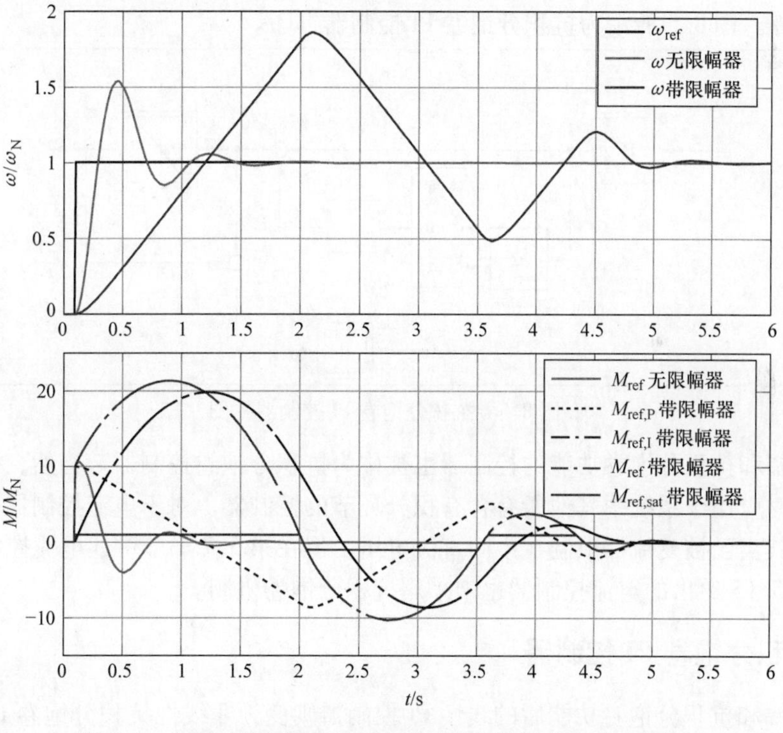

图 8.4 参考速度由零速至额定转速时的阶跃响应（见彩插）

由此可知，限幅的影响是很明显的：速度 PI 控制器的输出通过限幅器进行限幅，会导致电机速度响应明显变慢。控制偏差也大于期望的偏差并通过 PI 控制器的积分环节进行消除。控制偏差的增大实际上会引起控制器输出变量（此处为参考转矩 M_{ref}）的增加，但由于限幅器的存在，$M_{ref,sat}$ 无法持续增加。当到达给定的参考速度时，控制器会由于积分环节的过冲现象而仍继续输出其饱和控制变量 $M_{ref,sat}$。当积分环节的过冲现象消退以后，由于此时

⊖ 阶跃响应：在系统的某个输入变量 u 上施加阶跃函数 $\Delta u\epsilon(t) = u_s \in (t)$ 时产生的系统时间响应，其中，u_s 是阶跃幅度，$\epsilon(t)$是时间的单位阶跃函数 $e(t) = \int_{-\infty}^{t} \delta t dt$。

速度已具有很大的超调量，控制器则迅速输出相反方向的饱和输出变量 $-M_{ref,sat}$ 以降低速度。可以看出，积分环节在相反方向上也同样会出现过冲现象。

由限幅引起的上述现象也称为积分饱卷㊀。系统振荡的消退速度非常缓慢，且在极端情况下，忽略积分饱卷现象有可能引起系统不稳定甚至产生一定程度的损害。可以看出，控制效果也明显变差。

举一个生活中的例子来更为直观地描述积分饱卷现象：当使用水龙头时，正向拧水龙头会使其出水量逐渐增大，但是当出水量达到最大值后，继续正向拧水龙头则不会再对出水量有影响；但是，当需要关闭水龙头时，由于之前正向拧水龙头过度，刚开始反向拧水龙头不会降低出水量，因此需要花费更多的时间来关闭水龙头。

8.2.3 抗积分饱卷

应对积分饱卷现象一个简单且有效的方案：当限幅器刚达到饱和状态时，便将积分器的输入设置为零。图 8.5 所示为抗积分饱卷 PI 控制器框图。

框图 8.5

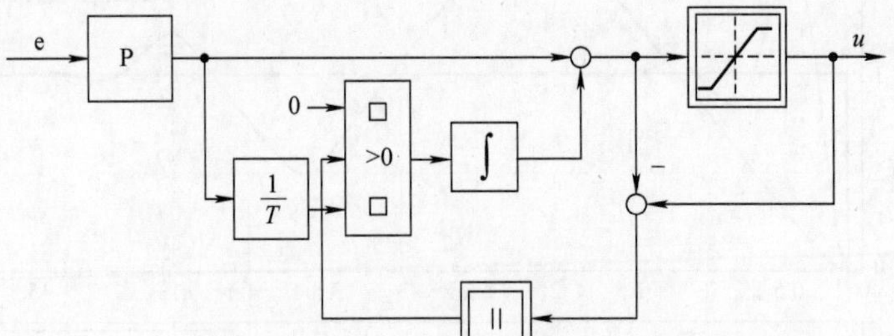

图 8.5 抗积分饱卷 PI 控制器框图

带有限幅和抗积分饱卷功能的控制器也被称为抗积分饱卷控制器。当然，抗积分饱卷方案也必须同时应用于系统中其他所有含有积分环节的控制器。对于电流控制器来说，其输出的参考电压其实已被变流器限制在中间直流电压，但在第 5.7.1 节讲述电流控制器时并未指出，而且图 5.15 给出的电流控制器也未采用抗积分饱卷机制。

8.2.4 抗积分饱卷 PI 控制器

引入限幅和抗积分饱卷功能后的线性 PI 控制器则变为非线性抗积分饱卷 PI 控制器，控制闭环的响应也相应发生变化。目前可以使用扩展方法或仿真分析来观察其控制效果。图 8.6再次给出了参考速度由零速至额定转速时的阶跃响应：其中绿色代表使用线性 PI 控制器（无限幅器）；红色代表使用非线性抗积分饱卷 PI 控制器（带限幅器）。

由图 8.6 可知，使用抗积分饱卷 PI 控制器的控制闭环的响应特性较为理想。在额定转矩下，电机仅需使用较短的时间进行加速，且当电机到达额定速度后，转矩和速度的振荡程度也较为轻微。

㊀ 积分饱卷：闭环控制回路中的一种现象。在此回路中，积分元件后接一个在其饱和范围内工作的线性元件，导致输出变量对输入变量符号变化的响应延迟。在控制回路中，这种响应延迟会导致被控变量过量超调（说明：术语积分饱卷与积分饱和描述的是同一现象，诸多书籍及相关文献使用的是积分饱和，此处使用的积分饱卷参考了 GB/T 2900.56—2008《电工技术　控制技术》）。

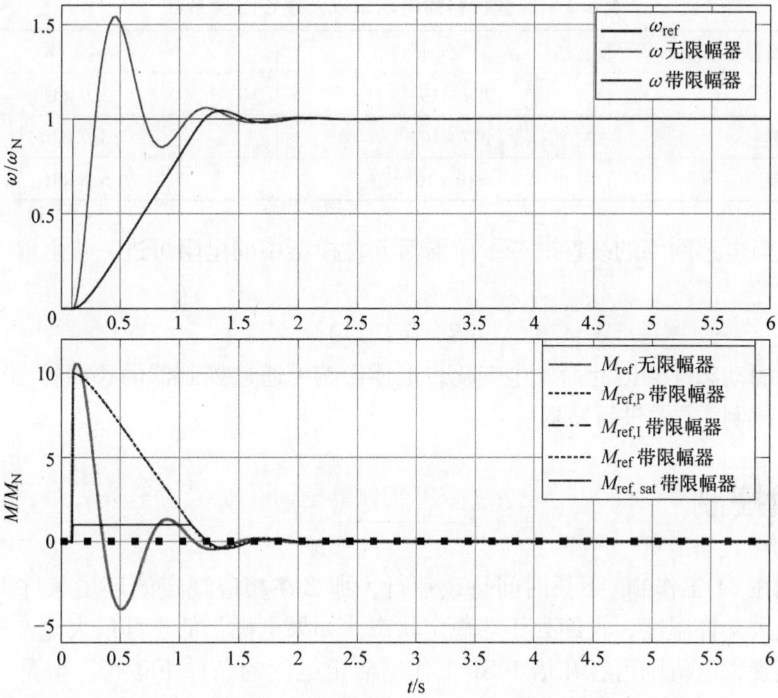

图 8.6 参考速度由零速至额定转速时的阶跃响应（见彩插）

8.3 电阻温度相关性

电机运行过程中会由于欧姆损耗、磁滞损耗、摩擦损耗等原因而产生热量，从而会引起电机绕组的电阻值发生变化，原因在于绕组材料的电阻值具有一定的温度相关性。电阻的温度相关性可以通过泰勒级数展开式进行描述：

框图 8.6

$$R(T) = \underbrace{R_0}_{R(T_0)} \left[1 + \alpha_0 \underbrace{(T - T_0)}_{\Delta T} + \beta_0 (T - T_0)^2 + \gamma_0 (T - T_0)^3 + \cdots\right]$$

式中，R_0是在温度 T_0下的电阻值；α_0、β_0、γ_0……是在温度 T_0下的温度系数。

大多情况下，即使泰勒级数展开式在线性项之后进行截断，其精度也完全满足要求。电阻值 R_0可进一步表示为

框图 8.7

$$R_0 = \rho_0 \frac{l}{A}$$

式中，ρ_0是与材料相关的电阻率；l 是导体长度；A 是导体横截面面积。

典型材料在 20℃下的电阻率 ρ_0以及线性温度系数 α_0的数值见表 8.1。

表 8.1 典型材料的电阻率以及线性温度系数

材料	$\rho_{20℃}$/（mm^2/m）	$\alpha_{20℃}$/K^{-1}
铜	1.7×10^{-2}	3.9×10^{-3}
铝	2.7×10^{-2}	3.9×10^{-3}
铁	$\geqslant10\times10^{-2}$	5.6×10^{-3}

至此，电阻电感网络的线性时变一阶滞后元件模型中的电阻可进一步由取决于时间及温度的电阻所描述：

$$R=f(T(t))$$

被控系统的动态性会因此而发生变化，上述影响可通过控制器的鲁棒控制[一]或者控制器参数的自适应控制[二]方式进行减弱。

8.4 过载控制

如果电机在 S1 工作制[三]下长时间持续运行，那么在相应规定的环境条件下，电机温度将上升至其最大允许温度，也即处于热稳定状态。如果电机仍低于其最大允许温度，那么考虑到热惯性因素，电机则可在几倍于 S1 工作制额定电流的条件下运行。但是，必须对上述最大过载电流进行限幅，以使电机刚好无法超过其最大允许温度，同时也要避免由过载电流引起的磁力对电机产生损害。其他的准则还包括电机最大饱和系数、电压源承载能力和功率半导体[四]承载能力等。一般来说，功率半导体承载能力尤为重要：因为变流器具有非常小的时间常数，所以变流器的额定电流通常大于电机在 S1 工作制下的额定电流，如此才可实现电机的安全过载运行。换言之，变流器的额定电流对应的是电机的最大过载电流。必须通过控制方式的相应调整以实现短时过载运行，为此限幅器的参考电流也需进行动态调整。接下来详细推导上述过载控制的调整方法。

8.4.1 一维温度模型

电机的热功率平衡方程表示如下：

框图 8.8

$$\dot{Q}_M=P_V+\dot{Q}_O$$

式中，$\dot{Q}_M$ 是电机热量的变化；P_V是损耗功率；$\dot{Q}_O$ 是电机表面的热流量。

电机中储存的热量可由下式表示：

㊀ 鲁棒控制：尽管参数变化显著，仍能进行满意操作的控制。

㊁ 自适应控制：自动修改主控系统的结构或参数，以补偿工作条件和状态不断变化的控制形式。

㊂ 工作制：工作制可以分为连续、短时、周期性或非周期性几种类型。周期性工作制包括一种或多种规定了持续时间的恒定负载；非周期性工作制中的负载和转速通常在允许的运行范围内变化。其中，S1 工作制指在无规定期限的长时间内是恒载的工作制，且在恒定负载下连续运行达到热稳定状态。

㊃ 半导体：两种载流子引起的总导电率通常在导体和绝缘体之间的一种材料，这种材料中的载流子浓度随外部条件改变而变化。

框图 8.9

$$Q_{\mathrm{M}} = mcT_{\mathrm{M}}$$

对其求导：

$$\dot{Q}_{\mathrm{M}} = mc\dot{T}_{\mathrm{M}}$$

电机中导体的功率损耗可由下式表示：

框图 8.10

$$P_{\mathrm{V}} = RI^2$$

电机表面的热流量可由下式确定：

框图 8.11

$$\dot{Q}_{\mathrm{O}} = \frac{\lambda A}{d}(T_{\infty} - T_{\mathrm{M}})$$

由此可得温度微分方程，具体过程如下：

框图 8.12

$$\dot{Q}_{\mathrm{M}} = P_{\mathrm{V}} + \dot{Q}_{\mathrm{O}}$$

$$mc\dot{T}_{\mathrm{M}} = RI^2 + \frac{\lambda A}{d}(T_{\infty} - T_{\mathrm{M}})$$

$$mc\dot{T}_{\mathrm{M}} + \frac{\lambda A}{d}T_{\mathrm{M}} = RI^2 + \frac{\lambda A}{d}T_{\infty}$$

$$\frac{mcd}{\lambda A}\dot{T}_{\mathrm{M}} + T_{\mathrm{M}} = \frac{dR}{\lambda A}I^2 + T_{\infty}$$

$$\left(\frac{mcd}{\lambda A}s + 1\right)T_{\mathrm{M}} = \frac{dR}{\lambda A}I^2 + T_{\infty}$$

$$T_{\mathrm{M}} = \frac{\frac{dR}{\lambda A}}{\frac{mcd}{\lambda A}s + 1}I^2 + \frac{1}{\frac{mcd}{\lambda A}s + 1}T_{\infty}$$

从理论上来说，框图 8.12 中最后一个方程可以看作是输入为 I^2 和输出为 T_{M} 的一阶滞后元件的传递函数，可参见前文一阶滞后元件的定义。此时，$\frac{mcd}{\lambda A}$表示时间常数，$\frac{dR}{\lambda A}$表示比例作用系数。

将框图 8.12 中的倒数第三个方程进行适当变形，然后进行积分可得 T_{M} 表达式如下：

框图 8.13

$$T_{\mathrm{M}} = \int\left(\frac{R}{mc}I^2 + \frac{\lambda A}{dmc}(T_{\infty} - T_{\mathrm{M}})\right) \quad T_{\mathrm{M}}(0) = T_{\infty}$$

上述方程对应的是状态空间描述形式。图 8.7 所示为对应的一维温度模型框图。

框图 8.14

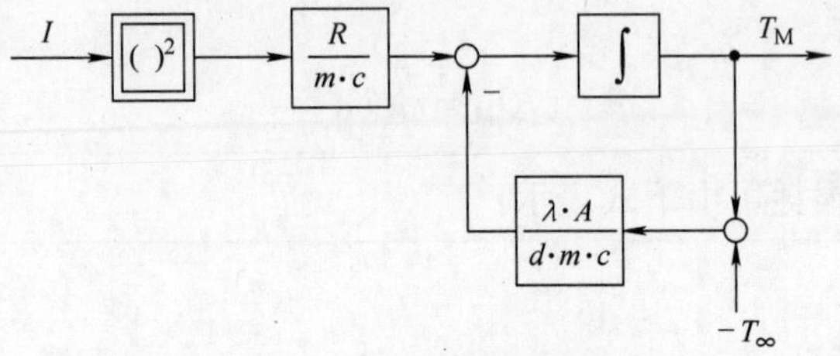

图 8.7 一维温度模型框图

使用上述模型可以用来估计温度，从而可省去温度测量。由图 8.7 可知，此时显然需要考虑足够的裕度，因为存在扰动前馈控制[1]环节。例如，我们并不清楚 T_∞ 的精确值，实际中的功率平衡包含哪些准确功率，以及参数是否正确等因素。

需要指出的是，上述模型仅是一个非常简单的温度模型。T_M 可以看作是所估计出的电机温度，然而其数值通常取决于与时间和地点相关的函数。此外，本部分仅仅对欧姆损耗进行建模，当然系统还包含由于摩擦引起的机械损耗和磁损耗等。

8.4.2 温度回差控制器

对温度进行动态限幅的一种简单的变体形式是采用输入为估计或测量温度的回差[2]控制器。图 8.8 所示为上述方案的框图。

框图 8.15

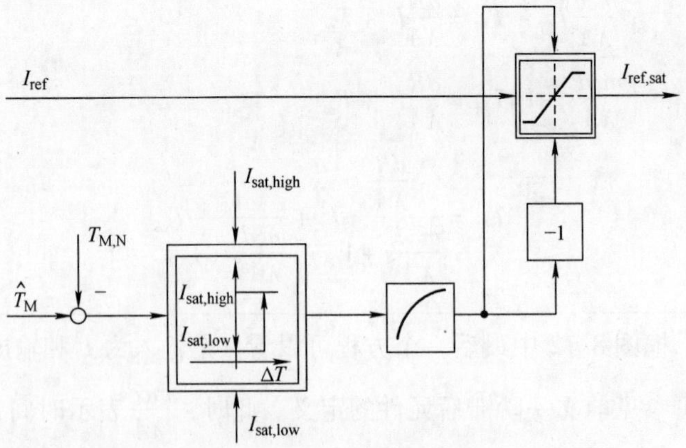

图 8.8 实现温度限幅的回差控制器框图

[1] 扰动前馈控制：操纵变量在取决于控制器输出变量的同时还取决于一个或多个扰动变量的被测值的控制形式。

[2] 回差：由包含一条输入变量值增大的线段（称为上升段）和另一条输入变量值减小的线段（称为下降段）的特性曲线所表示的现象。

8.4.3　温度 PI 控制器

实际上也可以把电机看作发热元件，然后将其控制在所期望的温度。图 8.9 所示为温度控制闭环框图。

框图 8.16

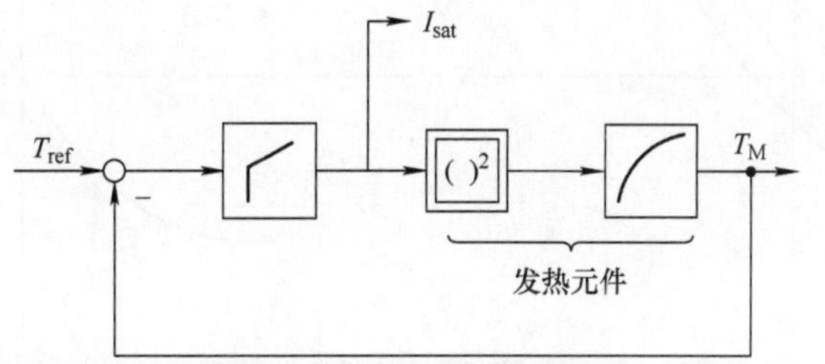

图 8.9　温度控制闭环框图

此处将 PI 控制器输出的参考电流 I_{sat} 引入至电流控制闭环的电流限幅器。另外，PI 控制器必须通过抗积分饱卷进行限幅，因为即使对转矩的要求非常高，电机实际上所承受的也仅为上述温度 PI 控制器输出的参考电流 I_{sat}。

8.4.4　冷却器温度控制

如果电机还配备有基于冷却介质[一]的冷却方法，如使用空气、水或者其他的冷却介质等，那么即可进一步扩展前面小节所介绍的温度控制：基于冷却介质实现的温度控制可以看作电机附加的温度控制器，它作为前文介绍的可实现电流限幅的温度控制器的一个有利方向的扰动。

冷却回路的激活原则是使其效率最优。例如，对于冰箱的压缩机及压缩泵来说，使用回差控制器可使其效率最优。冷却介质的流量可以基于泵的转速 $\omega_P \sim \dot{m}$ 并结合温度特性曲线 $\omega_P = f(T_M)$ 进行调节。可代替方案是使用控制量 $\omega_P = f(T_M)$ 对温度 T_M 进行控制。

8.5　磁饱和

8.5.1　非线性模型扩展

一个不可忽略的非线性现象是由于铁心磁饱和[二]引起的电感值变化。图 8.10 所示为一种软磁材料的典型磁滞回线[三]和相应的磁化曲线[四]。

㊀ 常见的冷却介质有空气、氟利昂、氢气、氮气、二氧化碳、水、油等。冷却介质的推动方法包括自由对流和自循环等。自由对流是指依靠温度差促使冷却介质运动，转子的风扇作用可忽略不计。自循环是指冷却介质运动与电机转速有关，或因转子本身的作用，或为此目的专门设计并安装在转子上的部件使介质运动，也可以是由转子拖动的整体风扇或泵的作用促使介质运动。

㊁ 磁饱和：铁磁性物质或亚铁磁性物质处于磁极化强度下或磁化强度下不随磁场强度的增加而显著增大的状态。

㊂ 磁滞回线：当磁场强度周期性变化时，表示铁磁性物质或亚铁磁性物质磁滞现象的闭合磁化曲线。

㊃ 磁化曲线：表示物质的磁通密度、磁极化强度或磁化强度作为磁场强度的函数的曲线。

框图 8.17

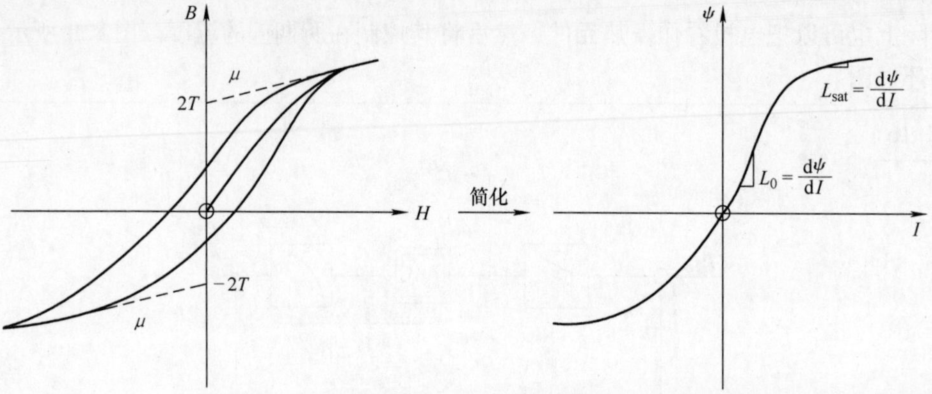

图 8.10　软磁材料的典型磁滞回线和相应的磁化曲线

由图 8.10 可得到下述关系：

框图 8.18

$$\Psi = f(I) \text{ 以及 } I = f^{-1}(\Psi)$$

基于上述关系，电阻电感网络的微分方程则变得更为复杂：

框图 8.19

$$u = Ri + \frac{d\Psi}{dt}$$

$$\Leftrightarrow \frac{d\Psi}{dt} = u - Ri$$

$$\Psi = \int (u - Ri) \quad \text{式中 } i = f^{-1}(\Psi)$$

图 8.11 所示为上述方程所描述非线性电阻电感网络的框图。

框图 8.20

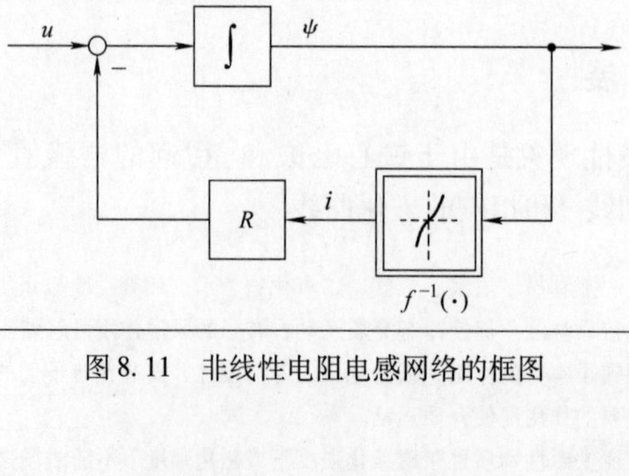

图 8.11　非线性电阻电感网络的框图

8.5.2　影响与措施

当工作点处于边界或者饱和状态时，电感值相对来说较小。在相同的 PWM 频率下，电

流及转矩纹波会因此而增加，更进一步，由谐波引起的损耗也会增加。从线性的被控对象角度来看，电感值发生变化会引起被控对象的特性变化，从而引起线性控制器与被控对象之间不再相互匹配。

可以通过对控制器进行鲁棒性设计以应对被控对象发生的变化，使系统不存在稳定性问题且能够不影响控制效果。另外一种方案则是选择基于非线性曲线 $i = f^{-1}(\Psi)$ 的控制器直接用于系统参数的调整。

习　题

1. 请问如何对一个非理想的传感器进行建模？

2. 请问通常使用哪些方法对传感器的测量值进行处理？

3. 请问是否可以使用传感器滞后的软件方式反转来消除实际的传感器滞后？

4. 请绘出电机带有转矩限幅的速度控制闭环框图，并解释限幅器的工作原理。

5. 请问 PI 控制器的积分环节会引起什么问题？请借助于示意图对问题进行说明。

6. 请问如何应对上述 PI 控制器的积分环节所引起的问题？请绘出相应解决方案的框图。

7. 请问实现第 6 题所给出的方案是否存在隐患？

8. 一个直流电机的电枢电感为 $L = 380\text{mH}$，在 20℃下的电枢电阻为 $R_{20℃} = 16.7\Omega$，铜绕组的线性温度系数为 $\alpha_{20℃} = 3.9 \times 10^{-3}\text{K}^{-1}$。

1）请问在 20℃条件下，电机的比例作用系数和时间常数是多少？

2）请问在 150℃条件下，电枢电阻值的变化情况如何？

3）请问在 150℃条件下，电机的比例作用系数和时间常数是多少？并与电机在 20℃条件下的值进行比较。

4）请针对上述温度变化对直流电机电枢电流控制的 PI 控制器进行相应调整。请基于幅值最优原理设计上述控制器。

9. 请问为何电机可以在超过其额定电流的状态下运行，需要满足哪些条件？

10. 请给出电机的一维温度模型微分方程，只考虑绕组的欧姆损耗即可。请进一步绘出电机的一维温度模型框图。

11. 请问如何使用回差控制器对温度进行动态限幅？

12. 请问如何使用 PI 控制器对温度进行动态限幅？请问要特别注意哪一现象，从而避免引起系统的不稳定？

13. 请问在电机配备有基于冷却介质的冷却方法时，电机的动态电流限幅控制会发生怎样的变化？如何将基于冷却介质实现的温度控制引入可实现电流限幅的温度控制器？

14. 请绘出铁心的典型磁化曲线和对应的电感值变化情况。

15. 请问绕组的电感值在铁心饱和情况下将发生怎样的变化？上述电感值变化对于电机有哪些影响？

16. 请给出积分形式下电阻电感网络的非线性微分方程，并绘出其框图形式。

第9章 各向同性电机扩展控制

到目前为止，已简要介绍了笼型异步电机转子磁场定向控制的基本思想和处理方法。本章将进一步讨论各向同性㊀电机的其他控制问题，尤其是如何实现电流和电压限幅。

9.1 各向同性电机

本章第 9.2 节将详细讨论笼型异步电机的转子磁场定向。定子磁场定向及气隙磁场定向存在一些缺点，例如，定子磁场的 d 轴分量与定子电流的 d 轴和 q 轴分量之间相互耦合，即 $\Psi_s^d = f(i_s^d, i_s^q)$。基于上述原因，定子磁场定向很少投入使用，此处也不进行讨论，仅给出相应的参考文献。

基于转子磁场定向控制的方法对于隐极式同步电机也很有价值，因为转子中仅包含可使用直流电压馈电的单个绕组。同步电机的控制将在第 10 章讲述。对于各向同性电机来说，需要注意的一点是，对称的转子结构（在线性铁心条件下）保证了 d 轴和 q 轴电感大小是一致的。

对于电动车辆来说，使用双馈电机㊁显然是不明智的，因为定子侧和转子侧分别需要相应的变流器进行供电。双馈电机类型的典型应用领域是风力发电，与其相关的内容可参考对应的课程和文献。

总体来说，本章仅讲述笼型异步电机的转子磁场定向控制。

9.2 笼型异步电机边界条件

整体来说，在控制电机时需要注意的是，电流和电压均需始终保持在其边界条件之内，且与电机运行范围无关。图 9.1 所示为 k - 坐标系下笼型异步电机的定子电流极限圆、电压极限椭圆、转矩等高曲线及不同控制策略对应的特性曲线。本节内容部分摘自参考文献 [3, 5]㊂。

㊀ 各向同性：用于表述一物理介质，该介质中有关的性质与方向无关。

㊁ 双馈电机：一种电机，其定子绕组和转子绕组由交流电源供电。

㊂ 说明：目前参考文献 [3] 和 [5] 已分别由所在出版社发行第二版，第二版版书籍未列入参考文献。

框图 9.1

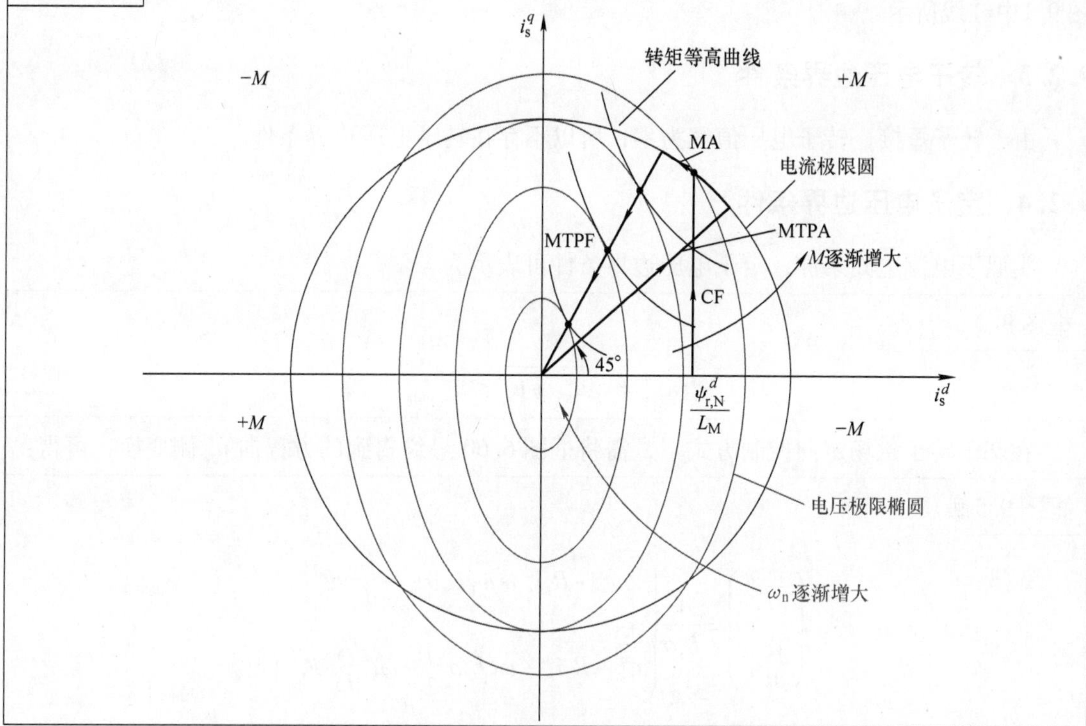

图 9.1　k－坐标系下笼型异步电机的定子电流极限圆、电压极限椭圆、转矩等高曲线及不同控制策略对应的特性曲线（见彩插）

9.2.1　转子电流边界条件

转子电流幅值 $|\underline{i}_r|$ 必须限制在极大值 $i_{r,max}$ 之内，相应的数学表达式为

框图 9.2

$$|\underline{i}_r| = \sqrt{i_r^{d^2} + i_r^{q^2}} \leqslant i_{r,max}$$

基于很小的转差率㊀、转子导条相对较粗且并未进行隔离这一假设条件，转子中的电流不太可能达到其极大值 $i_{r,max}$，因此并无必要考虑转子电流边界条件。

9.2.2　定子电流边界条件

定子电流的边界条件较为重要，其数学表达式为

框图 9.3

$$|\underline{i}_s| = \sqrt{i_s^{d^2} + i_s^{q^2}} \leqslant i_{s,max}$$

㊀ 转差率：同步转速与转子实际速度之差，以标幺值或同步转速的百分比表示。此处的转差率指的是电机的状态变量，与第 7.2.6 节中定义的转差率有区别。

上述方程取等号时表示的是在 k - 坐标系下半径为 $i_{\mathrm{s,max}}$ 的圆，称之为电流极限圆，如图 9.1中红线所示。

9.2.3 转子电压边界条件

由于转子短接，转子电压值恒为零，所以不存在转子电压边界条件。

9.2.4 定子电压边界条件

类似于电流边界条件，定子电压边界条件可表示为

框图 9.4

$$|\underline{u}_{\mathrm{s}}| = \sqrt{u_{\mathrm{s}}^{d^2} + u_{\mathrm{s}}^{q^2}} \leqslant u_{\mathrm{s,max}}$$

在基于转子磁场定向控制方式下，需将框图 6.60 最终得到的方程向 $\underline{u}_{\mathrm{s}}$ 侧变换，可得：

框图 9.5

$$\begin{pmatrix} \frac{\mathrm{d}}{\mathrm{d}t} i_{\mathrm{s}}^{d} \\ \frac{\mathrm{d}}{\mathrm{d}t} i_{\mathrm{s}}^{q} \end{pmatrix} = \frac{1}{L_{\mathrm{s}}\sigma} \begin{pmatrix} u_{\mathrm{s}}^{d} - R_{\mathrm{s}} i_{\mathrm{s}}^{d} + \omega_{\mathrm{k}} L_{\mathrm{s}} \sigma i_{\mathrm{s}}^{q} - \frac{L_{\mathrm{M}}}{L_{\mathrm{r}}} \dot{\Psi}_{\mathrm{r}}^{d} \\ u_{\mathrm{s}}^{q} - R_{\mathrm{s}} i_{\mathrm{s}}^{q} - \omega_{\mathrm{k}} L_{\mathrm{s}} \sigma i_{\mathrm{s}}^{d} - \omega_{\mathrm{k}} \frac{L_{\mathrm{M}}}{L_{\mathrm{r}}} \Psi_{\mathrm{r}}^{d} \end{pmatrix}$$

$$\Leftrightarrow \begin{pmatrix} u_{\mathrm{s}}^{d} \\ u_{\mathrm{s}}^{q} \end{pmatrix} = \begin{pmatrix} L_{\mathrm{s}}\sigma \frac{\mathrm{d}}{\mathrm{d}t} i_{\mathrm{s}}^{d} + R_{\mathrm{s}} i_{\mathrm{s}}^{d} - \omega_{\mathrm{k}} L_{\mathrm{s}} \sigma i_{\mathrm{s}}^{q} + \frac{L_{\mathrm{M}}}{L_{\mathrm{r}}} \dot{\Psi}_{\mathrm{r}}^{d} \\ L_{\mathrm{s}}\sigma \frac{\mathrm{d}}{\mathrm{d}t} i_{\mathrm{s}}^{q} + R_{\mathrm{s}} i_{\mathrm{s}}^{q} + \omega_{\mathrm{k}} L_{\mathrm{s}} \sigma i_{\mathrm{s}}^{d} + \omega_{\mathrm{k}} \frac{L_{\mathrm{M}}}{L_{\mathrm{r}}} \Psi_{\mathrm{r}}^{d} \end{pmatrix}$$

在 $\frac{\mathrm{d}}{\mathrm{d}t}\underline{i}^{k} = \underline{0}$ 和 $\frac{\mathrm{d}}{\mathrm{d}t}\underline{\Psi}^{k} = \underline{0}$ 的静态条件下，并假设定子电阻 $R_{\mathrm{s}} \approx 0$，上述方程可简化如下：

框图 9.6

$$\begin{pmatrix} u_{\mathrm{s}}^{d} \\ u_{\mathrm{s}}^{q} \end{pmatrix} = \begin{pmatrix} -\omega_{\mathrm{k}} L_{\mathrm{s}} \sigma i_{\mathrm{s}}^{q} \\ \omega_{\mathrm{k}} L_{\mathrm{s}} \sigma i_{\mathrm{s}}^{d} + \omega_{\mathrm{k}} \frac{L_{\mathrm{M}}}{L_{\mathrm{r}}} \Psi_{\mathrm{r}}^{d} \end{pmatrix}$$

将上述方程中的定子电压 d 轴分量 u_{s}^{d} 和定子电压 q 轴分量 u_{s}^{q} 代入定子电压边界条件，首先求平方，然后两边同时乘以$\frac{1}{\omega_{\mathrm{k}}^{2}}$，具体过程如下：

框图 9.7

$$u_{\mathrm{s,max}}^{2} \geqslant (-\omega_{\mathrm{k}} L_{\mathrm{s}} \sigma i_{\mathrm{s}}^{q})^{2} + \left(\omega_{\mathrm{k}} L_{\mathrm{s}} \sigma i_{\mathrm{s}}^{d} + \omega_{\mathrm{k}} \frac{L_{\mathrm{M}}}{L_{\mathrm{r}}} \Psi_{\mathrm{r}}^{d}\right)^{2} \Big| \frac{1}{\omega_{\mathrm{k}}^{2}}$$

$$\frac{u_{\mathrm{s,max}}^{2}}{\omega_{\mathrm{k}}^{2}} \geqslant (L_{\mathrm{s}} \sigma i_{\mathrm{s}}^{q})^{2} + \left(L_{\mathrm{s}} \sigma i_{\mathrm{s}}^{d} + \frac{L_{\mathrm{M}}}{L_{\mathrm{r}}} \Psi_{\mathrm{r}}^{d}\right)$$

上述方程中的转子磁链可由框图 6.56 进行描述，在$\frac{\mathrm{d}}{\mathrm{d}t}\underline{\Psi}^k=\underline{0}$的静态条件下，可进一步简化 $\Psi_r{}^d$，过程如下：

框图 9.8

$$\frac{L_r}{R_r}\dot{\Psi}_r^d+\Psi_r^d=L_M i_s^d$$

$$\Psi_r{}^d=L_M i_s^d$$

然后将其代入框图 9.7，并进行适当变换，可得：

框图 9.9

$$\frac{u_{s,\max}^2}{\omega_k^2}\geqslant (L_s\sigma i_s^q)^2+\left(L_s\sigma i_s^d+\frac{L_M^2}{L_r}i_s^d\right)^2 \quad \left|\frac{1}{L_s^2}\right.$$

$$\frac{u_{s,\max}^2}{\omega_k^2 L_s^2}\geqslant\sigma^2 i_s^{q^2}+\left[\left(1-\frac{L_M^2}{L_sL_r}\right)i_s^d+\frac{L_M^2}{L_sL_r}i_s^d\right]^2$$

$$\geqslant\sigma^2 i_s^{q^2}+i_s^{d^2}$$

$$1\geqslant\frac{i_s^{q^2}}{\frac{u_{s,\max}^2}{\omega_k^2L_s^2\sigma^2}}+\frac{i_s^{d^2}}{\frac{u_{s,\max}^2}{\omega_k^2L_s^2}}$$

一个中心点位于坐标原点的椭圆可由下述方程表示：

$$1=\left(\frac{x}{a}\right)^2+\left(\frac{y}{b}\right)^2$$

其中，$2a$ 表示宽度，$2b$ 表示高度。基于椭圆的定义可知，在 k – 坐标系下，最终得到的电压边界条件可以看作是取决于 ω_k 的一簇椭圆，称之为电压极限椭圆，如图 9.1 中绿线所示，并可得到宽度表达式为

$$2a=2\frac{u_{s,\max}}{\omega_k L_s}$$

高度表达式为

$$2b=2\frac{u_{s,\max}}{\omega_k L_s\sigma}$$

根据第 6.10.1 节中对漏磁因数的定义可知，$\sigma<1$，从而有 $2a<2b$，所以椭圆的形状总是沿着 q 轴方向伸展。图 9.1 给出了 k – 坐标系下 4 个不同 ω_k 条件下的电压极限椭圆。

9.2.5　转矩等高曲线

基于转子磁场定向的笼型异步电机的转矩方程已在第 6.10.1 节中求得，其表达式如下：

框图 9.10

$$M=\frac{3}{2}p\frac{L_M}{L_r}i_s^q\Psi_r{}^d$$

在$\frac{\mathrm{d}}{\mathrm{d}t}\underline{\Psi}^k=\underline{0}$的静态条件下，将框图 9.8 简化得到的 Ψ_r^d 代入上述方程，可得：

框图 9.11

$$M=\frac{3}{2}p\frac{L_M}{L_r}i_s^q L_M i_s^d$$
$$=\frac{3}{2}p\frac{L_M^2}{L_r}i_s^q i_s^d$$
$$\Leftrightarrow i_s^q=\frac{M}{\frac{3}{2}p\frac{L_M^2}{L_r}i_s^d}$$

一般来说，如果两个变量 x，y 之间的关系可以表示为

$$y=\frac{k}{x}\ (k\neq 0)$$

则称 y 为 x 的反比例函数。反比例函数的图像是一对双曲线，双曲线是中心对称图形，对称中心为坐标原点。基于反比例函数的定义可知，在 k - 坐标系下，框图 9.11 最终得到的转矩条件可以看作是取决于 M 的一簇双曲线，称之为转矩等高曲线，如图 9.1 中蓝线所示。

9.3 笼型异步电机转矩调节方法

目前存在多种不同的方法可以实现笼型异步电机的转矩调节。当然，电机的边界条件会随着逐渐增加的 ω_k 而改变，转矩调节方法的应用也应当考虑上述变化。为了扩展电机的运行范围，则涉及弱磁控制。

9.3.1 恒定磁链控制

最简单常用的方法是将磁链 Ψ_r^d 保持在恒定不变的额定值 $\Psi_{r,N}^d$，为此，需要控制定子电流 d 轴分量 $i_{s,ref}^d$ 保持在与其对应的恒定值，表达式如下：

框图 9.12

$$L_M i_s^d=\Psi_r^d\overset{!}{=}\Psi_{r,N}^d=\text{恒值}\quad\Leftrightarrow\quad i_{s,ref}^d=\frac{\Psi_{r,N}^d}{L_M}$$

上述方法被称为恒定磁链控制（Constant Flux Control，CF）。对于给定的参考转矩 M_{ref}，则可求得所需的定子电流 q 轴分量 $i_{s,ref}^q$：

框图 9.13

$$M=\frac{3}{2}p\frac{L_M^2}{L_r}i_s^q i_s^d$$
$$\Leftrightarrow i_{s,ref}^q=\frac{M_{ref}}{\frac{3}{2}p\frac{L_M^2}{L_r}i_s^d}$$

图 9.1 给出了随着不断增加的参考转矩而形成的 CF 轨迹。基于 CF 的转矩调节方法具有以下优点：

1）响应明显缓慢的定子电流 d 轴分量始终保持在恒定值，只需改变更具动态的定子电流 q 轴分量即可实现转矩调节。

2）转矩调节和磁链控制相对简单，实际上类似于直流电机的控制。

3）由于磁链始终保持在额定值，从而可以更加容易测量或估计用于帕克变换的转子磁链矢量的幅值和辐角。

此外，由于这一转矩调节方法的磁链始终保持在额定值，所以电机仅能够在低于额定转速 $\omega_{k,\mathrm{N}}$的范围内运行。

9.3.2 最大转矩电流比控制

也有一种可以实现欧姆损耗最小的方法：对于给定的参考转矩，使形成转矩所需的电流幅值最小化。为此，需使用极坐标形式描述 k－坐标系下的定子电流空间矢量 $\underline{i}_\mathrm{s}^k$，如图 9.2 所示。

框图 9.14

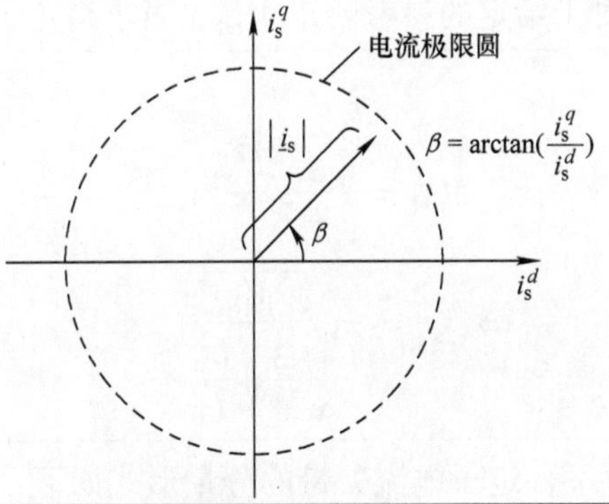

图 9.2 k－坐标系下定子电流空间矢量的极坐标描述

k 坐标系下电流矢量的坐标分量形式如下：

框图 9.15

$$i_\mathrm{s}^d=|\underline{i}_\mathrm{s}|\cos(\beta)$$
$$i_\mathrm{s}^q=|\underline{i}_\mathrm{s}|\sin(\beta)$$

然后将其代入框图 9.11 中的转矩方程，可得：

框图 9.16

$$M=\frac{3}{2}p\frac{L_\mathrm{M}^2}{L_\mathrm{r}}|\underline{i}_\mathrm{s}|\sin(\beta)|\underline{i}_\mathrm{s}|\cos(\beta)$$
$$=\frac{3}{2}p\frac{L_\mathrm{M}^2}{L_\mathrm{r}}|\underline{i}_\mathrm{s}|^2\frac{1}{2}\sin(2\beta)$$

对于给定的定子电流幅值 $|\underline{i}_\mathrm{s}|$，可通过选取最优的 β 值而使得转矩最大化，求解过程

如下：

框图 9.17

$$\beta_{\text{opt}} = \arg\max_{\beta} M$$

$$0 = \frac{\mathrm{d}M}{\mathrm{d}\beta} = \frac{\mathrm{d}}{\mathrm{d}\beta}\left(\frac{3}{2}p\frac{L_{\mathrm{M}}^2}{L_{\mathrm{r}}}|\underline{i}_{\mathrm{s}}|^2\frac{1}{2}\sin(2\beta)\right)$$

$$0 = \frac{3}{2}p\frac{L_{\mathrm{M}}^2}{L_{\mathrm{r}}}|\underline{i}_{\mathrm{s}}|^2\frac{1}{2}2\cos(2\beta)\ \Big|\ \left(\frac{3}{2}p\frac{L_{\mathrm{M}}^2}{L_{\mathrm{r}}}|\underline{i}_{\mathrm{s}}|^2\right)^{-1}$$

$$\frac{\arccos(0)}{2} = \beta$$

$$\Leftrightarrow \beta_{\text{opt}} = 45° \pm k90°, k \in \mathbb{Z}$$

所以有：$M = \frac{3}{2}p\frac{L_{\mathrm{M}}^2}{L_{\mathrm{r}}}|\underline{i}_{\mathrm{s}}|^2\frac{1}{2}\underbrace{\sin(2\beta_{\text{opt}})}_{\pm 1} = \pm\frac{3}{4}p\frac{L_{\mathrm{M}}^2}{L_{\mathrm{r}}}|\underline{i}_{\mathrm{s}}|^2$

上述可使单位电流产生最大转矩的方法称为最大转矩电流比控制（Maximum Torque Per Ampere Control，MTPA）。对于给定的参考转矩 M_{ref}，可求得定子电流幅值表达式如下：

框图 9.18

$$M_{\text{ref}} = \pm\frac{3}{4}p\frac{L_{\mathrm{M}}^2}{L_{\mathrm{r}}}|\underline{i}_{\mathrm{s}}|^2$$

$$\Leftrightarrow |\underline{i}_{\mathrm{s}}| = \pm\sqrt{\frac{M_{\text{ref}}}{\frac{3}{4}p\frac{L_{\mathrm{M}}^2}{L_{\mathrm{r}}}}}$$

在 $\beta = 45° \pm k90°$ 的条件下，定子电流矢量的分量形式如下：

框图 9.19

$$i_{\mathrm{s,ref}}^{d} = \pm\frac{|\underline{i}_{\mathrm{s}}|}{\sqrt{2}} = \pm\sqrt{\frac{M_{\text{ref}}}{\frac{3}{2}p\frac{L_{\mathrm{M}}^2}{L_{\mathrm{r}}}}} \qquad i_{\mathrm{s,ref}}^{q} = \pm\frac{|\underline{i}_{\mathrm{s}}|}{\sqrt{2}} = \pm\sqrt{\frac{M_{\text{ref}}}{\frac{3}{2}p\frac{L_{\mathrm{M}}^2}{L_{\mathrm{r}}}}}$$

图 9.1 给出了随着不断增加的参考转矩而形成的 MTPA 轨迹。由于定子电流 d 轴分量不是恒定的，从而使基于 MTPA 的转矩调节方法的动态性相对较差。此外，在较小的参考转矩下很难测量或估计磁链角，故而 MTPA 很少用于异步电机。基于 MTPA 工作原理可知，MTPA 方法非常适用于电动车辆，因其可以最大限度地降低损耗。

9.3.3 最大电流控制

只有在 CF 和 MTPA 轨迹未到达电压极限椭圆和电流极限圆之前，才可以使用恒定磁链控制或最大转矩电流比控制。假设定子电流在到达电流极限圆时仍未到达电压极限椭圆，则使定子电流沿着电流极限圆以逆时针方向运行，此时其幅值维持在最大值 $|\underline{i}_{\mathrm{s}}| = i_{\mathrm{s,max}}$，此方法称为最大电流控制（Maximum Ampere Control，MA）。显然，由于定子电流 d 轴分量逐渐

减小，从而导致磁场被削弱。弱磁运行范围的起始点，也即采用最大安培电流控制的起点，可根据电流边界条件和电压边界条件（二者的交点）求得：

框图 9.20

$$\text{电流边界条件：} i_{\mathrm{s,max}} = \sqrt{i_{\mathrm{s}}^{d^2} + i_{\mathrm{s}}^{q^2}}$$

$$\text{电压边界条件：} \frac{u_{\mathrm{s,max}}^2}{\omega_k^2 L_{\mathrm{s}}^2} = \sigma^2 i_{\mathrm{s}}^{q^2} + i_{\mathrm{s}}^{d^2}$$

⇒2 个方程，2 个未知数（i_{s}^d 和 i_{s}^q）

为了求解上述方程组，首先将电流边界条件向 i_{s}^q 侧进行变换，可得：

框图 9.21

$$\Leftrightarrow i_{\mathrm{s}}^{q^2} = i_{\mathrm{s,max}}^2 - i_{\mathrm{s}}^{d^2}$$

然后代入电压边界条件，可得：

框图 9.22

$$\begin{aligned}
\frac{u_{\mathrm{s,max}}^2}{\omega_k^2 L_{\mathrm{s}}^2} &= \sigma^2 (i_{\mathrm{s,max}}^2 - i_{\mathrm{s}}^{d^2}) + i_{\mathrm{s}}^{d^2} \\
&= \sigma^2 i_{\mathrm{s,max}}^2 - \sigma^2 i_{\mathrm{s}}^{d^2} + i_{\mathrm{s}}^{d^2}
\end{aligned}$$

$$\frac{u_{\mathrm{s,max}}^2}{\omega_k^2 L_{\mathrm{s}}^2} - \sigma^2 i_{\mathrm{s,max}}^2 = (1-\sigma^2) i_{\mathrm{s}}^{d^2}$$

$$\sqrt{\frac{\dfrac{u_{\mathrm{s,max}}^2}{\omega_k^2 L_{\mathrm{s}}^2} - \sigma^2 i_{\mathrm{s,max}}^2}{1-\sigma^2}} = i_{\mathrm{s}}^d = i_{\mathrm{s,ref}}^d$$

至于定子电流 q 轴分量，其参考值可根据下式求得：

框图 9.23

$$i_{\mathrm{s,ref}}^q = \frac{M_{\mathrm{ref}}}{\dfrac{3}{2} p \dfrac{L_{\mathrm{M}}^2}{L_{\mathrm{r}}} i_{\mathrm{s}}^d}$$

基于 MA 的转矩调节方法具有与恒定磁链控制类似的优点：定子电流 d 轴分量参考值随着动态性相对缓慢的 ω_k 发生变化，更具动态性的定子电流 q 轴分量用于转矩调节。图 9.1 给出了随着电机转速的不断增加而形成的 MA 轨迹。

上述方法也可称为最大电压控制（Maximum Voltage Control，MV），因为在此控制方式下可以充分利用逆变器所能提供的最大电压。

9.3.4　最大转矩磁链比控制

根据电压极限椭圆的高度和宽度表达式可知，随着速度的不断增加，电压极限椭圆的范围也逐渐缩小。当速度增加到一定程度，电压极限椭圆将与电流极限圆在坐标系 q 轴处相切。假使继续使用最大电流方法，也意味着定子电流 d 轴分量为零且 q 轴分量达到最大，从而无法继续产生磁场且无法生成更大的转矩。当然，随着速度持续增加，逐渐减小的电压极限椭圆也不再允许继续使用最大电流方法。

由于上述原因，需在上述相切点之前开始使用最大转矩磁链比控制（Maximum Torque Per Flux Control，MTPF），如此即可保证在电压极限椭圆的范围内使得单位磁链 Ψ_r^d 可以产生最大的转矩。换言之，需要不断调整磁链，以使得在保证电压边界条件的情况下可以产生最大的转矩。从图形上来看，MTPF 轨迹是由转矩等高曲线与不断缩小的电压极限椭圆的一系列相切点组成，如图 9.1 所示。

从数学上来看，MTPF 轨迹可根据转矩等高曲线和电压极限椭圆的表达式求解得到：

框图 9.24

转矩等高曲线方程：$i_s^q = \dfrac{M}{\dfrac{3}{2}p\dfrac{L_M^2}{L_r}i_s^d}$

电压极限椭圆方程：$\dfrac{u_{s,\max}^2}{\omega_k^2 L_s^2} = \sigma^2 i_s^{q2} + i_s^{d2}$

⇒2 个方程，4 个未知数（i_s^d、i_s^q、M 和 $u_{s,\max}$）

将转矩等高曲线方程代入电压极限椭圆方程，然后两边同时乘以 i_s^{d2}，经适当变换后可写为 i_s^{d2} 的一元二次方程一般形式，根据求解公式即可得到 i_s^{d2} 表达式，具体过程如下：

框图 9.25

$$\frac{u_{s,\max}^2}{\omega_k^2 L_s^2} = \sigma^2 \frac{M}{\left(\dfrac{3}{2}p\dfrac{L_M^2}{L_r}\right)^2 i_s^{d2}} + i_s^{d2}$$

$$0 = i_s^{d4} - \frac{u_{s,\max}^2}{\omega_k^2 L_s^2} i_s^{d2} + \frac{\sigma^2 M^2}{\left(\dfrac{3}{2}p\dfrac{L_M^2}{L_r}\right)^2}$$

$$\Rightarrow i_s^{d2} = \frac{u_{s,\max}^2}{2\omega_k^2 L_s^2} \pm \sqrt{\frac{u_{s,\max}^4}{4\omega_k^4 L_s^4} - \frac{\sigma^2 M^2}{\left(\dfrac{3}{2}p\dfrac{L_M^2}{L_r}\right)^2}}$$

$$= \frac{u_{s,\max}^2}{2\omega_k^2 L_s^2} \pm \sqrt{\underbrace{\frac{u_{s,\max}^4\left(\dfrac{3}{2}p\dfrac{L_M^2}{L_r}\right)^2 - 4\omega_k^4 L_s^4 \sigma^2 M^2}{4\omega_k^4 L_s^4\left(\dfrac{3}{2}p\dfrac{L_M^2}{L_r}\right)^2}}_{=:r}}$$

至于 i_s^d 的解，存在下述三种不同情况：

- 框图 9.26

$$r>0$$

对于 $i_s^{d^2}$ 来说，存在 2 个解，那么 i_s^d 则有 4 个解。这一情况意味着部分转矩等高曲线位于电压极限椭圆范围之内，从而可形成 4 个交点。

- 框图 9.27

$$r<0$$

对于 $i_s^{d^2}$ 来说，不存在实数解，那么 i_s^d 也无解。这一情况意味着全部转矩等高曲线位于电压极限椭圆范围之外，从而并无交点。

- 框图 9.28

$$r=0$$

对于 $i_s^{d^2}$ 来说，存在 1 个解，那么 i_s^d 则有 2 个解。这一情况意味着转矩等高曲线与电压极限椭圆相切，从而可形成 2 个交点，也正好是图 9.1 所示的情形。

第三种情况是我们所期望得到的，基于此即可确定定子电流 d 轴分量表达式如下：

框图 9.29

$$i_s^{d^2}=\frac{u_{s,\max}^2}{2\omega_k^2L_s^2}$$

$$\Leftrightarrow i_s^d=\pm\frac{u_{s,\max}}{\sqrt{2}\omega_kL_s}=i_{s,\text{ref}}^d$$

从而，可以得到定子电流 q 轴分量的表达式如下：

框图 9.30

$$i_{s,\text{ref}}^q=\frac{M_{\text{ref}}}{\frac{3}{2}p\frac{L_M^2}{L_r}i_s^d}$$

9.4　笼型异步电机转矩调节实现

上一节介绍了转矩调节的基本思想和几种不同的控制方法。若要实现电机在其全部运行范围内的动态运行，则必须结合使用上述方法。在满足电压边界条件和电流边界条件的情况下，转矩控制器必须能够对其上一级的速度控制器（在电动车辆情况下也可以是驾驶员）所输出的参考转矩进行调节。

9.4.1　转矩调节的输入和输出

图 9.3 所示为转矩调节的输入和输出框图，其内部具体结构取决于所使用的控制方式，基于 CF – MA – MTPF 控制策略的详细结构将在第 9.4.6 节介绍。

框图 9.31

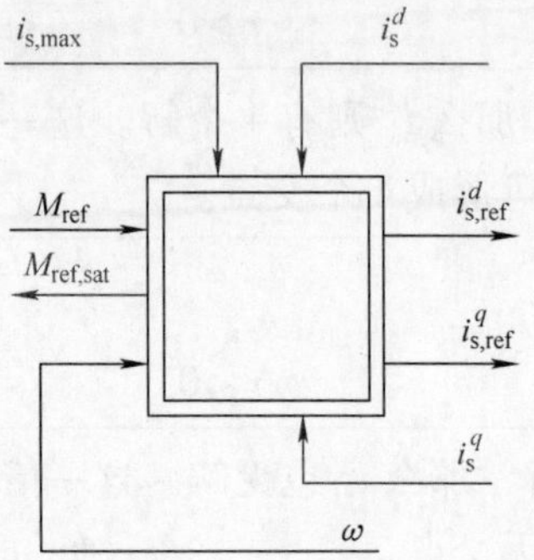

图 9.3　笼型异步电机转矩调节的输入和输出框图（见彩插）

图中使用红色标记的电流测量值 i_s^d 和 i_s^q 用于判断电流边界条件和电压边界条件，使用绿色标记的 $M_{ref,sat}$ 表示满足边界条件下的饱和参考转矩。根据积分饱卷相关内容可知，上述饱和参考转矩对于设计上一级的抗积分饱卷 PI 速度控制器来说非常重要。

9.4.2　满足电流边界条件

防止电机和变流器损坏的一个必要条件是要满足电流边界条件和电压边界条件。为了满足电流边界条件，可将电流边界条件方程分别向定子电流 d 轴分量和 q 轴分量侧进行适当变换，具体过程如下：

框图 9.32

$$i_{s,max}^2 \overset{!}{\geqslant} i_s^{d^2} + i_s^{q^2}$$

d 轴分量边界条件：

$$i_s^{d^2} \overset{!}{\leqslant} i_{s,max}^2 - i_s^{q^2}$$

$$\Rightarrow |i_s^d| \overset{!}{\leqslant} \sqrt{i_{s,max}^2 - i_s^{q^2}}$$

q 轴分量边界条件：

$$i_s^{q^2} \overset{!}{\leqslant} i_{s,max}^2 - i_s^{d^2}$$

$$\Rightarrow |i_s^q| \overset{!}{\leqslant} \sqrt{i_{s,max}^2 - i_s^{d^2}}$$

上述方程右侧的 i_s^d 和 i_s^q 对应图 9.3 中红色标记的测量值，此外，$i_{s,max}$ 表示动态最大电流值。从而，电流边界条件可以间接通过用于定子电流 d 轴分量和 q 轴分量的限幅器实现。

9.4.3　满足电压边界条件

同理，也可将电压边界条件方程分别向定子电流 d 轴分量和 q 轴分量侧进行适当变换，具体过程如下：

框图 9.33

$$\frac{u_{s,\max}^2}{\omega_k^2 L_s^2} \overset{!}{\geqslant} \sigma^2 i_s^{q^2} + i_s^{d^2}$$

d 轴分量边界条件：

$$i_s^{d^2} \overset{!}{\leqslant} \frac{u_{s,\max}^2}{\omega_k^2 L_s^2} - \sigma^2 i_s^{q^2}$$

$$\Rightarrow |i_s^d| \overset{!}{\leqslant} \sqrt{\frac{u_{s,\max}^2}{\omega_k^2 L_s^2} - \sigma^2 i_s^{q^2}}$$

q 轴分量边界条件：

$$i_s^{q^2} \overset{!}{\leqslant} \frac{u_{s,\max}^2}{\omega_k^2 L_s \sigma^2} - \frac{1}{\sigma^2} i_s^{d^2}$$

$$\Rightarrow |i_s^q| \overset{!}{\leqslant} \sqrt{\frac{u_{s,\max}^2}{\omega_k^2 L_s \sigma^2} - \frac{1}{\sigma^2} i_s^{d^2}}$$

同理，上述方程右侧的 i_s^d 和 i_s^q 也对应图 9.3 中红色标记的测量值。从而，电压边界条件也可同样通过相应的限幅器来实现。

9.4.4　电流 q 轴分量参考值

借助于限幅器可以确保的是，在任意时刻下的工作点均位于电流极限圆和动态变化的电压极限椭圆的范围之内。接下来还需要对定子电流参考值进行调整，以使其能够与实时的参考转矩和实时转速相匹配。

下面将进一步介绍在 ω_k 逐渐增加的情况下常使用的一种基于三种不同控制方法相结合的 CF－MA－MTPF 控制策略，其所采用的转矩控制方法已在第 9.3 节讲述。实现这一组合控制策略最简单的方式是首先调整定子电流 d 轴分量，它取决于实时转速所处的不同控制方法所对应的速度范围。然后，定子电流 q 轴分量则需根据实时要求的参考转矩进行动态调整，可由下式确定：

框图 9.34

$$i_{s,\text{ref}}^q = \frac{M_{\text{ref}}}{\frac{3}{2} p \frac{L_M^2}{L_r} i_s^d}$$

式中，i_s^d 是实时测量的定子电流 d 轴分量。

9.4.5　电流 d 轴分量参考值

从几何角度上来看，不同速度情况下定子电流 d 轴分量的参考值可通过图 9.1 中所示的相应轨迹在坐标系 d 轴上的投影而得到。此外，定子电流 d 轴分量参考值也已在第 9.3 节中进行了具体推导。目前仍缺少的是如何进一步确定准确的转折点，计算转折点时需要忽略边界条件的动态变化，因为它已包含在第 9.4.4 节中的定子电流 q 轴分量表达式。

由图 9.1 可以看出，CF 轨迹与电流极限圆的交点所对应的额定速度 $\omega_{k,\mathrm{N}}$ 作为第一个转折点，具体推导过程如下：

框图 9.35

基于 CF 得到定子电流 d 轴分量：

$$i_{\mathrm{s}}^{d}=\frac{\Psi_{\mathrm{r,N}}^{d}}{L_{\mathrm{M}}}$$

满足电流边界条件的定子电流 q 轴分量：

$$i_{\mathrm{s}}^{q}=\sqrt{i_{\mathrm{s,max}}^{2}-i_{\mathrm{s}}^{d^2}}=\sqrt{i_{\mathrm{s,max}}^{2}-\frac{\Psi_{\mathrm{r,N}}^{d\ 2}}{L_{\mathrm{M}}^{2}}}$$

确定满足电压边界条件的 $\omega_{k,\mathrm{N}}$：

$$\frac{u_{\mathrm{s,max}}^{2}}{\omega_{k}^{2}}=L_{\mathrm{s}}\sigma^{2}i_{\mathrm{s}}^{q^2}+L_{\mathrm{s}}^{2}i_{\mathrm{s}}^{d^2}$$

$$\Leftrightarrow\omega_{k}^{2}=\frac{u_{\mathrm{s,max}}^{2}}{L_{\mathrm{s}}\sigma^{2}i_{\mathrm{s}}^{q^2}+L_{\mathrm{s}}^{2}i_{\mathrm{s}}^{d^2}}\quad \Big|\text{代入 } i_{\mathrm{s}}^{d} \text{ 和 } i_{\mathrm{s}}^{q} \text{ 可得：}$$

$$\omega_{k}=\frac{u_{\mathrm{s,max}}}{\sqrt{L_{\mathrm{s}}\sigma^{2}\left(i_{\mathrm{s,max}}^{2}-\frac{\Psi_{\mathrm{r,N}}^{d\ 2}}{L_{\mathrm{M}}^{2}}\right)+L_{\mathrm{s}}^{2}\frac{\Psi_{\mathrm{r,N}}^{d\ 2}}{L_{\mathrm{M}}^{2}}}}=\omega_{k,\mathrm{N}}$$

速度 $\omega_{k,\mathrm{N2}}$ 对应的第二个转折点可由电流极限圆、电压极限椭圆以及转矩等高曲线的交点确定。根据第 9.3.4 节中 $r=0$ 情况对应的 MTPF 轨迹可以确定定子电流 d 轴分量：

框图 9.36

$$i_{\mathrm{s}}^{d}=\pm\frac{u_{\mathrm{s,max}}}{\sqrt{2}\omega_{k}L_{\mathrm{s}}}$$

令 r 的分子项等于零，可计算得到速度为 ω_{k} 时电压边界椭圆与转矩等高曲线相切的交点所对应的转矩表达式：

框图 9.37

$$u_{\mathrm{s,max}}^{4}\left(\frac{3}{2}p\frac{L_{\mathrm{M}}^{2}}{L_{\mathrm{r}}}\right)^{2}=4\omega_{k}^{4}L_{\mathrm{s}}^{4}\sigma^{2}M^{2}$$

$$u_{\mathrm{s,max}}^{2}\frac{3}{2}p\frac{L_{\mathrm{M}}^{2}}{L_{\mathrm{r}}}=2\omega_{k}^{2}L_{\mathrm{s}}^{2}\sigma M$$

$$\frac{u_{\mathrm{s,max}}^{2}\frac{3}{2}p\frac{L_{\mathrm{M}}^{2}}{L_{\mathrm{r}}}}{2\omega_{k}^{2}L_{\mathrm{s}}^{2}\sigma}=M$$

将上述转矩和基于 MTPF 轨迹确定的定子电流 d 轴分量代入转矩等高曲线方程，可得到 MTPF 控制方式下定子电流 q 轴分量表达式：

框图 9.38

$$i_s^q = \frac{M}{\frac{3}{2}p\frac{L_M^2}{L_r}i_s^d} = \pm\frac{\frac{u_{s,\max}^2\frac{3}{2}p\frac{L_M^2}{L_r}}{2\omega_k^2L_s^2\sigma}}{\frac{3}{2}p\frac{L_M^2}{L_r}\frac{u_{s,\max}}{\sqrt{2}\omega_kL_s}} = \pm\frac{u_{s,\max}}{\sqrt{2}\omega_kL_s\sigma} = \frac{i_s^d}{\sigma}$$

在 MTPF 控制方式下，MTPF 轨迹与电流边界圆的交点所对应的速度恰好为第二转折速度 $\omega_{k,N2}$，从而可求得 $\omega_{k,N2}$ 表达式，具体过程如下：

框图 9.39

$$\begin{aligned} i_{s,\max}^2 &= i_s^{d^2} + i_s^{q^2} \\ &= \frac{u_{s,\max}^2}{2\omega_k^2L_s^2} + \frac{u_{s,\max}^2}{2\omega_k^2L_s^2\sigma^2} \\ &= \frac{u_{s,\max}^2}{2\omega_k^2L_s^2}\left(1+\frac{1}{\sigma^2}\right) \\ \Leftrightarrow \omega_k^2 &= \frac{u_{s,\max}^2}{2i_{s,\max}^2L_s^2}\left(1+\frac{1}{\sigma^2}\right) \\ \omega_k &= \frac{u_{s,\max}}{\sqrt{2}i_{s,\max}L_s}\sqrt{1+\frac{1}{\sigma^2}} = \omega_{k,N2} \end{aligned}$$

总体来说，在不同控制方式下，定子电流 d 轴分量参考值的的表达式分别如下：

- CF（额定运行范围）：

框图 9.40

$0 \leqslant |\omega_k| < \omega_{k,N}$：

$$i_{s,\mathrm{ref}}^d = \frac{\Psi_{r,N}^d}{L_M}$$

- MA（弱磁运行范围）：

框图 9.41

$\omega_{k,\mathrm{N}} \leqslant |\omega_k| < \omega_{k,\mathrm{N2}}$：

$$i_{\mathrm{s,ref}}^{d} = \sqrt{\frac{\dfrac{u_{\mathrm{s,max}}^2}{\omega_k^2 L_{\mathrm{s}}^2} - \sigma^2 i_{\mathrm{s,max}}^2}{1 - \sigma^2}}$$

- MTPF（弱磁运行范围）：

框图 9.42

$\omega_{k,\mathrm{N2}} \leqslant |\omega_k| < \infty$：

$$i_{\mathrm{s,ref}}^{d} = \frac{u_{\mathrm{s,max}}}{\sqrt{2}\omega_k L_{\mathrm{s}}}$$

9.4.6 转矩调节整体框图

图 9.4 所示为基于 CF - MA - MTPF 控制策略的笼型异步电机转矩调节整体框图。

框图 9.43

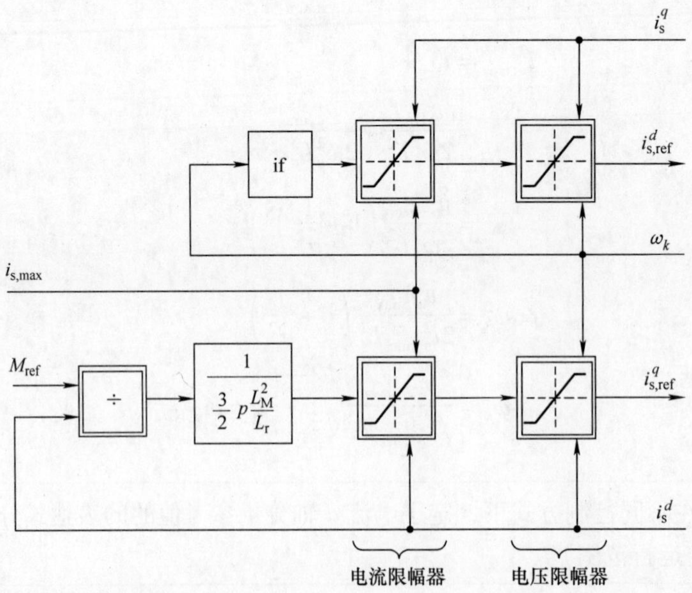

图 9.4 基于 CF - MA - MTPF 控制策略的笼型异步电机转矩调节整体框图

9.4.7 速度特性曲线

如果使用上述的 CF - MA - MTPF 控制策略，可得到图 9.5 所示的笼型异步电机速度特性曲线。

框图 9.44

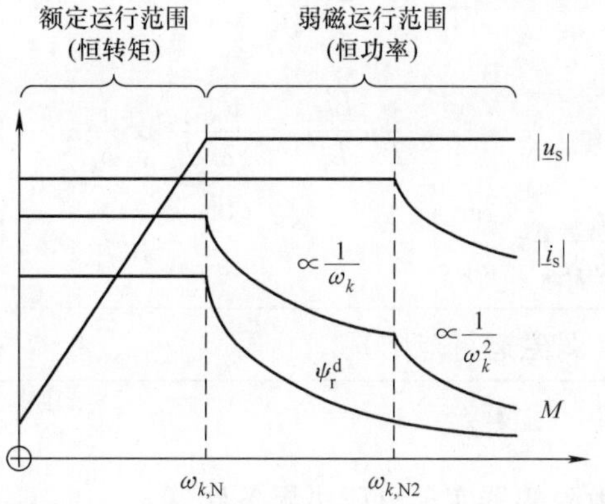

图 9.5　基于 CF – MA – MTPF 控制策略的笼型异步电机速度特性曲线

图中所示曲线是基于下述关系粗略得到的：

- $0 \leqslant |\omega_k| < \omega_{k,N}$（额定运行范围）：

框图 9.45

- 电压：$|\underline{u}_s|$随 ω_k线性增加，因其 d 轴分量和 q 轴分量随 ω_k线性增加。
- 电流：i_s^d = 恒值，用以确保额定磁链；i_s^q = 恒值，用以确保最大转矩。
- 转矩：$M = M_N$。
- 磁链：$\boldsymbol{\Psi}_r^d = \boldsymbol{\Psi}_{r,N}^d$ = 恒值。

- $\omega_{k,N} \leqslant |\omega_k| < \omega_{k,N2}$（弱磁运行范围）：

框图 9.46

- 电压：$|\underline{u}_s| = u_{s,max}$，由限幅器实现电压边界条件。
- 定子电流 d 轴分量：

$$i_s^d = \sqrt{\frac{\dfrac{u_{s,max}^2}{\omega_k^2 L_s^2} - \sigma^2 i_{s,max}^2}{1 - \sigma^2}}$$

因 $\sigma \approx 0.1 \to 0$ 相对较小，上述方程可简化为

$$i_s^d \approx \sqrt{\frac{\dfrac{u_{s,max}^2}{\omega_k^2 L_s^2} - 0^2 i_{s,max}^2}{1 - 0^2}} = \frac{u_{s,max}}{\omega_k L_s}$$

- 定子电流 q 轴分量：约等于最大电流值 $i_s^q \approx i_{s,max}$。
- 转矩：将上述电流分量代入转矩方程，可以看出，转矩大致与 ω_k成反比。

$$M=\frac{3}{2}p\frac{L_M^2}{L_r}i_s^q i_s^d$$

$$\approx\frac{3}{2}p\frac{L_M^2}{L_r}i_{s,max}\frac{u_{s,max}}{\omega_k L_s}\propto\frac{1}{\omega_k}$$

- 磁链：$\Psi_r^d=L_M i_s^d\approx L_M\frac{u_{s,max}}{\omega_k L_s}\propto\frac{1}{\omega_k}$

- $\omega_{k,N2}\leqslant|\omega_k|<\infty$（弱磁运行范围）：

框图 9.47

- 电压：$|\underline{u}_s|=u_{s,max}$，由限幅器实现电压边界条件。
- 定子电流 d 轴分量：$i_s^d=\frac{u_{s,max}}{\sqrt{2}\omega_k L_s}$。
- 定子电流 q 轴分量：$i_s^q=\frac{u_{s,max}}{\sqrt{2}\omega_k L_s\sigma}$。
- 转矩：将上述电流分量代入转矩方程，可以看出，转矩大致与 ω_k^2 成反比。

$$M=\frac{3}{2}p\frac{L_M^2}{L_r}\frac{u_{s,max}}{\sqrt{2}\omega_k L_s\sigma}\frac{u_{s,max}}{\sqrt{2}\omega_k L_s}\propto\frac{1}{\omega_k^2}$$

- 磁链：$\Psi_r^d=L_M i_s^d=L_M\frac{u_{s,max}}{\sqrt{2}\omega_k L_s}\propto\frac{1}{\omega_k}$

习　题

1. 请给出 k - 坐标系下定子电流边界条件的数学表达式。
2. 请给出 k - 坐标系下定子电压边界条件的数学表达式。
3. 请将电机感应电压的 d 轴分量和 q 轴分量 $\left(\text{也即在}\frac{d}{dt}\underline{i}^k=\underline{0}\text{和}\frac{d}{dt}\underline{\Psi}^k=\underline{0}\text{的静态条件下，并忽略定子电阻}R_s\right)$ 代入第 2 题中的定子电压边界条件，然后将其变换为 $1\geqslant f(i_s^{d2},\ i_s^{q2})$ 的形式。
4. 请问上述具有 $1\geqslant f(i_s^{d2},\ i_s^{q2})$ 形式的电压边界条件描述的是哪一种几何图形？这一几何图形有哪些几何参数？
5. 请在 i_s^d，i_s^q - 坐标系中绘出电流极限圆和 4 种不同速度下（$\omega_{k,1}<\omega_{k,2}<\omega_{k,3}<\omega_{k,4}$）的电压极限椭圆示意图，并指出允许的（$i_s^d\quad i_s^q$）^{T} 运行范围？
6. 请给出转矩等高曲线表达式，并在第 5 题中所绘出的图形补充 3 条转矩等高曲线（$M_1<M_2<M_3$）。
7. 请指出电机在 4 个象限中的哪些象限为电动运行，哪些象限为发电运行。
8. 请给出笼型异步电机 4 种不同的转矩调节方法。
9. 请在第 5 题所绘出的示意图中进一步绘出上述 4 种不同转矩调节方法的轨迹。
10. 请问基于恒定磁链控制的转矩调节方法具有哪些优点？

11. 请给出应用第 8 题中 4 种方法的优先顺序。请问从何处起磁场将会被削弱，也即开始弱磁运行？

12. 请问若是考虑最小损耗的话，应用第 8 题中 4 种方法的优先顺序如何？

13. 请绘出在额定运行范围内可以充分利用恒定磁链控制和最大转矩电流比控制优势的转矩调节轨迹。

14. 请问上述转矩调节方法是否可以应用于直流电机？如果是，请问是哪种类型的直流电机并如何进行应用？

15. 请推导出用于恒定磁链控制的参考电流表达式。

16. 请推导出可应用恒定磁链控制的最大速度 $\omega_{k,\mathrm{N}}$ 的表达式。

17. 请推导出用于最大电流控制的参考电流表达式。

18. 请推导出用于最大转矩电流比控制的参考电流表达式。

19. 请推导出开始使用最大转矩磁链比控制的第二转折速度 $\omega_{k,\mathrm{N2}}$ 的表达式。

20. 请推导出满足电流边界条件的定子电流 d 轴分量和 q 轴分量表达式。

21. 请推导出满足电压边界条件的定子电流 d 轴分量和 q 轴分量表达式。

22. 请绘出基于 CF – MA – MTPF 控制策略的笼型异步电机转矩调节整体框图。

23. 请绘出基于 CF – MA – MTPF 控制策略的笼型异步电机速度特性曲线，其中包括电压 $|\underline{u}_\mathrm{s}|$、转矩 M、电流 $|\underline{i}_\mathrm{s}|$和磁链 Ψ_s^d。

第10章

各向异性电机及其控制

第 6 章中已经推导出各向同性电机的基波模型，然而这一模型无法精确描述带有凸出磁极的同步电机（凸极电机[1]）、插入式或内装式永磁同步电机以及开关磁阻电机（磁阻电机[2]）等电机类型。因此，本章将进一步推导非对称的，也即各向异性电机的基波模型，并对各向异性电机的控制进行设计。此外，本章也将介绍各向异性电机的几种转矩调节方法。

10.1 各向异性电机基波模型

10.1.1 电阻

首先仅考虑电机定子侧。图 10.1 所示为 3 个电阻的星形连接[3]，它们分别对应的是不包含线圈的三相定子。

基于第 6.3 节所述的空间矢量基本知识，非对称电阻情况下的定子电压空间矢量可以表示如下：

$$\underline{\boldsymbol{u}}_{\mathrm{s}}^{\alpha\beta\gamma}=\begin{pmatrix}u_{\mathrm{s}}^{\alpha}\\u_{\mathrm{s}}^{\beta}\\u_{\mathrm{s}}^{\gamma}\end{pmatrix}=\frac{2}{3}\begin{pmatrix}R_ai_a-\frac{1}{2}R_bi_b-\frac{1}{2}R_ci_c\\0+\frac{\sqrt{3}}{2}R_bi_b-\frac{\sqrt{3}}{2}R_ci_c\\\frac{1}{2}R_ai_a+\frac{1}{2}R_bi_b+\frac{1}{2}R_ci_c\end{pmatrix}$$

$$=\frac{2}{3}\begin{pmatrix}1&-\frac{1}{2}&-\frac{1}{2}\\0&\frac{\sqrt{3}}{2}&-\frac{\sqrt{3}}{2}\\\frac{1}{2}&\frac{1}{2}&\frac{1}{2}1\end{pmatrix}\begin{pmatrix}R_ai_a\\R_bi_b\\R_ci_c\end{pmatrix}$$

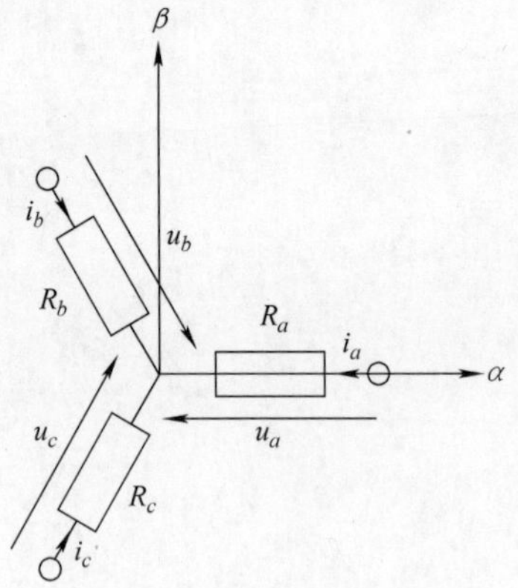

图 10.1　3 个不同电阻的星形连接

---

[1] 凸极电机：磁极由机座轭部或转子轮毂向气隙方向凸出的电机。

[2] 磁阻电机：一种同步电机，其中一个部件（通常为静止部件）上装有相互间适当排列的电枢绕组和励磁绕组或永久磁铁，而另一部件（通常为旋转部件）上没有绕组，只具有若干规则的凸出部分。

[3] 星形连接：多相元件的所有相元件有一公共节点的连接。

$$
=\underbrace{\frac{2}{3}\begin{pmatrix} 1 & -\frac{1}{2} & -\frac{1}{2} \\ 0 & \frac{\sqrt{3}}{2} & -\frac{\sqrt{3}}{2} \\ \frac{1}{2} & \frac{1}{2} & \frac{1}{2} \end{pmatrix}}_{\underset{\sim}{T}_{\mathrm{C}}}\underbrace{\begin{pmatrix} R_a & & \\ & R_b & \\ & & R_c \end{pmatrix}}_{\underset{\sim}{R}_{\mathrm{s}}^{abc}}\underbrace{\begin{pmatrix} i_a \\ i_b \\ i_c \end{pmatrix}}_{\underset{\sim}{T}_{\mathrm{C}}^{-1}\underset{\sim}{i}_{\mathrm{s}}^{\alpha\beta\gamma}}
$$

$$
=\underbrace{\underset{\sim}{T}_{\mathrm{C}}\underset{\sim}{R}_{\mathrm{s}}^{abc}\underset{\sim}{T}_{\mathrm{C}}^{-1}}_{\underset{\sim}{R}_{\mathrm{s}}^{\alpha\beta\gamma}}\underset{\sim}{i}_{\mathrm{s}}^{\alpha\beta\gamma}
$$

假设电机可以安全无故障运行，且三相电阻完全对称，那么，上述方程可以简化如下：

$$
\underline{\boldsymbol{u}}_{\mathrm{s}}^{\alpha\beta\gamma}=R_{\mathrm{s}}\underline{i}_{\mathrm{s}}^{\alpha\beta\gamma}\quad \text{式中，} R_{\mathrm{s}}=R_{\mathrm{s}}^{abc}=R_{\mathrm{s}}^{\alpha\beta\gamma}
$$

但是上述简化仅为了表述需要，正如接下来处理电感的方式。

10.1.2　磁通、磁链和电感

图 10.2 所示为星形连接的三相定子绕组和三相转子绕组的简化示意图，其中红线描述的是所有绕组磁通与 a 相绕组的耦合情况。

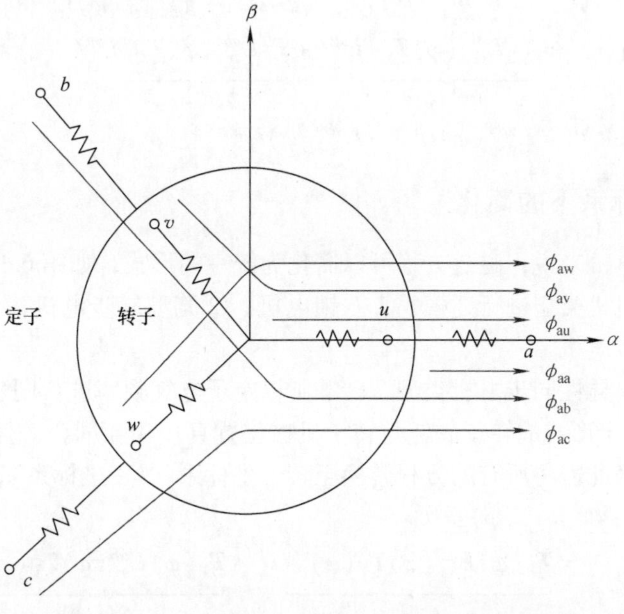

图 10.2　星形连接的三相定子绕组和三相转子绕组的简化示意图（见彩插）

根据 $\Psi_{ax}=n_a\Phi_{ax}$，$x\in\{a, b, c, u, v, w\}$，可得到 a 相绕组的全磁链表达式如下：

$$
\Psi_a=\Psi_{aa}+\Psi_{ab}+\Psi_{ac}+\Psi_{au}+\Psi_{av}+\Psi_{aw}
$$

同样，根据 $\Psi_{ax}=L_{ax}i_x$，可得到上述方程的另一种形式：

$$
\Psi_a=L_{aa}(\varphi)i_a+L_{ab}(\varphi)i_b+L_{ac}(\varphi)i_c+L_{au}(\varphi)i_u+L_{av}(\varphi)i_v+L_{aw}(\varphi)i_w
$$

其中，转子电感值因转子的旋转而取决于转子角 φ。对于各向异性电机来说，定子电感值通常也同样取决于转子角 φ。例如，当带有凸出磁极的外励磁同步电机的一个磁极与 a 相绕组或 b 相绕组相对于另一个磁极与 c 相绕组更为接近时，那么 b 相绕组磁通在 a 相绕组处的耦合则更为强烈。

以同样的方式对其他磁链 $\Psi_{b,c,u,v,w}$ 进行处理，可得到矩阵形式描述的表达式如下：

$$\underline{\boldsymbol{\Psi}}_{\mathrm{s}}^{abc}=\underbrace{\begin{pmatrix}L_{aa}(\varphi) & L_{ab}(\varphi) & L_{ac}(\varphi)\\ L_{ba}(\varphi) & L_{bb}(\varphi) & L_{bc}(\varphi)\\ L_{ca}(\varphi) & L_{cb}(\varphi) & L_{cc}(\varphi)\end{pmatrix}}_{\underset{\sim}{\boldsymbol{L}}_{\mathrm{s}}^{abc}(\varphi)}\underline{\boldsymbol{i}}_{\mathrm{s}}^{abc}+\underbrace{\begin{pmatrix}L_{au}(\varphi) & L_{av}(\varphi) & L_{aw}(\varphi)\\ L_{bu}(\varphi) & L_{bv}(\varphi) & L_{bw}(\varphi)\\ L_{cu}(\varphi) & L_{cv}(\varphi) & L_{cw}(\varphi)\end{pmatrix}}_{\underset{\sim}{\boldsymbol{L}}_{\mathrm{sr}}^{abc}(\varphi)}\underline{\boldsymbol{i}}_{\mathrm{r}}^{abc}$$

$$\underline{\boldsymbol{\Psi}}_{\mathrm{r}}^{abc}=\underbrace{\begin{pmatrix}L_{uu}(\varphi) & L_{uv}(\varphi) & L_{uw}(\varphi)\\ L_{vu}(\varphi) & L_{vv}(\varphi) & L_{vw}(\varphi)\\ L_{wu}(\varphi) & L_{wv}(\varphi) & L_{ww}(\varphi)\end{pmatrix}}_{\underset{\sim}{\boldsymbol{L}}_{\mathrm{r}}^{abc}(\varphi)}\underline{\boldsymbol{i}}_{\mathrm{r}}^{abc}+\underbrace{\begin{pmatrix}L_{ua}(\varphi) & L_{ub}(\varphi) & L_{uc}(\varphi)\\ L_{va}(\varphi) & L_{vb}(\varphi) & L_{vc}(\varphi)\\ L_{wa}(\varphi) & L_{wb}(\varphi) & L_{wc}(\varphi)\end{pmatrix}}_{\underset{\sim}{\boldsymbol{L}}_{\mathrm{rs}}^{abc}(\varphi)}\underline{\boldsymbol{i}}_{\mathrm{s}}^{abc}$$

矩阵 $\underset{\sim}{\boldsymbol{L}}_{\mathrm{s}}^{abc}(\varphi)$ 和 $\underset{\sim}{\boldsymbol{L}}_{\mathrm{r}}^{abc}(\varphi)$ 的主对角电感 $L_{xx}(\varphi)$ 是由与其他相绕组耦合的主电感和与自身耦合的漏电感组合而成的。同理，与其对应的磁通 Φ_{xx} 也是由主磁通和漏磁通两部分组成。

类似于第 10.1.1 节定子电压空间矢量的表达形式，可借助于克拉克变换将上述磁链方程变换至 $\alpha\beta$ - 定子坐标系：

$$\begin{aligned}\underline{\boldsymbol{\Psi}}_{\mathrm{s}}^{\alpha\beta\gamma}&=\underset{\sim}{\boldsymbol{T}}_{\mathrm{C}}\underline{\boldsymbol{\Psi}}_{\mathrm{s}}^{abc}=\underset{\sim}{\boldsymbol{T}}_{\mathrm{C}}\underset{\sim}{\boldsymbol{L}}_{\mathrm{s}}^{abc}(\varphi)\underline{\boldsymbol{i}}_{\mathrm{s}}^{abc}+\underset{\sim}{\boldsymbol{T}}_{\mathrm{C}}\underset{\sim}{\boldsymbol{L}}_{\mathrm{sr}}^{abc}(\varphi)\underline{\boldsymbol{i}}_{\mathrm{r}}^{abc}\\&=\underbrace{\underset{\sim}{\boldsymbol{T}}_{\mathrm{C}}\underset{\sim}{\boldsymbol{L}}_{\mathrm{s}}^{abc}(\varphi)\underset{\sim}{\boldsymbol{T}}_{\mathrm{C}}^{-1}}_{\underset{\sim}{\boldsymbol{L}}_{\mathrm{s}}^{\alpha\beta\gamma}(\varphi)}\underline{\boldsymbol{i}}_{\mathrm{s}}^{\alpha\beta\gamma}+\underbrace{\underset{\sim}{\boldsymbol{T}}_{\mathrm{C}}\underset{\sim}{\boldsymbol{L}}_{\mathrm{sr}}^{abc}(\varphi)\underset{\sim}{\boldsymbol{T}}_{\mathrm{C}}^{-1}}_{\underset{\sim}{\boldsymbol{L}}_{\mathrm{sr}}^{\alpha\beta\gamma}(\varphi)}\underline{\boldsymbol{i}}_{\mathrm{r}}^{\alpha\beta\gamma}\end{aligned}$$

$$\underline{\boldsymbol{\Psi}}_{\mathrm{r}}^{\alpha\beta\gamma}=\underset{\sim}{\boldsymbol{L}}_{\mathrm{r}}^{\alpha\beta\gamma}(\varphi)\underline{\boldsymbol{i}}_{\mathrm{r}}^{\alpha\beta\gamma}+\underset{\sim}{\boldsymbol{L}}_{\mathrm{rs}}^{\alpha\beta\gamma}(\varphi)\underline{\boldsymbol{i}}_{\mathrm{s}}^{\alpha\beta\gamma}$$

10.1.3 转子坐标系下的简化

对于各向同性电机来说，磁链方程可以简化为统一的形式，如第 6.9 节所示，因此可使用上述方程对下述电机类型进行建模：①双馈电机；②笼型异步电机；③隐极式同步电机；④表面贴式永磁同步电机。

对于其他的各向异性同步电机类型，转子则以定子电气频率进行同步旋转（与极对数 p 存在比例关系）。由于形成的转子磁链与转子机械位置直接相互耦合，且使用基于磁场定向的方法控制电机，因此需将所有的方程转换至转子坐标系（k - 坐标系），过程如下：

$$\begin{aligned}\underline{\boldsymbol{\Psi}}_{\mathrm{s}}^{k}&=\underset{\sim}{\boldsymbol{T}}_{\mathrm{P}}(\varphi)\underline{\boldsymbol{\Psi}}_{\mathrm{s}}^{\alpha\beta}\\&=\underbrace{\underset{\sim}{\boldsymbol{T}}_{\mathrm{P}}(\varphi)\underset{\sim}{\boldsymbol{L}}_{\mathrm{s}}^{\alpha\beta}(\varphi)\underset{\sim}{\boldsymbol{T}}_{\mathrm{P}}(\varphi)^{-1}}_{\underset{\sim}{\boldsymbol{L}}_{\mathrm{s}}^{k}(\varphi)}\underline{\boldsymbol{i}}_{\mathrm{s}}^{k}+\underbrace{\underset{\sim}{\boldsymbol{T}}_{\mathrm{P}}(\varphi)\underset{\sim}{\boldsymbol{L}}_{\mathrm{sr}}^{\alpha\beta}(\varphi)\underset{\sim}{\boldsymbol{T}}_{\mathrm{P}}(\varphi)^{-1}}_{\underset{\sim}{\boldsymbol{L}}_{\mathrm{sr}}^{k}(\varphi)}\underline{\boldsymbol{i}}_{\mathrm{r}}^{k}\end{aligned}$$

$$\underline{\boldsymbol{\Psi}}_{\mathrm{r}}^{k}=\underset{\sim}{\boldsymbol{L}}_{\mathrm{r}}^{k}(\varphi)\underline{\boldsymbol{i}}_{\mathrm{r}}^{k}+\underset{\sim}{\boldsymbol{L}}_{\mathrm{rs}}^{k}(\varphi)\underline{\boldsymbol{i}}_{\mathrm{s}}^{k}$$

其中，使用忽略第三个分量 γ 的 $\underline{\boldsymbol{\Psi}}_{\mathrm{s}}^{\alpha\beta}$ 形式是由于星形连接下的中性点电压为零。假使电机结构可以被看作是对称的（这一假设对于开关磁阻电机来说则是有问题的），那么转子坐标系下的电感值则不再取决于转子角 φ，从而可以简化如下：

$$\underline{\boldsymbol{\Psi}}_{\mathrm{s}}^{k}=\underset{\sim}{\boldsymbol{L}}_{\mathrm{s}}^{k}\underline{\boldsymbol{i}}_{\mathrm{s}}^{k}+\underset{\sim}{\boldsymbol{L}}_{\mathrm{sr}}^{k}\underline{\boldsymbol{i}}_{\mathrm{r}}^{k}$$

$$\underline{\boldsymbol{\Psi}}_{\mathrm{r}}^{k}=\underset{\sim}{\boldsymbol{L}}_{\mathrm{r}}^{k}\underline{\boldsymbol{i}}_{\mathrm{r}}^{k}+\underset{\sim}{\boldsymbol{L}}_{\mathrm{rs}}^{k}\underline{\boldsymbol{i}}_{\mathrm{s}}^{k}$$

图 10.3 所示为转子定向 k - 坐标系下具有不同大小 d 轴和 q 轴转子电感的凸极同步电机示意图。

框图 10.1

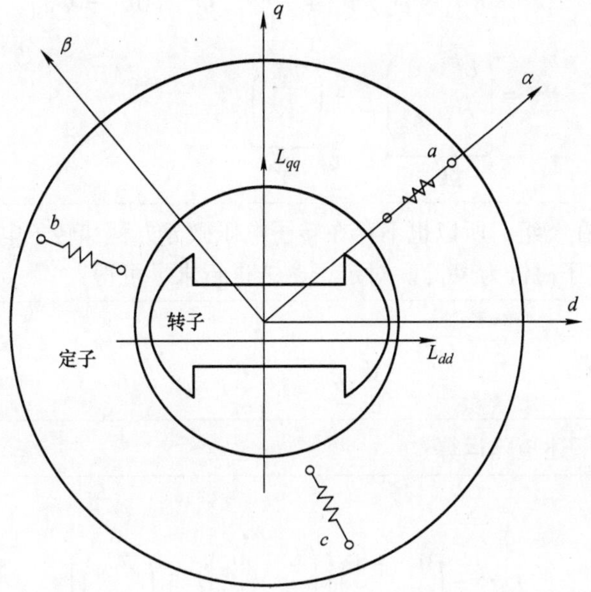

图 10.3 转子定向 k - 坐标系下具有不同大小 d 轴和 q 轴转子电感的凸极同步电机示意图

由于在线性条件下的 d 轴电流（转子定向 k - 坐标系下）不影响 q 轴磁链，反之，q 轴电流也不影响 d 轴磁链，所以电感矩阵为对角阵，如下所示：

框图 10.2

$$\underline{\boldsymbol{\Psi}}_{\mathrm{s}}^{k}=\begin{pmatrix}L_{\mathrm{s}}^{dd} & 0\\ 0 & L_{\mathrm{s}}^{qq}\end{pmatrix}\underline{\boldsymbol{i}}_{\mathrm{s}}^{k}+\begin{pmatrix}L_{\mathrm{sr}}^{dd} & 0\\ 0 & L_{\mathrm{sr}}^{qq}\end{pmatrix}\underline{\boldsymbol{i}}_{\mathrm{r}}^{k}$$

$$\underline{\boldsymbol{\Psi}}_{\mathrm{r}}^{k}=\begin{pmatrix}L_{\mathrm{r}}^{dd} & 0\\ 0 & L_{\mathrm{r}}^{qq}\end{pmatrix}\underline{\boldsymbol{i}}_{\mathrm{r}}^{k}+\begin{pmatrix}L_{\mathrm{rs}}^{dd} & 0\\ 0 & L_{\mathrm{rs}}^{qq}\end{pmatrix}\underline{\boldsymbol{i}}_{\mathrm{s}}^{k}$$

为简化起见，接下来将使用 d、q 分别代替 dd、qq。

10.2 永磁同步电机磁场定向控制

基于前面章节所述知识，现在我们可以对同步电机进行建模，并设计一种基于磁场定向的控制方法。为此，本节使用一个具有不同 d 轴和 q 轴电感的永磁同步电机（PMSM）来举例，类似于图 10.3 所示的结构。

10.2.1 建立数学模型

永磁同步电机的系统方程如下所示：

框图 10.3

$$\underline{u}_{\mathrm{s}}^{k}=R_{s}\underline{i}_{\mathrm{s}}^{k}+\omega_{k}\underset{\sim}{\boldsymbol{J}}\underline{\boldsymbol{\Psi}}_{\mathrm{s}}^{k}+\frac{\mathrm{d}\underline{\boldsymbol{\Psi}}_{\mathrm{s}}^{k}}{\mathrm{d}t}\quad \underline{\boldsymbol{\Psi}}_{\mathrm{s}}^{k}(0)=\underline{\boldsymbol{\Psi}}_{\mathrm{PM}}^{k}$$

$$\underline{\boldsymbol{\Psi}}_{\mathrm{s}}^{k}=\underbrace{\begin{pmatrix}L_{\mathrm{s}}^{d} & 0\\ 0 & L_{\mathrm{s}}^{q}\end{pmatrix}}_{\underset{\sim}{L}_{\mathrm{s}}^{k}}\underline{i}_{\mathrm{s}}^{k}+\underbrace{\begin{pmatrix}\Psi_{\mathrm{PM}}^{d}\\ 0\end{pmatrix}}_{\underline{\boldsymbol{\Psi}}_{\mathrm{PM}}^{k}}$$

由于转子侧不存在绕组，所以也不存在转子电压微分方程和转子电流。当电机定子电流 $\underline{i}_{\mathrm{s}}=0$ 时，所形成的定子磁链为 $\underline{\boldsymbol{\Psi}}_{\mathrm{PM}}$。对定子磁链进行求导可得：

框图 10.4

$$\frac{\mathrm{d}}{\mathrm{d}t}\underline{\boldsymbol{\Psi}}_{\mathrm{s}}^{k}=\underset{\sim}{\boldsymbol{L}}_{\mathrm{s}}^{k}\frac{\mathrm{d}}{\mathrm{d}t}\underline{i}_{\mathrm{s}}^{k}$$

首先对磁链进行下述矩阵运算：

框图 10.5

$$\begin{aligned}\underset{\sim}{\boldsymbol{J}}\underline{\boldsymbol{\Psi}}_{\mathrm{s}}^{k}&=\begin{pmatrix}0 & -1\\ 1 & 0\end{pmatrix}\left[\begin{pmatrix}L_{\mathrm{s}}^{d} & 0\\ 0 & L_{\mathrm{s}}^{q}\end{pmatrix}\underline{i}_{\mathrm{s}}^{k}+\begin{pmatrix}\boldsymbol{\Psi}_{\mathrm{PM}}^{d}\\ 0\end{pmatrix}\right]\\&=\begin{pmatrix}0 & -1\\ 1 & 0\end{pmatrix}\begin{pmatrix}L_{\mathrm{s}}^{d}i_{\mathrm{s}}^{d}+\boldsymbol{\Psi}_{\mathrm{PM}}^{d}\\ L_{\mathrm{s}}^{q}i_{\mathrm{s}}^{q}\end{pmatrix}\\&=\begin{pmatrix}-L_{\mathrm{s}}^{q}i_{\mathrm{s}}^{q}\\ L_{\mathrm{s}}^{d}i_{\mathrm{s}}^{d}+\boldsymbol{\Psi}_{\mathrm{PM}}^{d}\end{pmatrix}\end{aligned}$$

然后代入定子电压微分方程，即可得到定子电流的动态方程，具体过程如下：

框图 10.6

$$\underline{u}_{\mathrm{s}}^{k}=R_{\mathrm{s}}\underline{i}_{\mathrm{s}}^{k}+\omega_{k}\underset{\sim}{\boldsymbol{J}}\underline{\boldsymbol{\Psi}}_{\mathrm{s}}^{k}+\frac{\mathrm{d}\underline{\boldsymbol{\Psi}}_{\mathrm{s}}^{k}}{\mathrm{d}t}$$

$$\begin{aligned}\begin{pmatrix}u_{\mathrm{s}}^{d}\\ u_{\mathrm{s}}^{q}\end{pmatrix}&=R_{\mathrm{s}}\begin{pmatrix}i_{\mathrm{s}}^{d}\\ i_{\mathrm{s}}^{q}\end{pmatrix}+\omega_{k}\begin{pmatrix}-L_{\mathrm{s}}^{q}i_{\mathrm{s}}^{q}\\ L_{\mathrm{s}}^{d}i_{\mathrm{s}}^{d}+\boldsymbol{\Psi}_{\mathrm{PM}}^{d}\end{pmatrix}+\underset{\sim}{\boldsymbol{L}}_{\mathrm{s}}^{k}\frac{\mathrm{d}}{\mathrm{d}t}\begin{pmatrix}i_{\mathrm{s}}^{d}\\ i_{\mathrm{s}}^{q}\end{pmatrix}\\&=\begin{pmatrix}R_{\mathrm{s}}i_{\mathrm{s}}^{d}-\omega_{k}L_{\mathrm{s}}^{q}i_{\mathrm{s}}^{q}+L_{\mathrm{s}}^{d}\dfrac{\mathrm{d}i_{\mathrm{s}}^{q}}{\mathrm{d}t}\\ R_{\mathrm{s}}i_{\mathrm{s}}^{q}+\omega_{k}L_{\mathrm{s}}^{d}i_{\mathrm{s}}^{d}+\omega_{k}\boldsymbol{\Psi}_{\mathrm{PM}}^{d}+L_{\mathrm{s}}^{q}\dfrac{\mathrm{d}i_{\mathrm{s}}^{q}}{\mathrm{d}t}\end{pmatrix}\end{aligned}$$

$$\Leftrightarrow\frac{\mathrm{d}}{\mathrm{d}t}\begin{pmatrix}i_{\mathrm{s}}^{d}\\ i_{\mathrm{s}}^{q}\end{pmatrix}=\begin{pmatrix}\dfrac{1}{L_{\mathrm{s}}^{d}}\Big(u_{\mathrm{s}}^{d}-R_{\mathrm{s}}i_{\mathrm{s}}^{d}\underbrace{+\omega_{k}L_{\mathrm{s}}^{q}i_{\mathrm{s}}^{q}}_{*}\Big)\\ \dfrac{1}{L_{\mathrm{s}}^{q}}\Big(u_{\mathrm{s}}^{q}-R_{\mathrm{s}}i_{\mathrm{s}}^{q}\underbrace{-\omega_{k}L_{\mathrm{s}}^{d}i_{\mathrm{s}}^{d}-\omega_{k}\boldsymbol{\Psi}_{\mathrm{PM}}^{d}}_{*}\Big)\end{pmatrix}$$

使用符号 * 标记的方程项表示感应电压（也称为电动势[㊀]）。由上述感应电压引起的扰动可通过相应方式进行补偿，因此在控制器设计时可以忽略此项。

重写框图 6.28 中的定子侧转矩方程表达式如下：

框图 10.7

$$M=\frac{3}{2}p\underline{\boldsymbol{i}}_{\mathrm{s}}^{k\mathrm{T}}\underset{\sim}{\boldsymbol{J}}\underline{\boldsymbol{\Psi}}_{\mathrm{s}}^{k}$$

然后将框图 10.5 中求得的 $\underset{\sim}{\boldsymbol{J}}\,\underline{\boldsymbol{\Psi}}_{\mathrm{s}}^{k}$ 代入上述方程可得：

框图 10.8

$$\begin{aligned}M&=\frac{3}{2}p\begin{pmatrix}i_{\mathrm{s}}^{d} & i_{\mathrm{s}}^{q}\end{pmatrix}\begin{pmatrix}-L_{\mathrm{s}}^{q}i_{\mathrm{s}}^{q}\\ L_{\mathrm{s}}^{d}i_{\mathrm{s}}^{d}+\Psi_{\mathrm{PM}}^{d}\end{pmatrix}\\&=\frac{3}{2}p\left(-L_{\mathrm{s}}^{q}i_{\mathrm{s}}^{d}i_{\mathrm{s}}^{q}+L_{\mathrm{s}}^{d}i_{\mathrm{s}}^{d}i_{\mathrm{s}}^{q}+i_{\mathrm{s}}^{q}\Psi_{\mathrm{PM}}^{d}\right)\\&=\frac{3}{2}p\left[\left(L_{\mathrm{s}}^{d}-L_{\mathrm{s}}^{q}\right)i_{\mathrm{s}}^{d}+\Psi_{\mathrm{PM}}^{d}\right]i_{\mathrm{s}}^{q}\\&=\underbrace{\frac{3}{2}p\left(L_{\mathrm{s}}^{d}-L_{\mathrm{s}}^{q}\right)i_{\mathrm{s}}^{d}i_{\mathrm{s}}^{q}}_{\text{磁阻转矩}}+\underbrace{\frac{3}{2}p\Psi_{\mathrm{PM}}^{d}i_{\mathrm{s}}^{q}}_{\text{电磁转矩(洛伦兹转矩)}}\end{aligned}$$

10.2.2　永磁同步电机控制框图

基于前一节所推导的方程可以绘出在 k-坐标系下的永磁同步电机控制框图，其中包含定子电流 d 轴分量和 q 轴分量控制器以及实现磁阻转矩和电磁转矩的调节模块，如图 10.4 所示。

10.2.3　恒定磁链控制

图 10.4 表明，对于转矩控制来说，类似于直流电机，永磁同步电机也存在以定子电流 d 轴分量和 q 轴分量表示的两个自由度。对于给定的参考转矩，存在不同的方式来使用转矩的两个自由度，最简单的方式是设置定子电流 d 轴分量为零，也即：

$$i_{\mathrm{s}}^{d}=0\rightarrow M_{\mathrm{Rel}}=0$$

上述方式实际消除了图 10.4 中所示的上半部分的一条支路，从而可使得转矩只与定子电流 q 轴分量 i_{s}^{q} 线性相关。由于上述方式的磁链保持恒定，此方法也称为恒定磁链控制（CF），类似于第 9.3.1 节所述的恒定磁链控制。当然，也可以通过负的定子电流 d 轴分量来削弱磁场实现弱磁控制，此时形成的是负的磁阻转矩。

如果 d 轴电感和 q 轴电感相等，也即 $L_{\mathrm{s}}^{d}=L_{\mathrm{s}}^{q}$，正如具有各向同性转子的隐极式同步电机或表面贴式永磁同步电机的情形，则图 10.4 所示的上半部分的一条支路也将不复存在，从而就只有定子电流 q 轴分量可用于转矩调节。定子电流 d 轴分量仅可用于弱磁，但不再形成负的磁阻转矩，因为 $L_{\mathrm{s}}^{d}-L_{\mathrm{s}}^{q}=0$。

㊀ 电动势：理想电压源端子间的电压。

框图 10.9

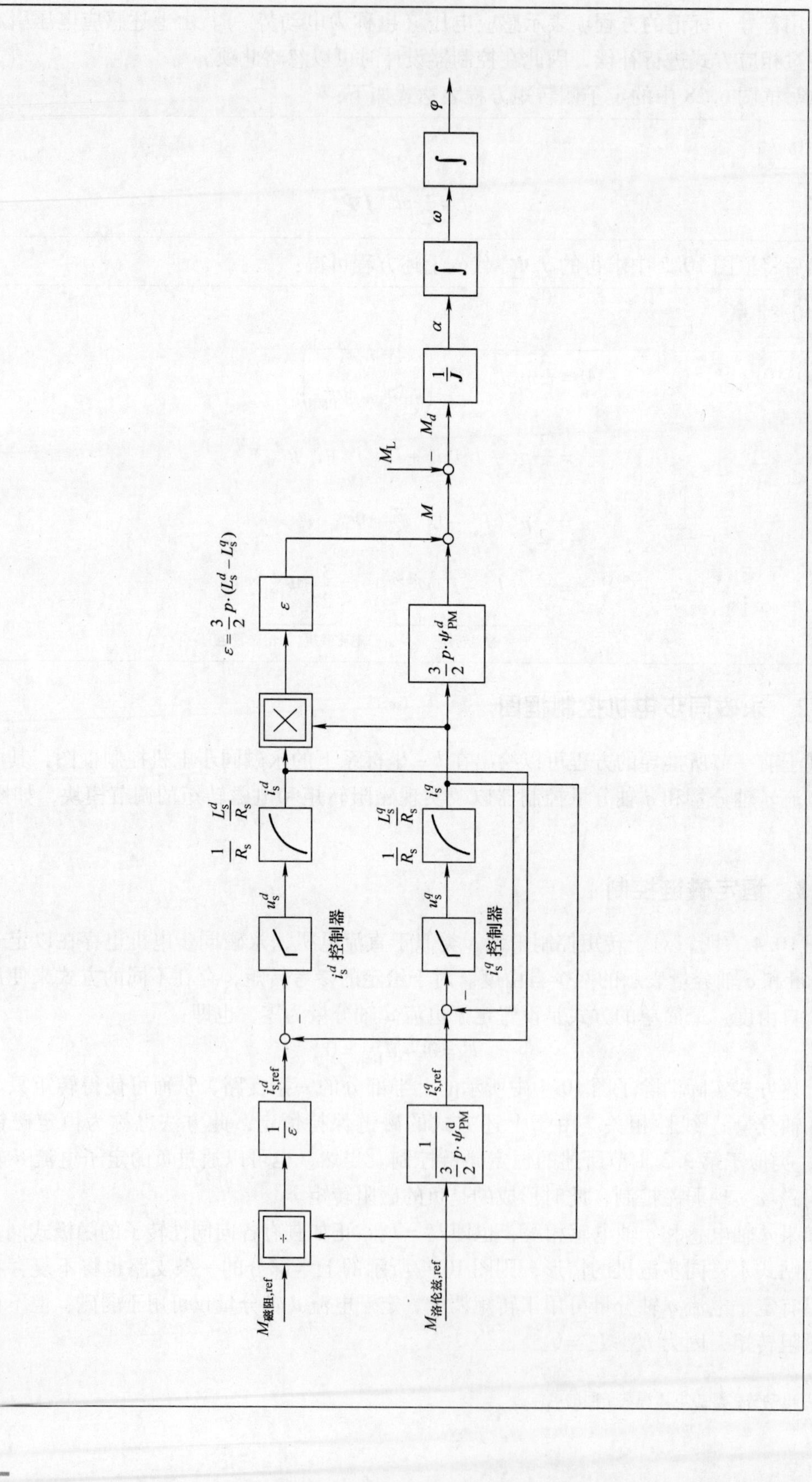

图 10.4 k－坐标系下包括 d－轴和 q－轴电流调节器以及磁阻转矩和电磁转矩调节部分的永磁同步电机框图

在第 10.4 节中将会讨论在 $L_s^d \neq L_s^q$ 的情况下也可以利用磁阻转矩的一种智能方法。

10.3　同步电机边界条件

永磁同步电机中是不存在转子回路的。对于外励磁同步电机来说，可以认为其转子回路不受定子回路电流的影响（或者说其影响可以忽略，同时也可使用励磁电流控制器对上述扰动进行补偿）。由于可以认为转子回路与定子回路相互独立且互不影响，所以本节仅讨论定子侧边界条件。图 10.5 所示为 k－坐标系下永磁同步电机的定子电流极限圆和电压极限椭圆。本节内容部分摘自参考文献［3］。

框图 10.10

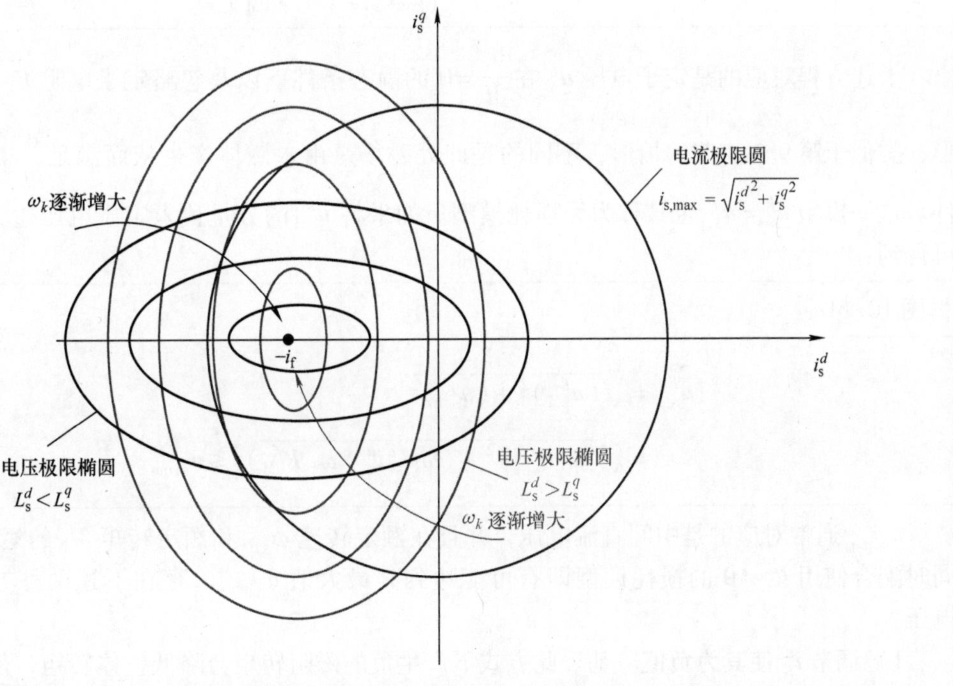

图 10.5　k－坐标系下永磁同步电机的定子电流极限圆和电压极限椭圆（见彩图）

10.3.1　定子电流边界条件

类似于第 9.2.2 节给出的笼型异步电机定子电流边界条件，此时定子电流边界条件数学表达式为

框图 10.11

$$|\underline{i}_s| = \sqrt{i_s^{d^2} + i_s^{q^2}} \leq i_{s,max}$$

从几何角度来看，上述方程取等号时表示的是在 k－坐标系下半径为 $i_{s,max}$ 的圆，称之为电流极限圆，如图 10.5 中的红线所示。

10.3.2 定子电压边界条件

类似于电流边界条件，电压边界条件可表示如下：

框图 10.12

$$|\underline{u}_{s}| = \sqrt{u_{s}^{d^2} + u_{s}^{q^2}} \leqslant u_{s,max}$$

根据第 10.2.1 节中的定子电压微分方程，可提取出其感应电压部分如下：

框图 10.13

$$\underline{\boldsymbol{u}}_{s,i}^{k} = \begin{pmatrix} u_{s,i}^{d} \\ u_{s,i}^{q} \end{pmatrix} = \begin{pmatrix} -\omega_k L_s^q i_s^q \\ \omega_k L_s^d i_s^d + \omega_k \boldsymbol{\Psi}_{PM}^d \end{pmatrix}$$

上述方程对应的是定子电压 $\underline{\boldsymbol{u}}_{s}^{k}$ 在 $\frac{d\underline{\boldsymbol{i}}_s^k}{dt} = \underline{0}$ 的静态条件下以及忽略定子电阻 $R_s \to 0$ 时的情形，类似于第 9.2.4 节的情形，不同的是此处磁场是由永磁体产生从而满足 $\frac{d}{dt}\underline{\boldsymbol{\Psi}}^k = \underline{0}$ 的条件。这一模型 $\underline{\boldsymbol{u}}_{s}^{k} = \underline{\boldsymbol{u}}_{s,i}^{k}$ 也被称为无损耗模型。如果将 $\underline{\boldsymbol{u}}_{s,i}^{k}$ 的分量代入定子电压边界条件，则可得到：

框图 10.14

$$\begin{aligned} |\underline{\boldsymbol{u}}_{s}^{k}| &= \sqrt{(u_{s,i}^{d})^2 + (u_{s,i}^{q})^2} \\ &= \sqrt{(\omega_k L_s^q i_s^q)^2 + (\omega_k L_s^d i_s^d + \omega_k \boldsymbol{\Psi}_{PM}^d)^2} \overset{!}{\leqslant} u_{s,max} \end{aligned} \tag{10.2}$$

$u_{s,max}$ 通常对应的是中间直流电压，并且在额定转速 $\omega_{k,N}$ 和额定转矩 M_N 的运行条件下，同时配合使用 $R_s \neq 0$ 的损耗模型即有可能达到其最大值 $u_{s,max}$。存在下述两种方式来限制电压：

1）**调节 i_s^d 使其为负值**。基于此方式下产生负的磁阻转矩会降低整体转矩，从而可以减小最大的定子电流 q 轴分量（其对应的是最大洛伦兹转矩），以满足电流边界条件。

2）**减小定子电流 q 轴分量 i_s^q**。但是，基于此方式会减小洛伦兹转矩。

基于上述方式下的控制效果类似于直流电机：在弱磁区域，可达到的最大转矩值相对变小。

10.3.3 等效定子电压边界条件

磁链 Ψ_{PM}^d 的形成可借助于（假想的）励磁电流 i_f 和 d 轴电感 L_s^d，其表达式如下：

框图 10.15

$$\boldsymbol{\Psi}_{PM}^d = L_s^d i_f$$

永磁同步电机的励磁电流 i_f 为恒定值，这一模型也可用于外励磁同步电机。将上述方程代入式（10.2），并进行适当变换，可得：

框图 10.16

$$u_{s,max}^2 \geqslant (\omega_k L_s^q i_s^q)^2 + (\omega_k L_s^d i_s^d + \omega_k L_s^d i_f)^2$$

$$\geqslant \omega_k^2 L_s^{q^2} i_s^{q^2} + \omega_k^2 L_s^{d^2} (i_s^d + i_f)^2 \qquad \Big| \frac{1}{u_{s,max}^2}$$

$$1 \geqslant \frac{i_s^{q^2}}{\dfrac{u_{s,max}^2}{\omega_k^2 L_s^{q^2}}} + \frac{(i_s^d + i_f)^2}{\dfrac{u_{s,max}^2}{\omega_k^2 L_s^{d^2}}} \tag{10.3}$$

一个中心点位于 $(x_0 \quad y_0)^T$ 的椭圆可由下述方程表示：

框图 10.17

$$1 = \left(\frac{x - x_0}{a}\right)^2 + \left(\frac{y - y_0}{b}\right)^2$$

其中，$2a$ 表示宽度，$2b$ 表示高度。通过对比这一椭圆方程与式（10.2），可得相应参数表达式如下：

框图 10.18

- 中心点 $(-i_f \quad 0)^T$
- 宽度 $2\dfrac{u_{s,max}}{\omega_k L_s^d}$
- 高度 $2\dfrac{u_{s,max}}{\omega_k L_s^q}$

图 10.5 中描绘了随着不断增加的 ω_k 而逐渐收缩的电压边界曲线，其中，绿线表示 $L_s^d > L_s^q$ 时的一簇椭圆，黑线表示 $L_s^d < L_s^q$ 时的一簇椭圆，称之为电压极限椭圆。

10.3.4 永磁体与电流边界设计

结合式（10.3）及其在图 10.5 中所对应的椭圆曲线，可得到以下几点结论：

- ω_k 值越大，电压极限椭圆范围越小。
- 在 i_f 恒定的条件下，随着 ω_k 的增加需反方向增加 i_s^d。
- 如果达到了电流最大边界 $i_{s,max}$，则需减小 i_s^q 以满足电压边界条件。
- 如果 ω_k 非常大，则需令 $i_s^q = 0$。从而，式（10.3）可以简化如下：

框图 10.19

$$1 \geqslant \frac{i^{q^2}}{\underbrace{\frac{u_{s,\max}^2}{\omega_k^2 L_s^{q^2}}}_{=0}} + \frac{(i_s^d + i_f)^2}{\frac{u_{s,\max}^2}{\omega_k^2 L_s^{d^2}}} \qquad \left| \frac{u_{s,\max}^2}{\omega_k^2 L_s^{d^2}} \right.$$

$$\frac{u_{s,\max}^2}{\omega_k^2 L_s^{d^2}} \geqslant (i_s^d + i_f)^2$$

- 对于 $\omega_k \to \infty$ 的极限情况，上述不等式左侧趋于零，此时需满足：

框图 10.20

$$i_s^d = -i_f$$

实现 $i_s^d = -i_f$的前提条件是：

框图 10.21

$$|i_f| \leqslant i_{s,\max} \qquad \text{对于 PMSM 来说} \mid L_s^d$$

$$\underbrace{L_s^d |i_f|}_{|\Psi_{PM}^d|} \leqslant L_s^d i_{s,\max}$$

总体来说，对于永磁体与电流边界的设计，存在三种不同的情况，如图 10.6 所示。

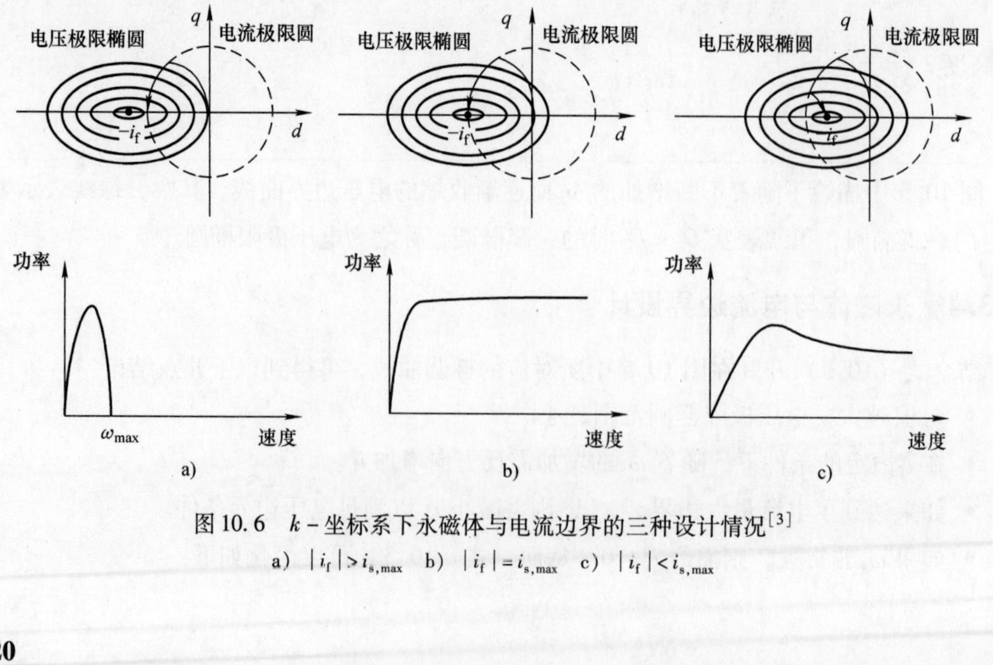

图 10.6 k – 坐标系下永磁体与电流边界的三种设计情况[3]

a) $|i_f| > i_{s,\max}$ b) $|i_f| = i_{s,\max}$ c) $|i_f| < i_{s,\max}$

1）框图 10.22

$$|i_{\mathrm{f}}| > i_{\mathrm{s,max}}$$

电压极限椭圆的中心点位于电流极限圆范围之外。此时，仅可通过负的定子电流 d 轴分量以有限地程度削弱磁场。为了限制感应电压，则需对速度进行限制。在满足 $i_{\mathrm{s}}^{q}=0$ 和 $i_{\mathrm{s}}^{d}=-i_{\mathrm{s,max}}$ 的条件下，最大速度 $\omega_{k,\max}$ 可根据式（10.3）求得，具体过程如下：

框图 10.23

$$1=\frac{(i_{\mathrm{f}}-i_{\mathrm{s,max}})^2}{\dfrac{u_{\mathrm{s,max}}^2}{\omega_{k,\max}^2 L_{\mathrm{s}}^{d^2}}}$$

$$u_{\mathrm{s,max}}^2=\omega_{k,\max}^2\ (L_{\mathrm{s}}^{d}i_{\mathrm{f}}-L_{\mathrm{s}}^{d}i_{\mathrm{s,max}})^2$$

$$\frac{u_{\mathrm{s,max}}}{\underbrace{L_{\mathrm{s}}^{d}i_{\mathrm{f}}}_{\Psi_{\mathrm{PM}}^{d}}-L_{\mathrm{s}}^{d}i_{\mathrm{s,max}}}=\omega_{k,\max}$$

此时，弱磁运行范围内的功率并非恒定，且在最大速度 $\omega_{k,\max}$ 时减小为零，因为 $i_{\mathrm{s}}^{q}=0$。

2）框图 10.24

$$|i_{\mathrm{f}}| = i_{\mathrm{s,max}}$$

电压极限椭圆的中心点恰好位于电流极限圆边界。此时，由于可通过负的定子电流 d 轴分量 i_{s}^{d} 将磁场最终削弱至零，理论上来说可以实现 $\omega_{k,\max}=\infty$。此外，弱磁运行范围内的功率可以保持恒定。

3）框图 10.25

$$|i_{\mathrm{f}}| < i_{\mathrm{s,max}}$$

电压极限椭圆的中心点位于电流极限圆范围之内。此时，理论上来说也可实现 $\omega_{k,\max}=\infty$，因为也可通过负的定子电流 d 轴分量 i_{s}^{d} 将磁场削弱至零（甚至小于零）。由于电压边界条件的限制，当超过某一固定的转速时必须减小定子电流 q 轴分量，从而无法继续保证转矩恒定。此种情况下，在机械特性曲线及速度功率曲线中存在三段运行区域：

① 额定速度范围，也即 $\omega_k \leqslant \omega_{k,\mathrm{N}}$。

② 无电压边界限制的弱磁运行范围（可实现恒转矩）。

③ 带电压边界限制的弱磁运行范围（无法继续实现恒转矩，但可实现恒功率）。

一般来说，弱磁控制时需要注意的一点是：避免较大的负的定子电流 d 轴分量（也称去磁电流），以防引起永磁体的不可逆退磁。

10.4 同步电机转矩调节方法

类似于第 9.3 节所介绍的笼型异步电机转矩调节方法，接下来将介绍几种用于同步电机的转矩调节方法。图 10.7 中不仅给出了上一节所讨论的同步电机边界条件，还包括本节将要介绍的转矩等高曲线及基于不同转矩调节方法形成的轨迹。本节内容部分摘自参考文献 [3]。

框图 10.26

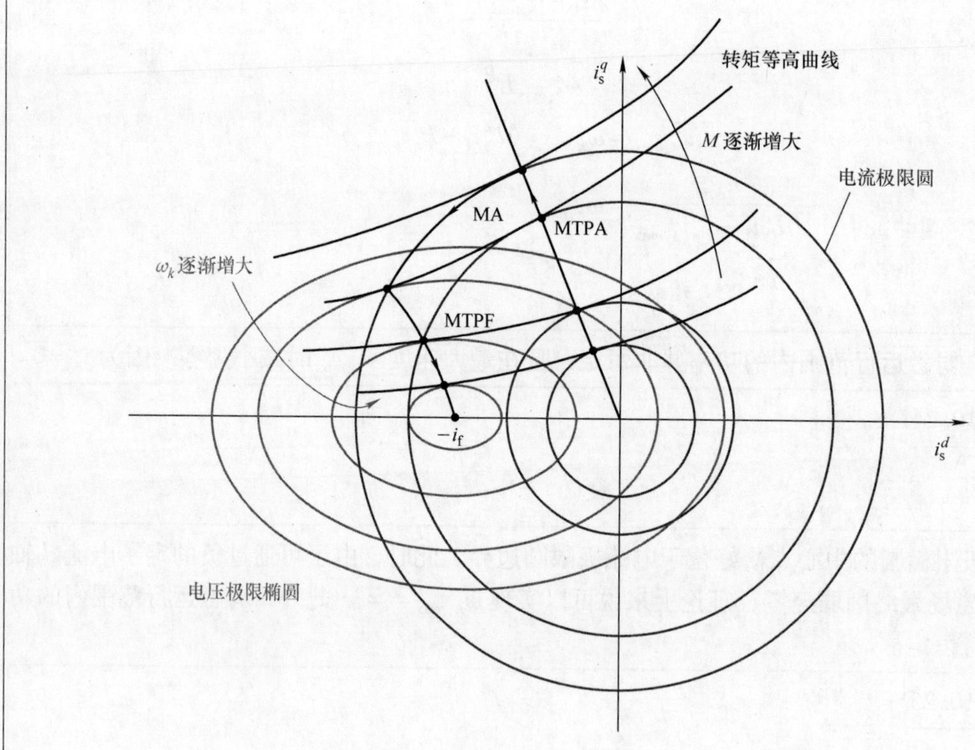

图 10.7 k-坐标系下同步电机的定子电流极限圆、电压极限椭圆、转矩等高曲线及不同控制策略对应的特性曲线（见彩插）

10.4.1 转矩等高曲线

同步电机的转矩方程已在式（10.1）中求得，将其向定子电流 q 轴分量 i_s^q 侧进行变换，具体过程如下：

框图 10.27

$$M = \underbrace{\frac{3}{2}p(L_s^d - L_s^q)i_s^d i_s^q}_{\text{磁阻转矩}} + \underbrace{\frac{3}{2}p\Psi_{PM}^d i_s^q}_{\text{洛伦兹转矩}}$$

$$= i_s^q\left[\frac{3}{2}p(L_s^d - L_s^q)i_s^d + \frac{3}{2}p\Psi_{PM}^d\right]$$

$$\frac{M}{\frac{3}{2}p(L_s^d - L_s^q)i_s^d + \frac{3}{2}p\Psi_{PM}^d} = i_s^q$$

$$\frac{a}{bi_s^d + c} = i_s^q$$

类似于第 9.2.5 节所示的反比例关系，一般来说，如果两个变量 x、y 之间的关系可以表示为

$$y = \frac{a}{bx + c} \quad (a,\ b \neq 0)$$

那么，上述表达式可由反比例函数经过相应平移变换得到，其图像也是一对双曲线，而且是中心对称图形，但是对称中心则不再是坐标原点，经对比得到具体参数如下：

框图 10.28

- $a = M$
- $b = \frac{3}{2}p(L_s^d - L_s^q)$
- 令分母等于零，则有：

$$bi_s^d + c = 0$$

$$\Leftrightarrow bi_s^d = -c$$

$$\Leftrightarrow i_s^d = -\frac{c}{b} = -\frac{\frac{3}{2}p\Psi_{PM}^d}{\frac{3}{2}p(L_s^d - L_s^q)} = -\frac{\Psi_{PM}^d}{(L_s^d - L_s^q)}$$

对称中心为$\left(-\frac{c}{b},\ 0\right)$。

图 10.7 中绘出了在 $L_s^d < L_s^q$ 条件下的不同转矩值 M 的转矩等高曲线。

10.4.2　磁阻转矩和洛伦兹转矩

图 10.8 所示为 k - 坐标系下定子电流空间矢量 $\underline{i}_s^k$ 的极坐标描述。

框图 10.29

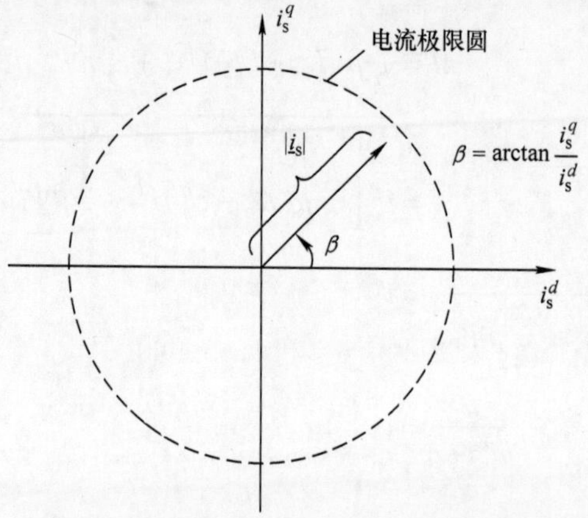

图 10.8　k - 坐标系下定子电流空间矢量 $\underline{i}_s^k$ 的极坐标描述

由此可给出 k - 坐标系下电流矢量的坐标分量形式如下：

框图 10.30

$$i_s^d = |\underline{i}_s|\cos\beta$$
$$i_s^q = |\underline{i}_s|\sin\beta \tag{10.4}$$

然后将其代入式（10.1）中的转矩方程，可得：

框图 10.31

$$M = \frac{3}{2}p[(L_s^d - L_s^q)i_s^d i_s^q + \Psi_{PM}^d i_s^q]$$
$$= \frac{3}{2}p[(L_s^d - L_s^q)|\underline{i}_s|(\cos\beta)|\underline{i}_s|\sin\beta + \Psi_{PM}^d|\underline{i}_s|\sin\beta]$$

由 $\sin\beta\cos\beta = \frac{1}{2}\sin2\beta$ 可得：

$$M = \frac{3}{2}p\left[\underbrace{(L_s^d - L_s^q)|\underline{i}_s|^2\frac{1}{2}\sin2\beta}_{\text{磁阻转矩}M_{\text{Rel}}} + \underbrace{\Psi_{PM}^d|\underline{i}_s|\sin\beta}_{\text{洛伦兹转矩}M_{\text{Lor}}}\right] \tag{10.5}$$

图 10.9 所示为满足 $|\underline{i}_s|$ 为恒值条件下磁阻转矩、洛伦兹转矩、整体转矩及其随电流角 β 的变化情况。电流角 β 也被称为转子角，因为定子电流及定子电压超前转子的角度也为 β。

10.4.3　最大转矩电流比控制

从图 10.9 可以看出，在给定定子电流幅值 $|\underline{i}_s|$ 的情况下，可通过适当地选取电流角 β 而使得转矩最大，这也正是最大转矩电流比控制（MTPA）的理念，也即单位电流产生最大转矩，从而可以使得欧姆损耗最小，类似于第 9.3.2 节中异步电机的情形。为了得到其解析

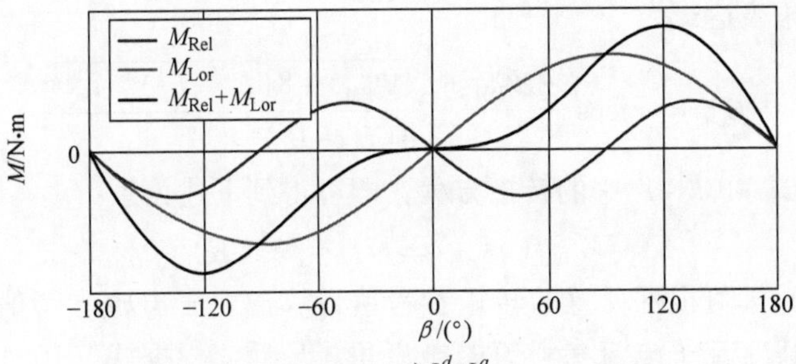

a) $L_s^d<L_s^q$

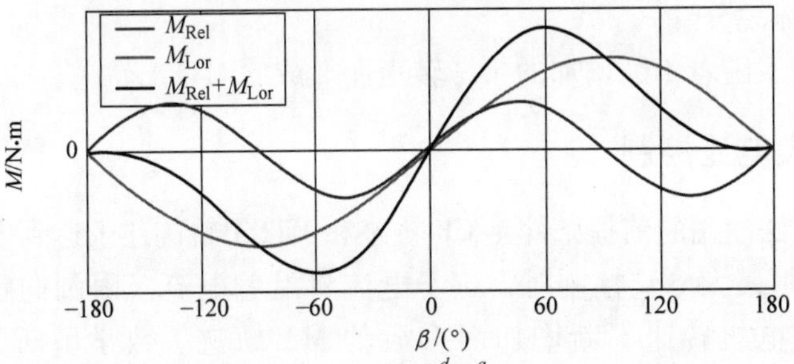

b) $L_s^d>L_s^q$

图 10.9　满足 $|\underline{i}_s|$ 为恒值条件下磁阻转矩、洛伦兹转矩、整体转矩及其随电流角 β 的变化情况（见彩插）

解，可通过式（10.5）中的转矩方程对 β 求导，并令其等于零，过程如下：

框图 10.32

$$M_{opt}=\max_{\beta}M$$

$$0=\frac{dM}{d\beta}=\frac{d}{d\beta}\left\{\frac{3}{2}p\left[(L_s^d-L_s^q)|\underline{i}_s|^2\frac{1}{2}\sin 2\beta+\Psi_{PM}^d|\underline{i}_s|\sin\beta\right]\right\}$$

$$=(L_s^d-L_s^q)|\underline{i}_s|^2\cos 2\beta+\Psi_{PM}^d|\underline{i}_s|\cos\beta$$

$$=\cdots$$

根据余弦二倍角公式 $\cos 2\beta=-1+2\cos^2\beta$ 可将上述方程变换为二次方程的形式，如下：

$$0=(L_s^d-L_s^q)|\underline{i}_s|^2(-1+2\cos^2\beta)+\Psi_{PM}^d|\underline{i}_s|\cos\beta$$

$$=2(L_s^d-L_s^q)|\underline{i}_s|^2\cos^2\beta+\Psi_{PM}^d|\underline{i}_s|\cos\beta-(L_s^d-L_s^q)|\underline{i}_s|^2$$

令 $x=\cos\beta$，则可根据韦达定理求得具有一般形式为 $0=ax^2+bx+c$ 的一元二次方程的解 $x_{1,2}=\dfrac{-b\pm\sqrt{b^2-4ac}}{2a}$，可进一步表示为

$$x_{1,2}=\frac{-\Psi_{PM}^d|\underline{i}_s|\pm\sqrt{(\Psi_{PM}^d|\underline{i}_s|)^2-4\times 2(L_s^d-L_s^q)|\underline{i}_s|^2[-(L_s^d-L_s^q)|\underline{i}_s|^2]}}{2\times 2(L_s^d-L_s^q)|\underline{i}_s|^2}$$

$$=\frac{-\Psi_{PM}^d|\underline{i}_s|\pm\sqrt{\Psi_{PM}^{d2}|\underline{i}_s|^2+8(L_s^d-L_s^q)^2|\underline{i}_s|^4}}{4(L_s^d-L_s^q)|\underline{i}_s|^2}$$

$$=\frac{-\Psi_{PM}^d\pm\sqrt{\Psi_{PM}^{d2}+8(L_s^d-L_s^q)^2|\underline{i}_s|^2}}{4(L_s^d-L_s^q)|\underline{i}_s|}$$

即可得到最优电流角表达式为

$$\beta_{opt}=\arccos\frac{-\Psi_{PM}^{d}\pm\sqrt{{\Psi_{PM}^{d}}^{2}+8(L_{s}^{d}-L_{s}^{q})^{2}|\underline{\boldsymbol{i}}_{s}|^{2}}}{4(L_{s}^{d}-L_{s}^{q})|\underline{\boldsymbol{i}}_{s}|}\tag{10.6}$$

然后将$\beta=\beta_{opt}$代入式（10.4）中的转矩方程，即可得到下述关系：

$$M=f(|\underline{\boldsymbol{i}}_{s}|)\Leftrightarrow|\underline{i}_{s}|=f^{-1}(M)\tag{10.7}$$

基于式（10.7）即可根据任意的转矩参考值计算出定子电流参考值的幅值，接下来基于式（10.6）即可确定定子电流参考值的电流角。最后，根据式（10.4）即可分别确定定子电流 d 轴分量和 q 轴分量。

图 10.7 中给出了随着不断增加的参考转矩而形成的 MTPA 轨迹。

10.4.4 最大电流控制

CF 和 MTPA 方法使用的前提条件是 CF 轨迹和 MTPA 轨迹还未达到电压极限椭圆边界和电流极限圆。当使用最大电流控制时，定子电流将沿着电流极限圆向负的 d 轴方向进行。图 10.7给出了随着电机转速不断增加而形成的 MA 轨迹。数学解析形式的推导类似于第 9.3.3节所述笼型异步电机最大电流控制部分，此处不再赘述。

这一方法也可称为满足电流和电压边界条件的最大转矩电流比控制，因为转矩已达到所允许的最大值；当然在给定的转速条件下，此方法也实现了功率最大，因此也被称为最大功率控制（Maxium Power Control，MP）；还有一种命名形式为最大电压控制（Maximum Voltage Control，MV），因为在实时转速下的最大电压得到了充分利用。

10.4.5 最大转矩磁链比控制

根据第 10.3.3 节电压极限椭圆的高度和宽度表达式可知，随转速的逐渐增加，电压极限椭圆的范围将不断减小。当速度增加到一定程度，电压极限椭圆将与电流极限圆在 d 轴处相切。假使继续使用最大电流方法，将无法继续生成转矩，因为此时的定子电流 d 轴分量达到最大允许值，q 轴分量为零。当然，随着速度继续增加，逐渐减小的电压极限椭圆也不再允许继续使用最大电流方法。

由于这些原因，需在上述相切点之前开始使用最大转矩磁链比控制，如此即可保证在电压极限椭圆的范围内使得单位磁通 Ψ_{s}^{d} 可以产生最大转矩。换言之，磁链需要不断被调整，以使得在保证电压边界条件的情况下可以生成最大转矩。从图形上看，MTPF 轨迹是由转矩等高曲线与不断缩小的电压极限椭圆的一系列相切点组成，如图 10.7 所示。

同样，数学解析形式的推导类似于第 9.3.4 节所述笼型异步电机最大转矩磁链比控制部分，此处不再赘述。

这一方法也可称为满足电流和电压边界条件的最大转矩电流比控制，因为转矩也已达到所允许的最大值。

10.4.6 MTPA-MA-MTPF 控制策略

图 10.7 给出了在满足 $|i_{f}|<i_{s,max}$ 条件下的一种 MTPA、MA 和 MTPF 相结合的控制策略所形成的 MTPA-MA-MTPF 轨迹。当 $|i_{f}|\geqslant i_{s,max}$ 时，则无法使用 MTPF 方法。

原则上来说，MTPA - MA - MTPF 控制策略数学形式的推导和分析在很大程度上类似于第 9. 4 节所述的笼型异步电机转矩调节实现部分，此处不再赘述。由于电机通常在饱和状态下运行，那么所得到的解析解也仅适用于电机较小的工作范围，从而所有的方程必须借助第 8. 10节介绍的磁化曲线进行非线性扩展，如此将使得解析解更加复杂。因此，第 10. 5 节将会介绍实际的处理方法。

正如在前文中所提及的，MTPA - MA - MTPF 三种方法的结合其实也可称为满足电流和电压边界条件的 MTPA 方法，并且可以表示为下述优化问题：

框图 10. 33

$$\min_{i_s^d, i_s^q} |\underline{i}_s|$$

受限于：

$i_{s,\max} \geqslant |\underline{i}_s|$　　满足电流边界条件

$1 \geqslant \dfrac{i_s^{q^2}}{\dfrac{u_{s,\max}^2}{\omega_k^2 L_s^{q^2}}} + \dfrac{(i_s^d + i_f)^2}{\dfrac{u_{s,\max}^2}{\omega_k^2 L_s^{d^2}}}$　　满足电压边界条件

$M = M_{ref}(\text{bzw.} = M_{\max,zul})$　　满足转矩参考值

图 10. 10 所示为同步电机转矩调节的输入和输出框图。从形式上来看，图 10. 10 与图 9. 3所示的异步电机的转矩调节输入和输出框图一致，但其内部详细结构是有差别的。

框图 10. 34

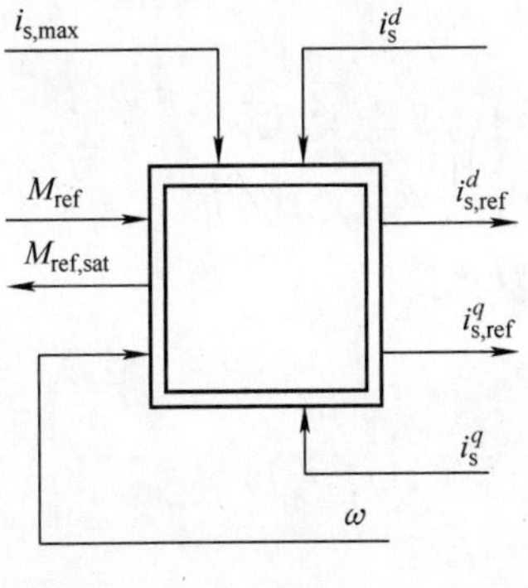

图 10. 10　同步电机转矩调节的输入和输出框图

10. 5　基于非线性铁心的扩展

图 10. 11 所示为一种永磁同步电机的非线性 d 轴和 q 轴磁化曲线，其中，Ψ_s^d仅由 i_s^d 励磁形成，Ψ_s^q也仅由 i_s^q 励磁形成。

框图 10.35

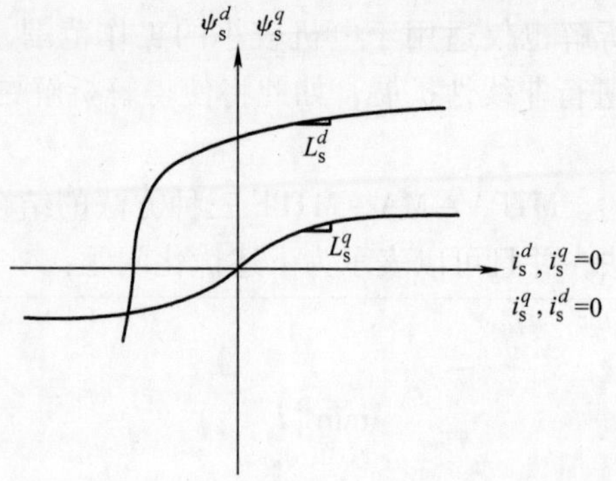

图 10.11　一种永磁同步电机的非线性 d 轴和 q 轴磁化曲线

只要电机还未处于磁饱和状态，定子电流 d 轴分量对于磁链 q 轴分量并无影响，反之，定子电流 q 轴分量对于磁链 d 轴分量也无影响。然而，在磁饱和状态下的实际情形则会发生变化：定子电流 d 轴分量会影响磁链 q 轴分量，反之，定子电流 q 轴分量也会影响磁链 d 轴分量。由于磁饱和现象会引起电感值的变化，它表现为定子电流 d 轴分量和 q 轴分量的耦合。

基于上述分析，磁链 d 轴分量取决于定子电流 d 轴分量和 q 轴分量，同样，磁链 q 轴分量也取决于定子电流 d 轴分量和 q 轴分量。$\boldsymbol{\Psi}_s^d=f(i_s^d,i_s^q)$ 和 $\boldsymbol{\Psi}_s^q=g(i_s^d,i_s^q)$ 的表达式可以通过测量得到，然后基于下述转矩方程即可计算出适用于所有（i_s^d，i_s^q）的转矩值。

框图 10.36

$$\begin{aligned}
M &= \frac{3}{2}p\,\underline{\boldsymbol{i}}_s\,\underset{\sim}{\boldsymbol{J}}\,\underline{\boldsymbol{\Psi}}_s(\underline{\boldsymbol{i}}_s)\\
&= \frac{3}{2}p\begin{pmatrix} i_s^d & i_s^q \end{pmatrix}\begin{pmatrix} 0 & -1 \\ 1 & 0 \end{pmatrix}\begin{pmatrix} \boldsymbol{\Psi}_s^d(i_s^d,i_s^q) \\ \boldsymbol{\Psi}_s^q(i_s^d,i_s^q) \end{pmatrix}\\
&= \frac{3}{2}p\begin{pmatrix} i_s^d & i_s^q \end{pmatrix}\begin{pmatrix} -\boldsymbol{\Psi}_s^q(i_s^d,i_s^q) \\ \boldsymbol{\Psi}_s^d(i_s^d,i_s^q) \end{pmatrix}\\
&= \frac{3}{2}p\left(i_s^q\boldsymbol{\Psi}_s^d(i_s^d,i_s^q)-i_s^d\boldsymbol{\Psi}_s^q(i_s^d,i_s^q)\right)\\
&= h(i_s^d,i_s^q)=h(\underline{i}_s)
\end{aligned}$$

根据上述转矩的计算过程可知，存在下述三种不同的非线性表达式：

1）$\boldsymbol{\Psi}_s^d=f(i_s^d,i_s^q)$。

2）$\boldsymbol{\Psi}_s^d=g(i_s^d,i_s^q)$。

3）$M=h(i_s^d,i_s^q)$。

图 10.12 给出了一种内装式永磁同步电机的基于上述三种非线性代表的 d 轴、q 轴磁化曲线和转矩－电流特性曲线实例。

通过对 $\boldsymbol{\Psi}_s^d$ 和 $\boldsymbol{\Psi}_s^q$ 分别求偏导数，然后进行近似处理，即可得到以下电感值表达式：

框图 10.37

$$L_{dd}=L_d=\frac{\partial\Psi_s^d(i_s^d,i_s^q)}{\partial i_s^d}\approx\frac{\Delta\Psi_s^d(i_s^d,i_s^q)}{\Delta i_s^d}\bigg|_{i_s^q=\text{恒值}}$$

$$L_{qq}=L_q=\frac{\partial\Psi_s^q(i_s^d,i_s^q)}{\partial i_s^q}\approx\frac{\Delta\Psi_s^q(i_s^d,i_s^q)}{\Delta i_s^q}\bigg|_{i_s^d=\text{恒值}}$$

上式求得的电感值将用于电流控制器的自适性调整。

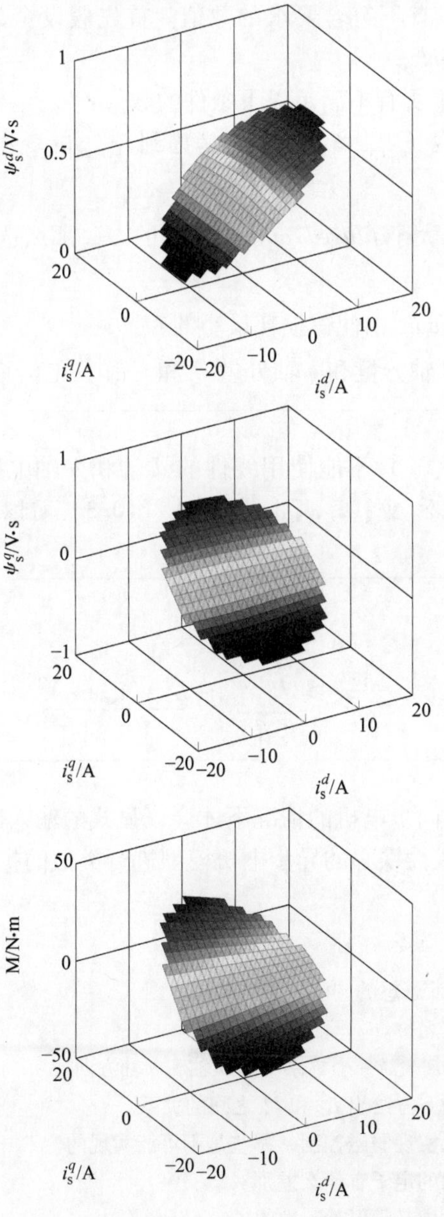

图 10.12 一种内装式永磁同步电机的 d 轴、q 轴磁化曲线和转矩 - 电流特性曲线实例

图片来源：Sascha Kühl，电力电子与电力传动研究所，慕尼黑工业大学。

接下来关注的主要是转矩和电流之间的关系，也即 $M=f(\underline{\boldsymbol{i}}_{\mathrm{s}})$。由于测量值为离散的，框图 10.33 中描述的优化问题可以通过以下算法进行求解：

框图 10.38

1）基于表达式 $M=f(\underline{\boldsymbol{i}}_{\mathrm{s}})$，对于所有离散步骤的测量值$\underline{\boldsymbol{i}}_{\mathrm{s}}$ 得到相应的 M，然后保存在一个（恒定的）查询表中：

$$const\ double\ MeasuredTable\ [\ ]\ = \begin{array}{c|c|c} M & i_{\mathrm{s}}^{d} & i_{\mathrm{s}}^{q} \\ \hline \vdots & \vdots & \vdots \end{array}$$

2）算法思想：删去所有不符合要求的数值。首先假设全部数值符合要求：*double filteredTable* [ ] = *MeasuredTable*。

3）删去 *filteredTable* 中所有不满足以下条件的数值：

- 满足电流边界条件：$i_{\mathrm{s,max}} \geqslant |\underline{\boldsymbol{i}}_{\mathrm{s}}|$，需考虑到 $i_{\mathrm{s,max}}$ 的变化情形（如动态过载控制）。
- 满足电压边界条件*。

4）如果参考转矩 M_{ref}大于 *filteredTable* 中所有的 M，那么选择 *filteredTable* 中最大的 M；否则，

⇒例如，可以选择 *filteredTable* 中使得损耗最小的 M，

5）将输出定子电流 d 轴分量和 q 轴分量 i_{s}^{d} 和 i_{s}^{q} 作为电流控制器的参考值。

注意，电压边界条件（*）不能使用线性的 d 轴和 q 轴电感进行计算，而必须使用所谓的非线性关系 $\Psi_{\mathrm{s}}^{d}(i_{\mathrm{s}}^{d},i_{\mathrm{s}}^{q})$ 和 $\Psi_{\mathrm{s}}^{q}(i_{\mathrm{s}}^{d},i_{\mathrm{s}}^{q})$。根据式（10.3）可以得到基于非线性磁化曲线的电压边界条件如下：

框图 10.39

$$\frac{u_{\mathrm{s,max}}^{2}}{\omega_{k}^{2}} \geqslant \underbrace{L_{\mathrm{s}}^{q2} i_{\mathrm{s}}^{q2}}_{\Psi_{\mathrm{s}}^{q}(i_{\mathrm{s}}^{d},i_{\mathrm{s}}^{q})^{2}} + \underbrace{L_{\mathrm{s}}^{d^{2}}\ (i_{\mathrm{s}}^{d}+i_{\mathrm{f}})^{2}}_{\Psi_{\mathrm{s}}^{d}(i_{\mathrm{s}}^{d},i_{\mathrm{s}}^{q},i_{\mathrm{f}})^{2}}$$

其中，i_{f}只有在外励磁同步电机的情况下才会以显式的输入出现。

同理，也可对具有非线性铁心的异步电机模型进行类似的扩展和相应的调节。

习　题

1. 下页给出了基于不同设计思想的同步电机结构示意图。

1）请写出各个电机的具体名称。

2）请在各个电机结构图中补充 k－坐标系下的 d 轴和 q 轴方向。

3）请在各个电机结构图的下方给出 L_{s}^{d} 和 L_{s}^{q} 之间的关系。

4）请问哪些电机类型可以实现弱磁控制，哪些是不可能实现的？

5）请问不同电机类型之间的定子有什么差别？

6）请问定子和转子的极对数必须保持一致吗？

7）请绘出笼型异步电机和滑环式异步电机的结构示意图？请给出异步电机 L_{s}^{d} 和 L_{s}^{q} 之间的关系？

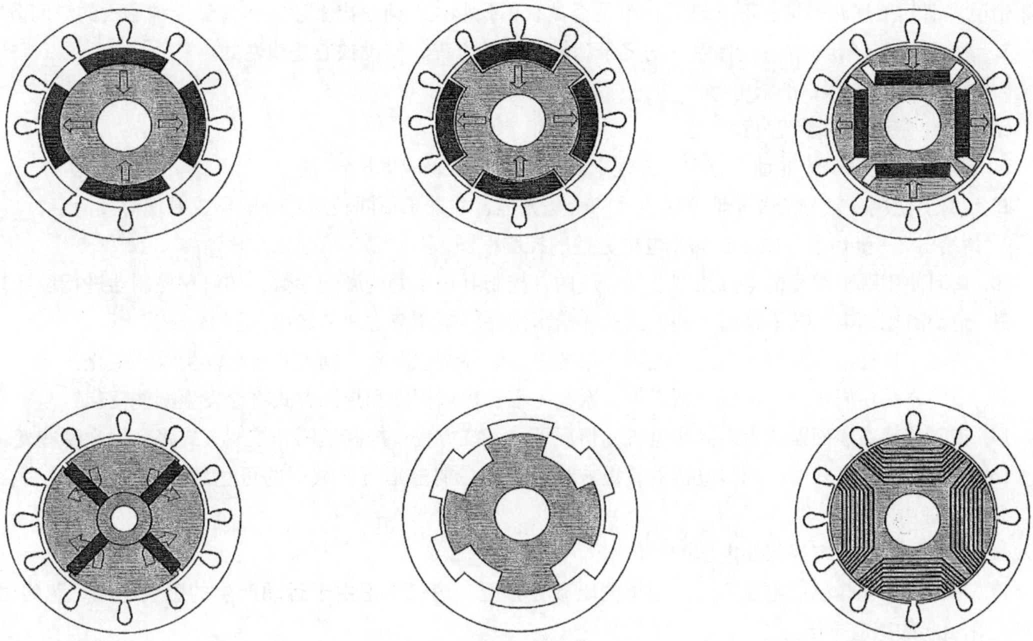

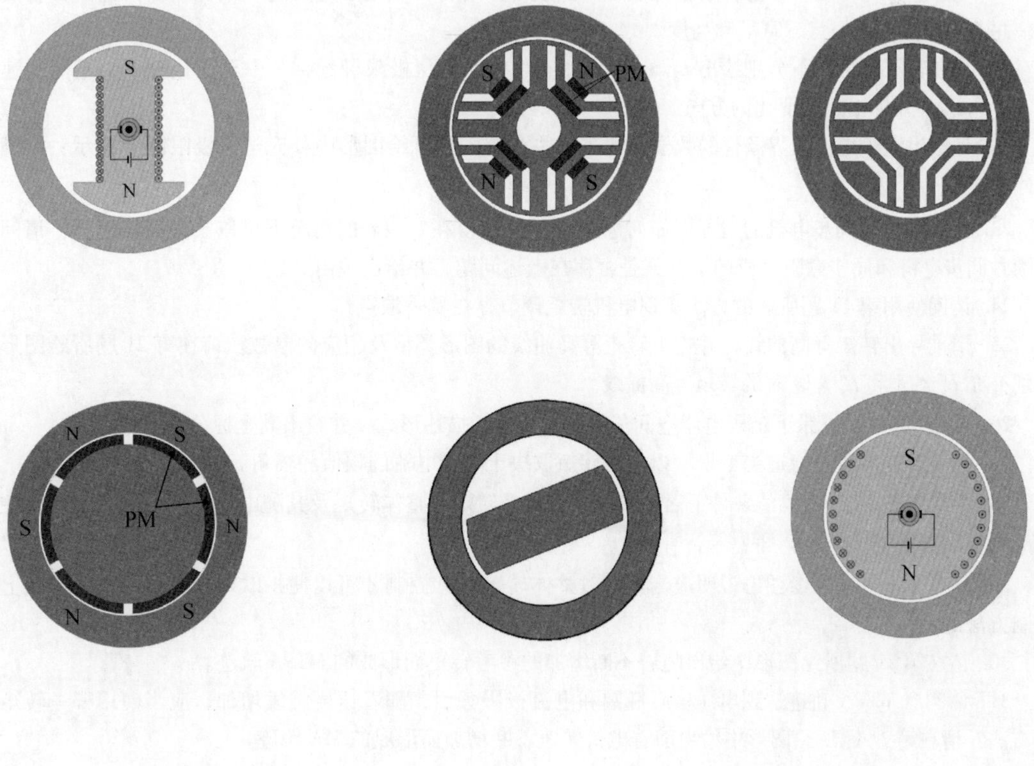
S
N
S
N
PM
N
S
N
S
PM
S
N
N
S
N
S
S
N

2. 请绘出转子定向坐标系下的外励磁凸极同步电机的简化示意图，其中转子的旋转角度为 $\varphi_k = 26.6°$。

3. 请在上一题所绘图形中继续绘出空间矢量分别为 $\boldsymbol{\Psi}_s^s = (1\text{Wb} \quad 0)^T$ 和 $\boldsymbol{\Psi}_s^s = (1\text{Wb} \quad 0.5\text{Wb})^T$ 的磁通分布情况。请问上述两种情况下的磁通分布是否具有正弦形式？请绘出上述空间矢量二维形式的空间分布。

4. 请推导出转子定向 k－坐标系下的定子和转子磁链方程，假设铁心是线性的。

5. 请给出上述方程中的漏电感。

6. 请给出定子侧的系统方程。

7. 请推导出定子电流的动态方程，方程中的哪些项表示感应电压？

8. 请给出使用 d 轴分量和 q 轴分量表示的转矩方程，并基于不同转矩部分的形成原理对其命名？

9. 请绘出 k－坐标系下的永磁同步电机完整的控制框图。

10. 请问使用哪种类型的电流控制器是合适的，控制器包含哪些影响参数，如何对控制器进行设计？

11. 请给出控制电机转矩最简单的方式，并给出这一转矩调节方法的名称。

12. 请问若是在永磁同步电机的情况下，系统方程、控制框图和控制方式将会发生哪些变化？

13. 请问若是在同步磁阻电机的情况下，系统方程、控制框图和控制方式将会发生哪些变化？

14. 请问若是在表面贴式永磁同步电机的情况下，系统方程、控制框图和控制方式将会发生哪些变化？

15. 请给出表面贴式永磁同步电机的转矩方程。请问在弱磁运行区域下的可达到的最大转矩是否会减小，并给出理由？

16. 请问为什么一定要限制电压的幅值？

17. 请列出仅包含感应电压部分的定子电压微分方程？请仅考虑由于运动产生的感应电压，忽略由于磁场变化引起的感应电压。

18. 请问对于外励磁同步电机来说，存在哪些可以实现弱磁的方法？请给出不同弱磁方法的优缺点，并思考哪一种方法适合用于电动车辆领域。

19. 请问对于永磁同步电机来说，存在哪些可以实现弱磁的方法？

20. 电压边界条件在转子坐标系下可以用椭圆表示。请将等效定子电压边界条件变换为椭圆方程的形式，并给出椭圆的中心点、宽度和高度。

21. 请在转子坐标系下分别绘出 $L_s^d > L_s^q$ 和 $L_s^d < L_s^q$ 时的电压极限椭圆，其中至少包含 3 个不同的速度 $\omega_1 < \omega_2 < \omega_3$，并标出速度变化的方向。

22. 请给出定子电流边界条件的数学表达式，并在上一题所绘图形中补充电流极限圆（提示：需满足条件 $|i_f| < i_{s,\max}$）。

23. 请问在永磁同步电机的情况下如何选择 Ψ_{PM}^d，使得在 $\omega \to \infty$ 的情况下可以实现弱磁运行？请问在外励磁同步电机和同步磁阻电机的情况下是否存在上述问题，并给出理由。

24. 请问使用第 11 题所述的方法实现电机转矩调节存在哪一缺点？

25. 请推导出转矩等高曲线，并指出转矩等高曲线的图形类型及相应的参数。请在第 21 题所绘图形中分别补充 $L_s^d < L_s^q$ 和 $L_s^d > L_s^q$ 时的转矩等高曲线。

26. 请绘出 k－坐标系下定子电流空间矢量 $\underline{i}_s^k$ 的极坐标描述形式，并给出其坐标分量形式。

27. 请对转矩方程进行适当变换，以使得转矩取决于定子电流的幅值和辐角。

28. 请绘出在 $|\underline{i}_s|$ 为恒值条件下磁阻转矩、洛伦兹转矩、整体转矩及其随电流角 β 的变化情况，注意区分以下两种情况：$L_s^d < L_s^q$ 和 $L_s^d > L_s^q$。

29. 请基于上一题所绘图形说明应当如何对整体转矩进行控制才可以使得欧姆损耗最小，并给出上述控制方法的名称。

30. 请在第 21 题所绘图形中给出随着不断增加的参考转矩而形成的 MTPA 轨迹。

31. 请问当 MTPA 轨迹达到电压极限椭圆和电流极限圆后，随着速度继续增加，应当使用哪一转矩调节方法？请在第 21 题所绘图形中给出随着电机转速不断增加而形成的 MA 轨迹。

32. 请问随着速度继续增加，电压极限椭圆将与电流极限圆在 d 轴处相切，则无法使用 MA 方法，所以在上述相切点之前应当选取哪一种新的转矩调节方法？请在第 21 题所绘图形中给出随着电机转速不断增加而形成的 MTPF 轨迹。请问当 $|i_f|$ 和 $i_{s,max}$ 存在何种数值关系时，则永远无法使用这一新的方法。

33. 请将满足电流和电压边界条件的 MTPA 方法使用一个优化问题进行描述。

34. 请绘出仅包含输入和输出的同步电机转矩调节框图。

35. 请绘出一种永磁同步电机的非线性 d 轴和 q 轴磁化曲线，其中，Ψ_s^d 仅由 i_s^d 励磁形成，Ψ_s^q 也仅由 i_s^q 励磁形成。

36. 请问在磁饱和状态下为什么会出现耦合（提示：使用示意图表明即可）？

37. 请问如何测量得到 $\Psi_s^d = f(i_s^d, i_s^q)$ 和 $\Psi_s^q = g(i_s^d, i_s^q)$？

38. 请问如何计算得到转矩？

39. 假如第 33 题描述的优化问题使用如下所示的算法：

1）基于表达式 $M = f(\underline{i}_s)$，对于所有离散步骤的测量值 $\underline{i}_s$ 得到以下查询表：

const double MeasuredTable [ ] =

M	i_s^d	i_s^q
⋮	⋮	⋮

2）*double filteredTable* [ ] = *MeasuredTable*。

3）删去 *filteredTable* 中所有满足以下条件的数值：

- $i_{s,max} \geqslant |\underline{i}_s|$
- $1 \geqslant \dfrac{i_s^{q2}}{\dfrac{u_{s,max}^2}{\omega^2 L_s^{q2}}} + \dfrac{(i_s^d + i_f)^2}{\dfrac{u_{s,max}^2}{\omega^2 L_s^{d2}}}$

4）从 *MeasuredTable* 选择出使得 $(M - M_{ref})^2$ 达到最大的 M。

5）输出 M 作为电流控制器的参考值。

请问上述算法中包含哪些错误，如何修正上述错误？如何进一步改善已经修改后的算法？

第11章

损耗最小化控制

第9章和第10章分别介绍了不同类型的转矩调节方法。最大转矩电流比控制通过调整定子电流 d 轴分量和 q 轴分量，以使得产生参考转矩所需的电流矢量幅值最小，也即单位电流产生最大转矩。然而，基于上述方法仅可使绕组欧姆损耗达到最小。本章将讨论其他类型的损耗，尤其是在高转速和强磁场条件下出现的铁耗，并在实现转矩调节时予以考虑，此时电流调整的目标是使得整体损耗达到最小，即损耗最小化控制（Loss Minimizing Control，LMC）。这一方法尤其适合于电动车辆，因为所产生的整体损耗将直接决定电动车辆的续驶里程及电池尺寸。

11.1 独立于驱动的损耗最小化

在对前述章节所介绍的转矩调节方法进行调整之前，首先介绍一些损耗最小化措施的一般概述。

11.1.1 电机效率 MAP 图

图 11.1 所示为一种电力驱动系统的效率 MAP 图，即 $\eta=f(\omega,M)$。

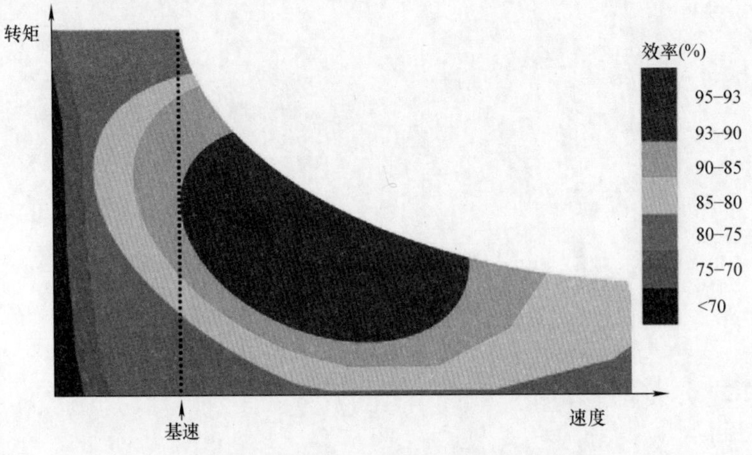

图 11.1 电力驱动系统的效率 MAP 图（见彩插）

图片来源：http：//www. posterus. sk/wp - content/uploads/p13578_03_obr03. png（bearbeitet）。

显然，上述效率 MAP 图很大程度上取决于所使用的转矩调节方法。理想情况下，驾驶员可以尝试操控车辆以使其尽可能运行在高效率的范围，实时效率数据可借助相应的仪器仪表进行可视化。

11.1.2　车辆行驶工况

图 11.2 所示为中国乘用车行驶工况[1]的工况曲线，它包括低速（Ⅰ）、中速（Ⅱ）和高速（Ⅲ）3 个速度区间，工况时长共计 1800s，具体详细信息可参考 GB/T 38146.1—2019。

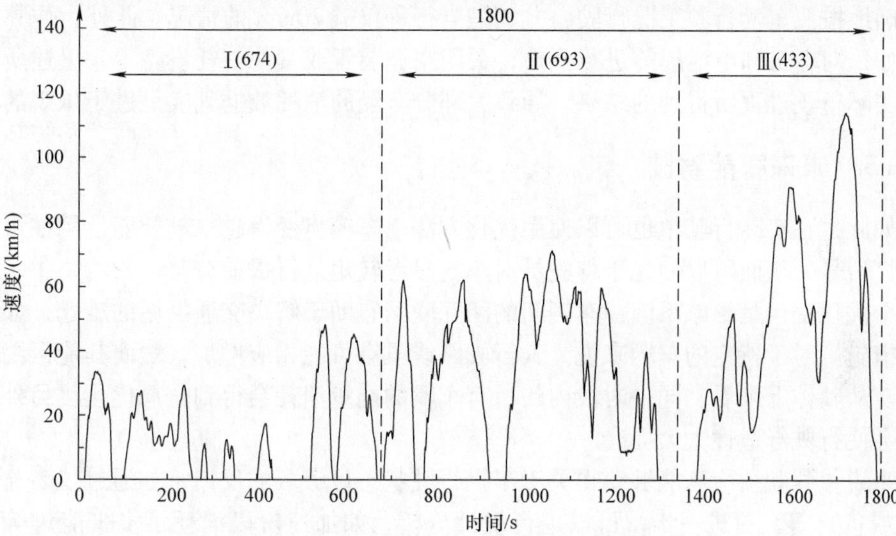

图 11.2　中国乘用车行驶工况的工况曲线

图 11.3 所示为欧洲车辆行驶工况的工况曲线，它适用于城市交通和高速公路交通。工况曲线给出的参考速度与车辆行驶速度之间的误差不应超过 ±5%，它用于在欧洲范围内确定和推算车辆的能耗。

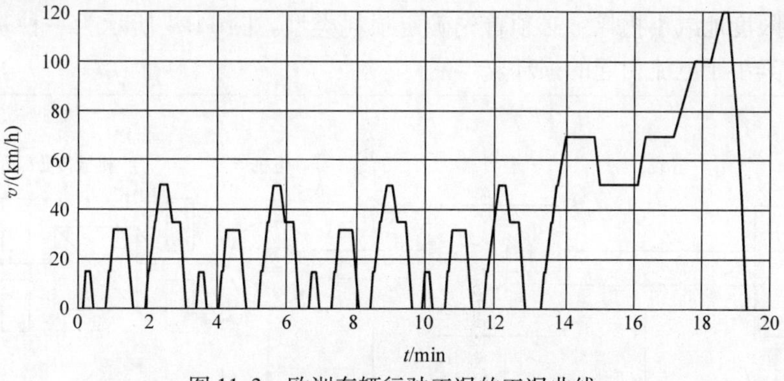

图 11.3　欧洲车辆行驶工况的工况曲线

图片来源：Thomas Hamacher 教授，电动车辆主题研讨会，能量经济与应用技术研究所，慕尼黑工业大学。

从能量消耗的角度来看，车辆始终以恒定的速度行驶是最理想的选择，因为加速过程需要消耗大量能量。上述情形也同样适用于可再生制动[2]的电动汽车：在电动运行和再生制动的情况下，其效率损失均为 $\eta_{Bat-Str} \approx 80\%$。

㊀ 行驶工况：行驶工况是针对某一类车辆（如乘用车、商用车、城市客车等），在特定交通环境下，用来描述车辆行驶特征的时间 - 速度曲线。

㊁ 再生制动：汽车滑行、减速或下坡时，将车辆行驶过程中的动能及势能转化或部分转化为车载可充电储能系统的能量存储起来的制动过程。

基于上述考虑不难想到，我们可以通过缩短车辆行驶工况的边界以使得加速过程用时最短，从而能量消耗也最小。此外，也可以将整体的车辆行驶工况作为附加约束条件用于优化整体硬件结构，以使得能量消耗最小。上述两种方式在工业中都有得到应用。

但存在的问题是：车辆是基于特定的车辆行驶工况进行优化的。然而，车辆在现实中几乎很难精确地按照车辆行驶工况行驶，尤其是当行程仅需 20min 的情况。此外，作弊也是允许的，例如，对电机和电池提前进行预热，关闭空调装置或其他消耗设备等。上述所有现象都会扭曲实际行驶过程所得到的结果，导致大部分车辆的消耗数据其实是过于乐观的。

11.1.3 未来智能驾驶

尽管如此，在实际行驶中也可以使用优化方法。车辆将变得越来越智能，例如可以自动识别红绿灯信号，从而可以领先于驾驶员对车辆参考转矩进行提前调整。

另一个优化变量是导航系统：车辆间的相互联网有助于解决交通拥堵的难题，如通过绕道行驶等措施。对于特定的车辆来说，其行驶路线虽有可能相应增加，然而其能量消耗并非一定增加。从整体上来看，同一时段内的所有车辆的能量消耗会得到全局优化。另外，避免交通拥堵会使行驶舒适性大大提升。

一般来说，驾驶员应当能够获得关于车辆行驶状态足够多的反馈，如通过仪表显示实时功率（正或负）等。更进一步，可以进行统计分析，如加速阶段消耗了多少能量等。上述措施不仅有助于市场营销、增加行驶乐趣，而且可以降低整体能耗。

11.2 电力驱动系统损耗

为了最大限度地减小损耗，必须首先确定损耗类型。图 11.4 所示为一种基于电池的电力驱动系统及其由电流引起的损耗。

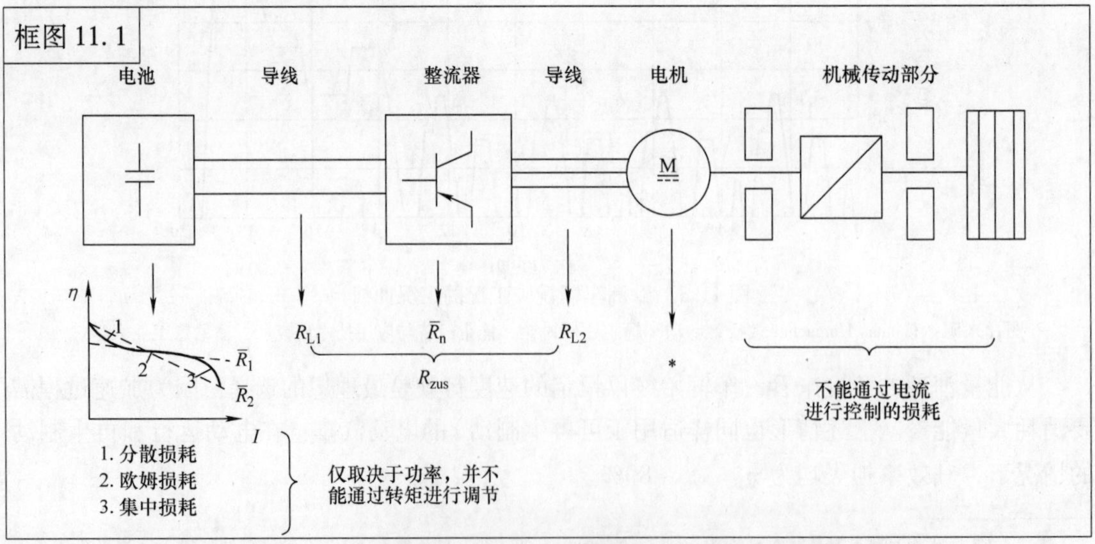

图 11.4 一种基于电池的电力驱动系统及其由电流引起的损耗

电池可以使用简单的电阻进行简化，此外，导线也可以使用电阻进行描述。处于导通状态下的变流器功率半导体器件同时存在开关损耗和欧姆损耗，由于开关损耗同样取决于电流的大小，因此变流器也可以近似简化为电阻来看待。

电机中的损耗虽说更为复杂，但是它在很大程度上是受转矩调节方法的影响，下面给出几种损耗类型：

- 框图 11.2

欧姆损耗（=铜耗）

- 框图 11.3

磁滞损耗（=铁耗）：

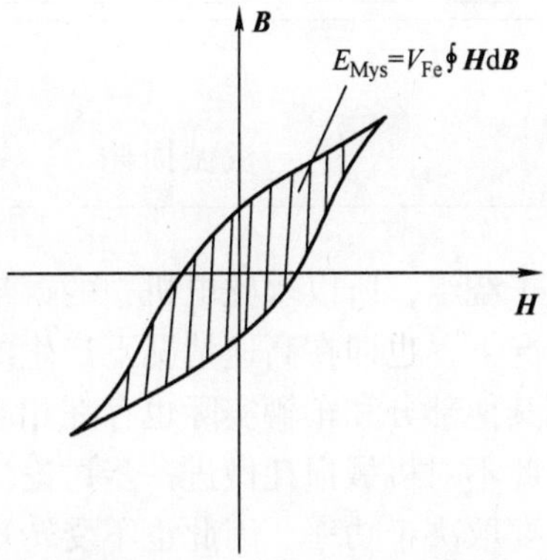

⇒ 根据 $\boldsymbol{B}=\hat{\boldsymbol{B}}\sin(2\pi ft)$，则有 $P_h \sim f$。显然，每一周期的能量损耗可以表示为$\hat{\boldsymbol{B}}$的非线性函数，因为 $\boldsymbol{B}-\boldsymbol{H}$ 面积取决于$\hat{\boldsymbol{B}}$。

⇒ 经验近似法则：$P_h=c_{h1}\hat{\boldsymbol{B}}^{c_{h2}}f$，其中，$c_{h1}$ 和 c_{h2} 均为经验常数。

- 框图 11.4

涡流损耗（=铁耗）：

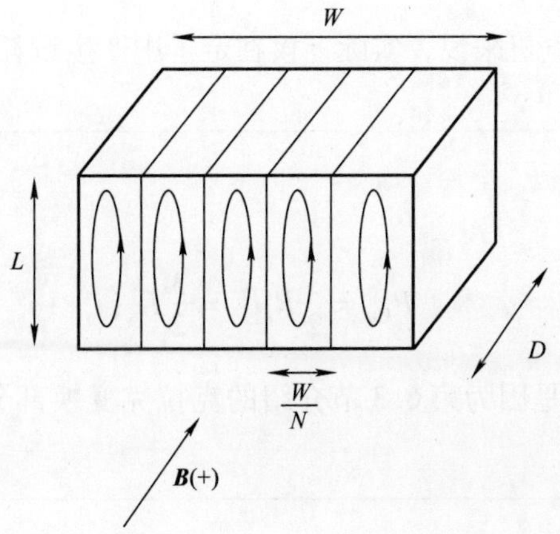

表达式如下：

$$P_{wi}=\frac{\pi^2 LDW^3\sigma_{\mathrm{Fe}}}{8N^2}\underbrace{f^2\hat{\boldsymbol{B}}^2}_{\text{平方项}}$$

式中，σ_{Fe}是铁心的电导率㊀。

- 框图 11.5

漏磁损耗（=铁耗）：由于电机分布式凹槽和分布式绕组所引起的高频空间气隙谐波，很难对其建模并求出解析解，所以通常使用经验方程。

- 框图 11.6

机械损耗

因为永磁电机仅存在定子绕组，所以永磁电机中的铜耗要小于其他类型的电机。相较于磁滞损耗和铜耗，在高频情况下，也即在高速情况下产生的涡流损耗将占据主导地位[3]。

电机、动力传动系统的其他部分和车辆实际也存在相当大的机械损耗，然而上述损耗并不受到转矩调节的影响，因此不对机械损耗做进一步讨论。此外，由于电池及其与变流器之间的连接导线形成的损耗主要取决于功率，因此也不受转矩调节的影响。

通过转矩调节可以影响的仅包括电机损耗、变流器损耗及二者之间的导线损耗。变流器损耗以及变流器与电机之间的导线损耗可以通过额外增加的定子电阻 R_{zus} 进行等效并对其建模。因此，接下来仅进一步讨论电机部分。

11.3 LMC - 非外励磁同步电机

11.3.1 损耗建模

对于非外励磁同步电机来说，实际上仅在定子中产生铜耗和铁耗，并可以通过下述方式进行建模或近似：

- 框图 11.7

铜耗：

$$P_{\mathrm{Cu}}=\frac{3}{2}R_{\mathrm{s}}\underline{\boldsymbol{i}}_{\mathrm{s}}^{k^2}=\frac{3}{2}R_{\mathrm{s}}(i_{\mathrm{s}}^{d^2}+i_{\mathrm{s}}^{q^2})$$

其中，使用系数$\frac{3}{2}$是因为第 6.3 节介绍的克拉克变换部分使用了系数$\frac{2}{3}$，以此反应真实能量情况。

㊀ 电导率：标量或张量，在介质中该量与电场强度之积等于传导电流密度。对于各向同性介质，电导率是标量；对于各向异性介质，电导率是张量。

- 框图 11.8

磁滞损耗和涡流损耗（经验公式）：

$$P_{\mathrm{Fe}}=c_{\mathrm{Fe1}}\omega_k^{c_{\mathrm{Fe2}}}\underline{\boldsymbol{\Psi}}_{\mathrm{s}}^{k^2}=c_{\mathrm{Fe1}}\omega_k^{c_{\mathrm{Fe2}}}\left(\boldsymbol{\Psi}_{\mathrm{s}}^{d^2}+\boldsymbol{\Psi}_{\mathrm{s}}^{q^2}\right)$$

式中，c_{Fe1}、c_{Fe2}的取值范围为1.5～1.6。

- 框图 11.9

漏磁损耗（经验公式）：

$$P_{\mathrm{Str}}=c_{\mathrm{Str}}\omega_k^2\underline{\boldsymbol{i}}_{\mathrm{s}}^{k^2}=c_{\mathrm{Str}}\omega_k^2\left(i_{\mathrm{s}}^{d^2}+i_{\mathrm{s}}^{q^2}\right)$$

将上述三种不同类型的损耗表达式相加即可得到整体损耗：

框图 11.10

$$\begin{aligned}P_{\mathrm{V}}&=P_{\mathrm{Cu}}+P_{\mathrm{Str}}+P_{\mathrm{Fe}}\\&=\frac{3}{2}R_{\mathrm{s}}\left(i_{\mathrm{s}}^{d^2}+i_{\mathrm{s}}^{q^2}\right)+c_{\mathrm{Str}}\omega_k^2\left(i_{\mathrm{s}}^{d^2}+i_{\mathrm{s}}^{q^2}\right)+\\&\quad c_{\mathrm{Fe1}}\omega_k^{c_{\mathrm{Fe2}}}\left(\boldsymbol{\Psi}_{\mathrm{s}}^{d^2}+\boldsymbol{\Psi}_{\mathrm{s}}^{q^2}\right)\\&=\left(\frac{3}{2}R_{\mathrm{s}}+c_{\mathrm{Str}}\omega_k^2\right)\left(i_{\mathrm{s}}^{d^2}+i_{\mathrm{s}}^{q^2}\right)+\\&\quad c_{\mathrm{Fe1}}\omega_k^{c_{\mathrm{Fe2}}}\left(\boldsymbol{\Psi}_{\mathrm{s}}^{d^2}(i_{\mathrm{s}}^d,i_{\mathrm{s}}^q)+\boldsymbol{\Psi}_{\mathrm{s}}^{q^2}(i_{\mathrm{s}}^d,i_{\mathrm{s}}^q)\right)\\&=f(i_{\mathrm{s}}^d,i_{\mathrm{s}}^q,\omega_k)\end{aligned}$$

需要指出的是，上述模型由于使用了基于经验获取的系数而具有一定程度的不精确性。另外一种可选方案是测量不同（i_{s}^d，i_{s}^q，ω_k）组合所对应的损耗值并将其存储在查询表中。

11.3.2　数学描述

损耗最小化问题可通过下述数学方式描述：

框图 11.11

$$\min_{i_{\mathrm{s}}^d,i_{\mathrm{s}}^q}P_{\mathrm{V}}\ (i_{\mathrm{s}}^d,\ i_{\mathrm{s}}^q,\ \omega_k)$$

满足：

$$i_{\mathrm{s,max}}\geqslant\left|\underline{i}_{\mathrm{s}}\right|$$

$$\frac{u_{\mathrm{s,max}}^2}{\omega_k^2}\geqslant\psi_{\mathrm{s}}^q(i_{\mathrm{s}}^d,i_{\mathrm{s}}^q)^2+\boldsymbol{\Psi}_{\mathrm{s}}^d(i_{\mathrm{s}}^d,i_{\mathrm{s}}^q)^2$$

$$M_{\mathrm{ref}}=\frac{3}{2}p\left(i_{\mathrm{s}}^q\boldsymbol{\Psi}_{\mathrm{s}}^d(i_{\mathrm{s}}^d,i_{\mathrm{s}}^q)-i_{\mathrm{s}}^d\boldsymbol{\Psi}_{\mathrm{s}}^q(i_{\mathrm{s}}^d,i_{\mathrm{s}}^q)\right)$$

11.3.3 离线求解

上述优化问题可使用类似于第 10.5 节中的数值算法进行求解。因此，可以得到具有下述形式的相对较大的查询表：

框图 11.12

$$\begin{pmatrix} i_s^d \\ i_s^q \end{pmatrix} = \underline{f}(M_{ref}, \omega_k)$$

图 11.5 所示为永磁同步电机在不同速度下随转矩参考值变化对应的最优定子电流 d 轴分量和 q 轴分量变化趋势。

框图 11.13

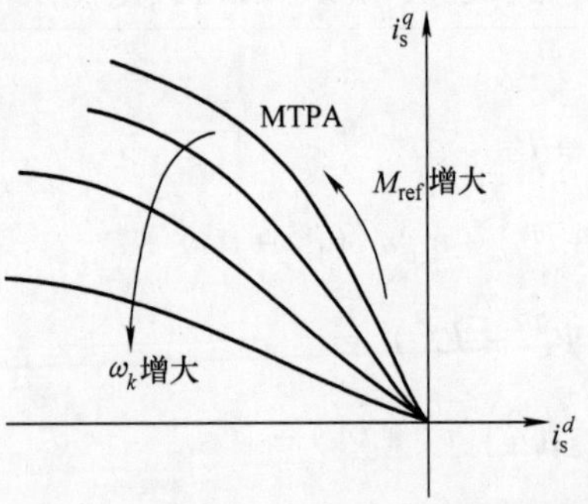

图 11.5 永磁同步电机在不同速度下随转矩参考值变化对应的最优定子电流 d 轴分量和 q 轴分量变化趋势

图 11.6 所示为使用损耗最小化控制的永磁同步电机实际起动过程测量结果。

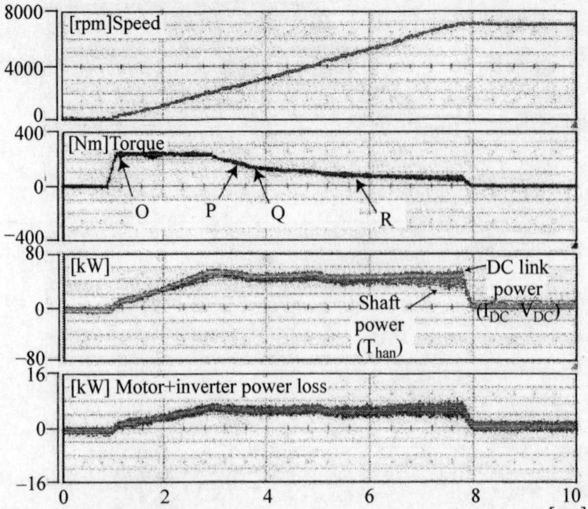

a)

图 11.6 使用损耗最小化控制的永磁同步电机实际起动过程测量结果[3]

a）测量值随时间变化的曲线

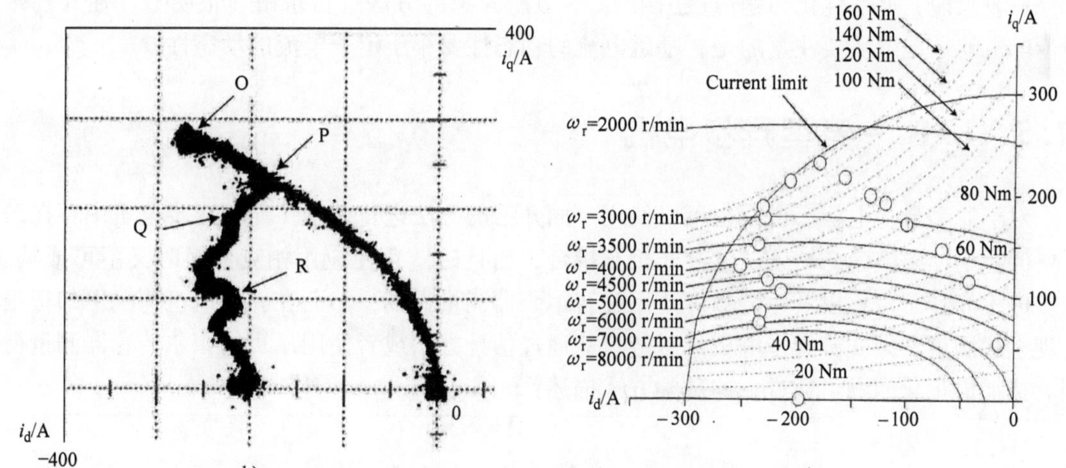

b) c)

图 11.6 使用损耗最小化控制的永磁同步电机实际起动过程测量结果[3]（续）

b）测量的电流轨迹 c）计算的电流轨迹

11.3.4 在线求解

上面介绍的离线求解方法基于损耗模型或测量数据。根据损耗模型的定义可知，所建立的模型并不具有精确性。此外，测量数据也是基于特定制造年份的特定电机在规定的环境条件下而得到，上述条件在实际电机运行中也很难准确符合。因此，离线求解一般并非是最优的方案。

还存在一种在运行过程中实时寻找最优定子电流 d 轴分量和 q 轴分量的方案：首先，使用离线计算获得的查询表进行初步近似；接下来沿着实时的转矩等高曲线（取决于参考转矩）以较小的步长逐渐改变定子电流 d 轴分量和 q 轴分量；与此同时需要观察的是，上述变化是否能够得到更小的总功率，如果可以，则沿着转矩等高曲线以相同的方向继续变化，否则，需沿着转矩等高曲线相反的方向变化；当确定最优值后，即可更新查询表。上述方案也称为最小功率点追踪，类似于光伏技术中使用的最大功率点追踪（Maximum Power Tracking，MPT）。

11.4 LMC－外励磁同步电机

外励磁同步电机由于使用了可调节励磁电流 i_f 的励磁绕组而额外增加了一个自由度。因此，损耗最小化问题可进一步扩展为

框图 11.14

$$\min_{i_s^d, i_s^q, i_f} P_V(i_s^d, i_s^q, i_f, \omega_k)$$

满足：

$$i_{s,\max} \geqslant |\underline{\boldsymbol{i}}_s|$$

$$i_{f,\max} \geqslant |i_f|$$

$$\frac{u_{s,\max}^2}{\omega_k^2} \geqslant \boldsymbol{\Psi}_s^q(i_s^d, i_s^q, i_f)^2 + \boldsymbol{\Psi}_s^d(i_s^d, i_s^q, i_f)^2$$

$$M_{ref} = \frac{3}{2} p\left(i_s^q \boldsymbol{\Psi}_s^d(i_s^d, i_s^q, i_f) - i_s^d \boldsymbol{\Psi}_s^q(i_s^d, i_s^q, i_f)\right)$$

一般来说，上述优化问题可使用第 11.3 节所介绍的方法进行求解。很明显，在外励磁同步电机的情况下需要注意的是，励磁电流的动态性要小于定子电流的动态性。

11.5 LMC－笼型异步电机

对于笼型异步电机来说，也可以使用上面介绍的方法进行处理。笼型异步电机中存在的主要问题是，**磁链角与转子位置并非相互耦合**，而且磁链角在应用帕克变换时又不可或缺。同步电机的转子位置以及磁链角可使用旋转编码器测量得到，然而在异步电机情况下却很难实现上述测量。因此，异步电机的磁链只能通过估计方法或者使用昂贵的霍尔传感器测量得到。损耗最小化问题可通过下述数学方式描述：

框图 11.15

$$\min_{i_s^d, i_s^q} P_V(i_s^d, i_s^q, \omega_k)$$

满足：

$$i_{s,\max} \geqslant |\underline{i}_s|$$

$$\frac{u_{s,\max}^2}{\omega_k^2 L_s^2} \geqslant \sigma^2 i_s^{q2} + i_s^{d2}$$

$$\Psi_{r,\min}^d \leqslant \Psi_r^d = L_M i_s^d$$

$$M_{ref} = \frac{3}{2} p \frac{L_M^2}{L_r} i_s^q i_s^d$$

此外，定子电流 d 轴分量以及 d 轴磁链的动态性要明显慢于定子电流 q 轴分量的动态性。

图 11.7 所示为笼型异步电机在恒定磁链控制（图 11.7a）和损耗最小化控制（图 11.7b）

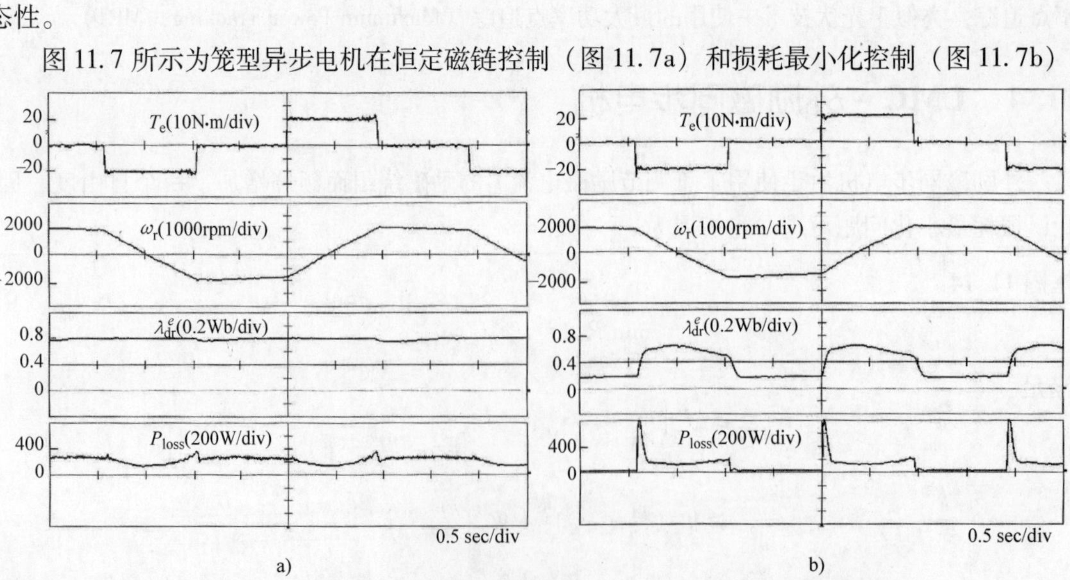

图 11.7 笼型异步电机在恒定磁链控制和损耗最小化控制下的时间过程曲线[3]

下得到的试验结果。由图可知，在恒定速度情况下，损耗最小化控制体现出相对明显的优势。此外，在怠速运行时也未将磁链调节至零，因此磁链角是可以测量或者估计的。

习　题

1. 请问基于电池的电力驱动系统的损耗有可能出现在哪些部位？请使用简图进行具体说明。

2. 请问电机中通常会出现哪几种损耗？请分别列出并进行简单说明。

3. 请问对于笼型异步电机和同步磁阻电机这两种电机类型来说，哪一种出现的损耗更高一些？请给出理由。

4. 请问哪些类型的损耗会受到转矩调节方法的影响，哪些是不受转矩调节方法的影响？请给出理由。

5. 请问损耗最小化控制包含哪些缺点？

6. 请问电机使用最大转矩电流比控制可以减少哪一种类型的损耗？

7. 请给出非外励磁同步电机的整体损耗表达式。

8. 请给出非外励磁同步电机损耗最小化控制的数学描述。

9. 请给出外励磁同步电机损耗最小化控制的数学描述。

10. 请分别给出笼型异步电机考虑线性铁心和非线性铁心两种情况下的损耗最小化控制数学描述。

11. 请给出解决上述损耗最小化控制问题的离线算法，并给出在永磁同步电机情况下得到的优化结果示意图。请问如何应用上述结果？

12. 请问基于第 11 题中的优化结果如何实现在线求解？

13. 请问在线求解方案具有哪些优点和缺点？

14. 请问还有哪些可能的方案可以解决损耗最小化控制问题？

15. 请问损耗最小化控制是否可以应用于直流电机？如果可以的话，请问是哪一种类型的直流电机，又该如何实现？

第12章

无速度传感器控制

为了能够控制被控对象某一固定的状态变量（如转速），必须借助于传感器测量这一状态变量并将其反馈给控制器，从而让控制器知晓应当如何确定其输出变量（如转矩）的方向及大小。如果上述状态的测量实际上是行不通的，或者需要付出更多的精力和成本，则需要考虑能够避免使用传感器的方案。所需测量值将基于系统仍然保留的传感器和控制器的输出变量以软件算法的形式计算得到。**无传感器控制并非意味着省去所有的传感器**，而是试图省去最昂贵和最难以实现的传感器。特别是对于汽车行业来说，由于汽车的原件组成数量庞大，这样的节约机会当然是被欣然接受的。此外，使用基于软件算法的传感器（简称软件传感器）也可用于检测传感器的故障并暂时代替故障的传感器，如此整个系统则更具有鲁棒性。在电力驱动的情况下，仅使用电流传感器而省去磁通传感器和速度编码器的方案是可行的。由于省去了测量速度的传感器，上述方法通常被称为无速度传感器控制。

12.1 传感器类型

在讨论无速度传感器控制方法之前，先对电力驱动中常用的传感器类型进行简要概述。传感器的定义已在第 8 章中给出，简单来说，**传感器的任务是将所需的物理量转化为数字电压信号**。多数情况下，首先将所需的物理量转化为电压等级为 5V 的模拟电压信号，并且与数字处理器之间相互隔离；接下来，再借助于模数转换器对上述模拟电压信号进行数字化处理。

12.1.1 电压传感器

电机磁场定向控制方法本身并不需要电压传感器，然而，电压传感器可以改善控制和估计效果。此外，永磁同步电机的反电动势呈正弦波形，一般采用磁场定向控制；然而，无刷直流电机㊀的反电动势呈梯形，一般采用梯形换相控制，从而通常需要电压传感器。为了实现中间直流电压及电池控制，以及额外的分析和保护功能，通常需要对中间直流电压进行测量，所以很少省去电压传感器。实现电压测量最简单的方法是使用分压器。然而，即使较小的差分电压通过分压器更小的电阻时也会产生对数字处理器来说无法承受的电压。一般来说，电压必须以电隔离的方式传输到数据处理部分，从而可以提供额外的保护。

12.1.2 电流传感器

有多种不同的方法可以测量电流，以下是工业中最为常见的几种类型：

㊀ 无刷直流电机：驱动电流为矩形波的永磁无刷电机。永磁无刷电机是根据转子位置信息，通过电子电路进行换相或电流控制的永磁电机。

- 分流电阻器（具有尽可能小的温度系数）：将分流电阻器接入待测的电流闭环，其电压降与电流大小成正比。市面上有不同制造厂商生产的分流器模块，图 12.1 所示为一种分流器模块的实物图，其中包含了可实现电压隔离和其他任务的集成电路。其优点是结构简单；缺点是 R_{Shunt}越大，损耗越大，但是噪声越小，另外，根据传感器安装位置需要进行电气隔离。

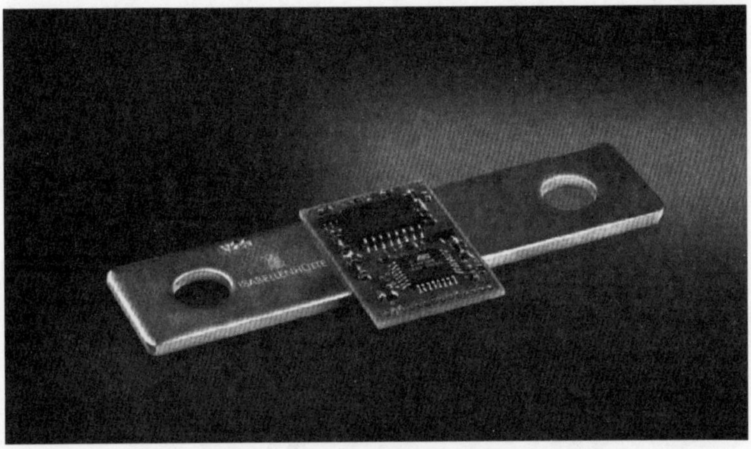

图 12.1 带有集成电路的分流器模块实物图

图片来源：http：//www. bauteilversand. de/fileadmin/PDF – FILES/messtechnik/flyer/imc – flyer. pdf

- 霍尔式传感器[1]：霍尔式传感器被放置在 C 型磁铁中，待测的导线穿过磁铁。最简单的情况下，霍尔电压可直接由传感器输出，且其数值与导线中的电流成正比。

其优点是结构简单，无需切断电流闭环且几乎不存在损耗；缺点是非线性和温度灵敏性高。

- 磁阻式传感器[2]：磁阻式传感器需要使用磁阻材料，其电阻值取决于磁场。此类型传感器的使用方式类似于霍尔式传感器，区别是所测量的是电阻而非霍尔电压。

对于三相电机来说，在不同的位置可能需要相应的电流传感器。一般来说，只需测量三相电流中的两相即可实现控制功能，因为星形联结的第三相电流可通过其他两相电流推算得出。为了能够检测某些故障，还需在其他位置使用电流传感器。

电流传感器是必不可少的。电流传感器与安全密切相关，因为过高的电流会损坏电机和电力电子器件等设备。目前市面上的电流传感器成本也较为低廉且容易购买。

12.1.3 磁链传感器

霍尔式传感器也可用作磁链传感器，需将其安装在电机的气隙部位。图 12.2 所示为实现定子磁链测量的传感器安装方式。

当然，也可以将 3 个磁链传感器以空间相互间隔 120°的电角度安装在定子侧，然后使用克拉克变换即可得到定子磁通空间矢量。很明显，图 12.2 所示的安装方式所需成本相对

[1] 霍尔式传感器：利用霍尔效应，将被测量变化转换成可用输出信号的传感器。

[2] 磁阻式传感器：利用磁阻效应，将被测量变化转换成可用输出信号的传感器。

较少。对于异步电机转子磁场定向控制方式来说，还需根据定子磁链计算转子磁链。为此，需将第 6.7 节中的定子磁链方程向$\underline{i}_r$ 侧进行变换，见框图 12.2。

框图 12.1

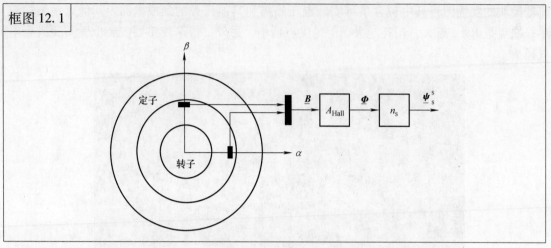

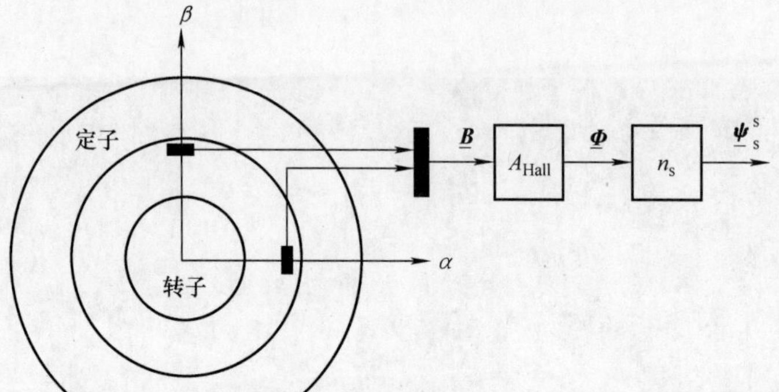

图 12.2　实现定子磁链测量的传感器安装方式

框图 12.2

$$\underline{\boldsymbol{\Psi}}_s^s = L_s\underline{\boldsymbol{i}}_s^s + L_M\underline{\boldsymbol{i}}_r^s$$

$$\Leftrightarrow \frac{\underline{\boldsymbol{\Psi}}_s^s - L_s\underline{\boldsymbol{i}}_s^s}{L_M} = \underline{\boldsymbol{i}}_r^s$$

然后代入转子磁链方程，并进行适当变换可得：

框图 12.3

$$\begin{aligned}
\underline{\boldsymbol{\Psi}}_r^s &= L_r\underline{\boldsymbol{i}}_r^s + L_M\underline{\boldsymbol{i}}_s^s \\
&= L_r\frac{\underline{\boldsymbol{\Psi}}_s^s - L_s\underline{\boldsymbol{i}}_s^s}{L_M} + L_M\underline{\boldsymbol{i}}_s^s \\
&= \frac{L_r}{L_M}\underline{\boldsymbol{\Psi}}_s^s - \frac{L_sL_r}{L_M}\underline{\boldsymbol{i}}_s^s + L_M\underline{\boldsymbol{i}}_s^s \\
&= \frac{L_r}{L_M}\underline{\boldsymbol{\Psi}}_s^s + \left(L_M - \frac{L_sL_r}{L_M}\right)\underline{\boldsymbol{i}}_s^s \\
&= \frac{L_r}{L_M}\underline{\boldsymbol{\Psi}}_s^s + \frac{L_r}{L_M}\left(\frac{L_M^2}{L_r} - L_s\right)\underline{\boldsymbol{i}}_s^s \\
&= \frac{L_r}{L_M}\left[\underline{\boldsymbol{\Psi}}_s^s + L_s\underbrace{\left(\frac{L_M^2}{L_rL_s} - 1\right)}_{-\sigma}\underline{\boldsymbol{i}}_s^s\right] \\
&= \frac{L_r}{L_M}\left(\underline{\boldsymbol{\Psi}}_s^s - L_s\sigma\underline{\boldsymbol{i}}_s^s\right)
\end{aligned}$$

用于克拉克变换的磁链角表达式如下：

框图 12.4

$$\varphi_k = \arctan_2\left(\frac{\Psi_r^\beta}{\Psi_r^\alpha}\right)$$

磁链传感器和下文将要讲述的传感器类型是可以使用软件传感器进行替代的。

12.1.4　转速传感器

过去通常使用所谓的**测速发电机**[1]来实现转速测量。顾名思义，测速发电机是一种小型电机，其输出的感应电压信号与转速成正比关系。因此，测速发电机的转子与电机轴相互连接。目前，测速发电机很少投入使用，因为它无法提供与位置有关的信息（帕克变换所需的信息），取而代之的是位置传感器，其位置信号对时间的导数即可用于确定转速。

12.1.5　位置传感器

下面给出最为重要的两种位置测量方式。

1. *旋转变压器*[2]

图 12.3 所示为正余弦旋转变压器[3]工作原理图。

框图 12.5

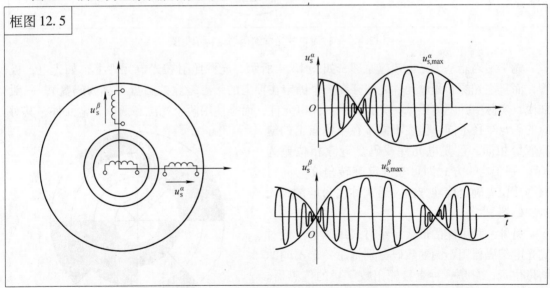

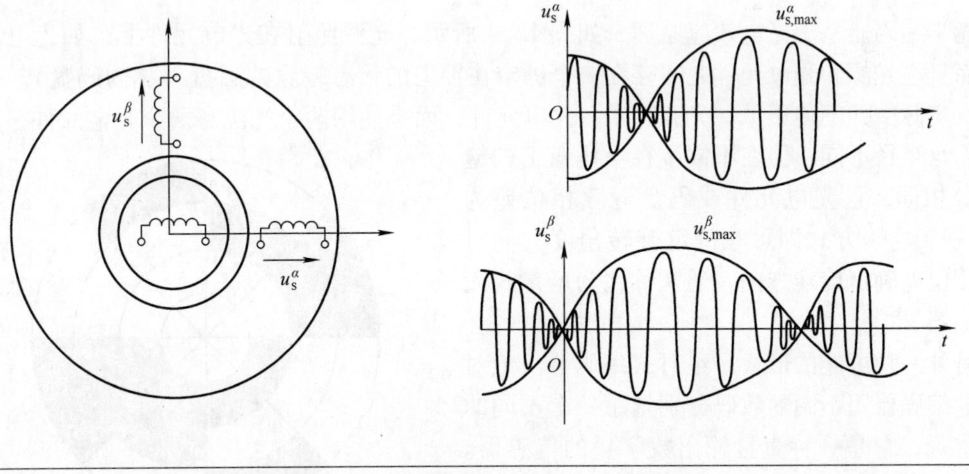

图 12.3　正余弦旋转变压器工作原理图

旋转变压器实际上类似于小型的外励磁同步电机，其中定子侧包含 α 相绕组和 β 相绕

[1] 测速发电机：将转速转换成电信号的检测元件，输出的信号（电压或频率）与转速成正比关系。某些测速发电机输出信号还能反映转向。

[2] 旋转变压器：以可变耦合变压器原理工作的交流控制电机。它的副方（次级）输出电压与转子转角呈确定的函数关系。

[3] 正余弦旋转变压器：副方（次级）输出电压与转子转角呈正弦和余弦函数关系的旋转变压器。

组，转子侧包含励磁绕组。通常在励磁绕组中感应得到高频电流，当然，也可使用类似变压器原理将高频电流传递至转子侧。定子侧两相绕组即可测量得到取决于转子信号的感应电压，其幅值取决于转子的位置，如图 12.3 的包络信号所示。最后，位置角可由定子侧两相绕组中感应电压的幅值确定，表达式如下：

框图 12.6

$$\varphi_m = \arctan_2\left(\frac{U^{\beta}_{s,\max}}{U^{\alpha}_{s,\max}}\right)$$

2. 光学编码器⊖

图 12.4 所示为一种简单的光学编码器结构示意图。

框图 12.7

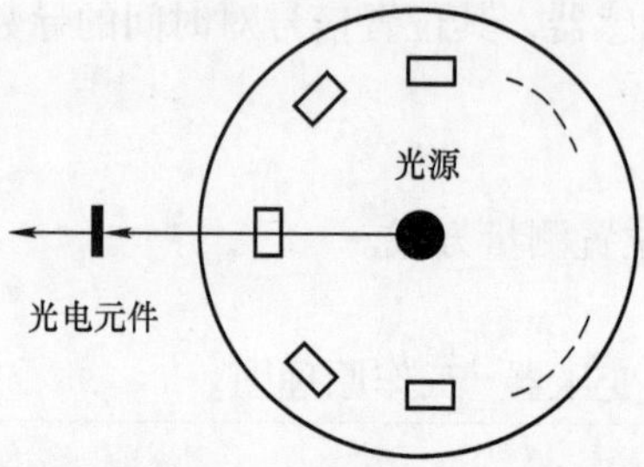

图 12.4　一种简单的光学编码器结构示意图

光学编码器基于光电效应原理，如图 12.4 所示，光源照射在光电元件上，如光电二极管，而且在光源和光电元件之间存在一个固定在轴上的带有缝隙的圆盘（称为码盘）。一般来说，实际中并不使用单一光源和单一光电元件，而是使用两个光源和两个光电元件，其对应的码盘半径不同，但在不同半径下码盘上的缝隙数量相同，且光电元件或码盘缝隙相位差为 90°。基于这一方式即可在确定旋转角度的同时根据相位差确定旋转方向，通常称之为增量式光电编码器。

另外一种可能的形式是绝对式编码器。绝对式光电编码器用不同的数码分别指示每个不同的增量位置，它是一种直接输出数字量的传感器。在它的圆形码盘上沿径向有若干同心码道，码盘上的码道数就是它的二进制数码的位数，在码盘的一侧是光源，另一侧对应每一码道有一光电元件。当码盘处于不同位置时，各光电元件根据受光照与否转换出相应的电平信号，形成二进制数。图 12.5 所示为 3 位二元码盘示意图。

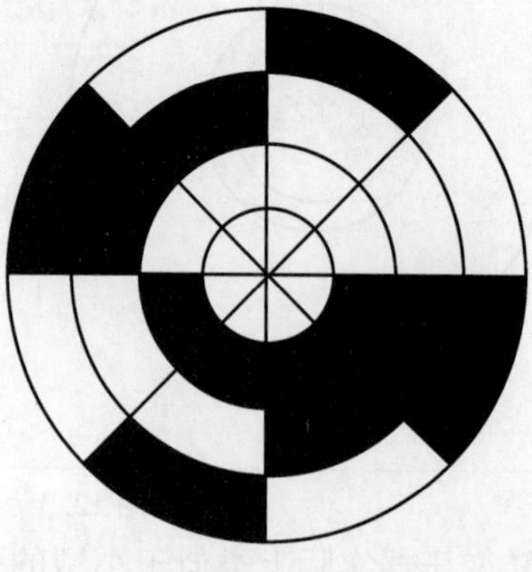

图 12.5　3 位二元码盘示意图

图片来源：http://upload.wikimedia.org/wikipedia/commons/thumb/0/0b/Encoder_disc_%283-Bit_binary%29.svg/2000px-Encoder_disc_%283-Bit_binary%29.svg.png

⊖ 光学编码器：按光电效应原理工作的编码器。

12.1.6　温度传感器

温度传感器[1]可用于监测，也用于电流限幅控制。最简单的温度传感器类型是 **PTx 型热电阻温度传感器**（PT100、PT1000 等），其中 x 表示在标准温度下的电阻值。温度传感器还可以选用具有正温度系数或负温度系数的热敏电阻。图 12.6 所示为几种不同的 PT100 型热电阻温度传感器实物图。

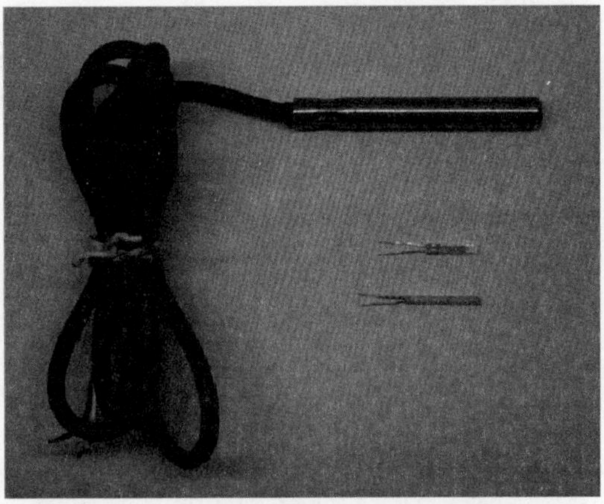

图 12.6　几种不同的 PT100 型热电阻温度传感器实物图

对于数字硬件来说，即使采用模数转换器也无法测量电阻值，它只能测量电压值。因此，必须将电阻值转化为模拟电压值。例如，上述转换可以通过惠斯通电桥得以实现。一般来说，温度传感器价格低廉。显然，电机中温度传感器的安装位置问题较为棘手。温度传感器可以测量其安装位置附近的温度，然而电机的最高温度并非一定位于其安装位置。根据电机模型及数值算法并结合固定位置安装的温度传感器可以确定电机最高温度。

12.2　估计器

估计器的使用可作为软件传感器的一种实现方式。估计器可通过模型方程的变换得到，一般来说，方程左侧为待估计变量，方程右侧包含实际测量的变量。

12.2.1　引例：直流电机的速度估计

此处选取直流电机的速度估计作为一个简单的引例。为此，将第 5.2 节中的直流电机模型向速度侧 ω 进行变换可得：

框图 12.8

$$U_a = R_a I_a + L_a \dot{I}_a + U_i \qquad U_i = c\Psi\omega \qquad \Psi = L_f I_f$$

$$U_a = R_a I_a + L_a \dot{I}_a + cL_f I_f \omega$$

$$\Leftrightarrow \hat{\omega} = \frac{U_a - R_a I_a - L_a \dot{I}_a}{cL_f I_f}$$

基于上述方式虽可省去速度传感器，但是必须构造电枢电流的导数 $\dot{I}_a$，且需借助于滤波

[1] 温度传感器：能感受温度并转换成可用输出信号的传感器。

器才得以实现，因此估计值并不准确。接下来使用带有^符号的变量表示估计量。

12.2.2 微分器和积分器调整

估计器模型方程的右侧通常包含所测变量的时间导数或积分。由于微分器的噪声放大特性，通常需结合使用滤波器才得以实现数值求导。图 12.7 中的蓝色线条表示微分器的伯德图㊀。

框图 12.9

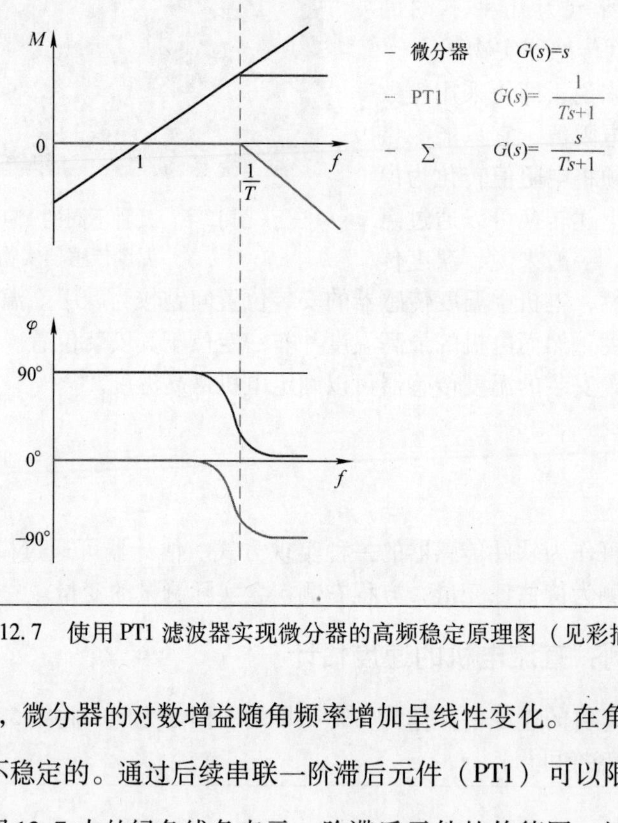

图 12.7 使用 PT1 滤波器实现微分器的高频稳定原理图（见彩插）

由图 12.7 可知，微分器的对数增益随角频率增加呈线性变化。在角频率无限大的极端情况下，微分器是不稳定的。通过后续串联一阶滞后元件（PT1）可以限制角频率$\frac{1}{T}$之后的微分器对数增益。图 12.7 中的绿色线条表示一阶滞后元件的伯德图，红色线条表示微分器与一阶滞后元件串联后的伯德图。因此，微分器实际上转化为一个高通滤波器。由于时间常数㊁等于增益交越角频率㊂的倒数，即 $T=\frac{1}{f_0}$，所以$\frac{1}{T}$被认为是上述估计器在误差范围为 -3dB可以正常运行的最大角频率。图 12.8 所示为经上述调整后的微分器框图。

㊀ 伯德图：在对数坐标上表示对数增益和相角与角频率之间函数关系的组合图解，也称为频率响应特性图。

㊁ 时间常数：对于按指数形式增大或衰减而趋于一常量数值的量，存在的一个时间间隔，在该时间间隔终点，该常量数值与该量之差的绝对值已减小到这一时间间隔起点时两者之间的绝对值的 e^{-1}，e 为自然对数的底。在控制技术中，时间常数通常来自一阶滞后元件的阶跃响应，它是达到阶跃响应稳态值的 63.2% ［即 $(1-e^{-1})$ 倍］所需的时间间隔长度。

㊂ 增益交越角频率：开环增益响应值为 1 处的角频率。

框图 12.10

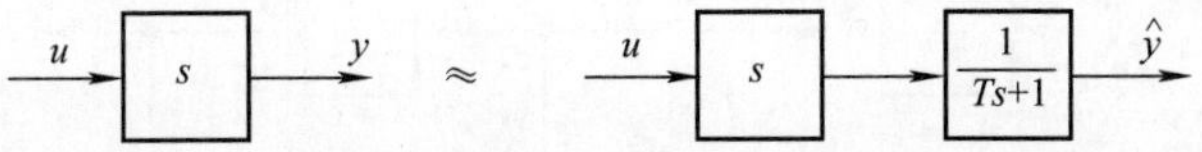

图 12.8　经调整后的微分器框图

对于积分器来说，情况正好相反：即使是微小的偏移也会在短时间内强烈影响结果的准确性，原则上来说是无法消除的。图 12.9 所示的伯德图可以清晰地表明上述特性的原因。

框图 12.11

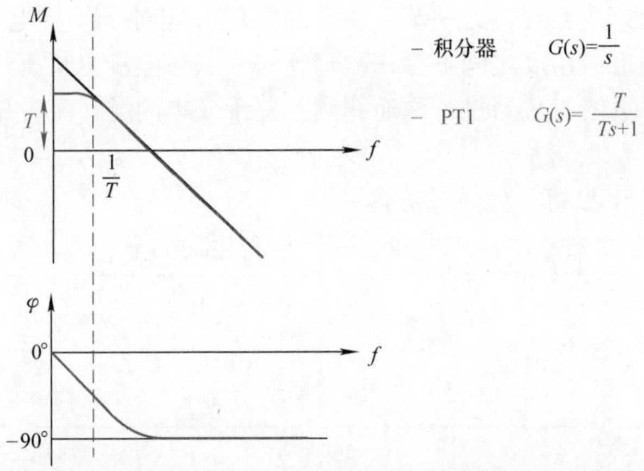

图 12.9　积分器转化为 PT1 滤波器以实现稳定（见彩插）

在低频时，积分器增益接近无穷大。这也意味着，积分器对于直流量来说是不稳定的。如果可以将低频下的积分器增益保持在一个固定的数值，那么对于直流量来说也是稳定的。形成的系统对应一个 PT1 低通滤波器，如图 12.9 中的绿色线条所示。使用上述方式调整后的估计器可使用的频率范围小于 $f_0 = \frac{1}{T}$。对上述 PT1 进行变换可得：

框图 12.12

$$y = \frac{T}{Ts+1}u$$

$$y\ (Ts+1)\ = Tu$$

$$T\dot{y} + y = Tu$$

$$\dot{y} = u - \frac{1}{T}y$$

图 12.10 所示为经调整后的积分器框图。

框图 12.13

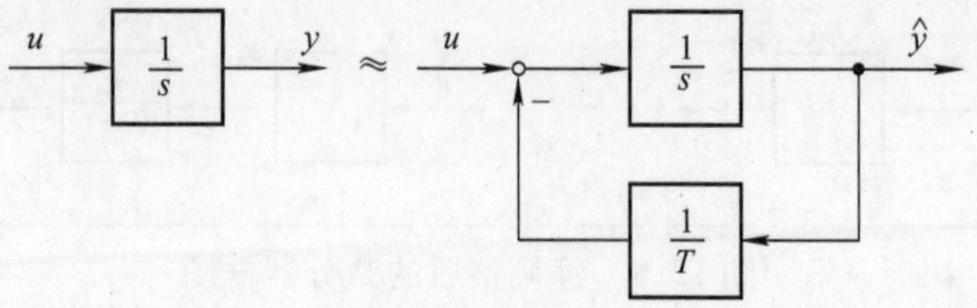

图 12.10　经调整后的积分器框图

12.2.3　磁通估计器

对于交流电机来说，确定磁链角 φ_k 是相当重要的，因为它是帕克变换所必需的。通常，它可以通过估计器的方式实现，这一基于软件的实现方式对于异步电机来说是尤其重要的，因为磁链角与转子的机械角度之间不存在耦合，这一点与同步电机有所区别。当然，实际上也存在精心设计且昂贵的传感器进行磁通测量。鉴于成本问题，工业中最常用到的仍然是磁通估计方法。

1. 估计器 A：基于控制条件的磁链角

由第 6.10.2 节中的磁链角公式可知，磁链角表达式如下：

框图 12.14

$$\varphi_k = \varphi_{\mathrm{m}} + \frac{R_{\mathrm{r}} L_{\mathrm{M}}}{L_{\mathrm{r}}} \int \frac{i_{\mathrm{s}}^{q}}{\boldsymbol{\Psi}_{\mathrm{r}}^{d}}$$

如前所述，上式中的积分器必须转化为一阶滞后元件。转子磁链 d 轴分量可以使用下式进行计算：

框图 12.15

$$\frac{L_{\mathrm{r}}}{R_{\mathrm{r}}} \dot{\boldsymbol{\Psi}}_{\mathrm{r}}^{d} + \boldsymbol{\Psi}_{\mathrm{r}}^{d} = L_{\mathrm{M}} i_{\mathrm{s}}^{d}$$

上述方程对应的是 PT1，因此无需进行调整。

图 12.11 所示为磁链角估计器 A 的框图。

框图 12.16

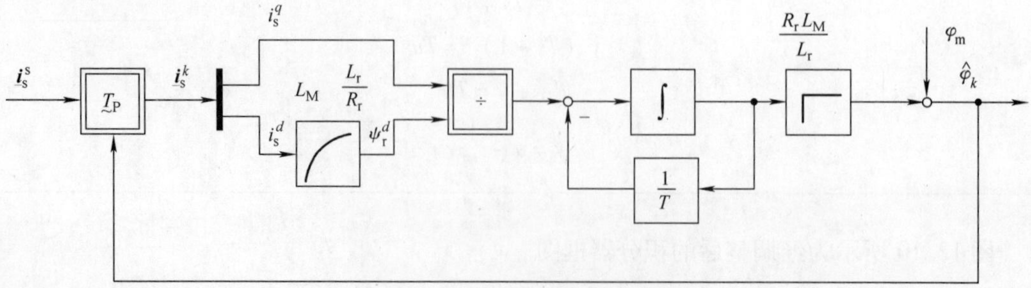

图 12.11　磁链角估计器 A 的框图

2. 估计器 B：基于定子电压方程和磁链方程

另外一种方式是将定子电压方程首先向定子磁链侧进行变换：

框图 12.17

$$\underline{\boldsymbol{u}}_{\mathrm{s}}^{\mathrm{s}} = R_{\mathrm{s}}\,\underline{\boldsymbol{i}}_{\mathrm{s}}^{\mathrm{s}} + \frac{\mathrm{d}\underline{\boldsymbol{\Psi}}_{\mathrm{s}}^{\mathrm{s}}}{\mathrm{d}t}$$

$$\Leftrightarrow \frac{\mathrm{d}\underline{\boldsymbol{\Psi}}_{\mathrm{s}}^{\mathrm{s}}}{\mathrm{d}t} = \underline{\boldsymbol{u}}_{\mathrm{s}}^{\mathrm{s}} - R_{\mathrm{s}}\,\underline{\boldsymbol{i}}_{\mathrm{s}}^{\mathrm{s}}$$

$$\underline{\boldsymbol{\Psi}}_{\mathrm{s}}^{\mathrm{s}} = \int(\underline{\boldsymbol{u}}_{\mathrm{s}}^{\mathrm{s}} - R_{\mathrm{s}}\,\underline{\boldsymbol{i}}_{\mathrm{s}}^{\mathrm{s}}) \qquad \underline{\boldsymbol{\Psi}}_{\mathrm{s}}^{\mathrm{s}}(0) = \underline{\boldsymbol{\Psi}}_{\mathrm{s0}}^{\mathrm{s}}$$

由上述方程可知，此时必须构造所测变量的时间积分。如前所述，需将积分器转换为 PT1，从而可保证即使存在偏移时估计器也是稳定性的。因此，上述方程需进行下述变换：

框图 12.18

$$\underline{\boldsymbol{\Psi}}_{\mathrm{s}}^{\mathrm{s}} = \underbrace{\frac{1}{s}}_{\text{纯积分器}}(\underline{\boldsymbol{u}}_{\mathrm{s}}^{\mathrm{s}} - R_{\mathrm{s}}\underline{\boldsymbol{i}}_{\mathrm{s}}^{\mathrm{s}})$$

$$\Rightarrow \hat{\underline{\boldsymbol{\Psi}}}_{\mathrm{s}}^{\mathrm{s}} = \underbrace{\frac{T}{Ts+1}}_{\text{调整后的积分器}}(\underline{\boldsymbol{u}}_{\mathrm{s}}^{\mathrm{s}} - R_{\mathrm{s}}\underline{\boldsymbol{i}}_{\mathrm{s}}^{\mathrm{s}}) \qquad \Big|\,(Ts+1)$$

$$T\,\dot{\hat{\underline{\boldsymbol{\Psi}}}}_{\mathrm{s}}^{\mathrm{s}} + \hat{\underline{\boldsymbol{\Psi}}}_{\mathrm{s}}^{\mathrm{s}} = T(\underline{\boldsymbol{u}}_{\mathrm{s}}^{\mathrm{s}} - R_{\mathrm{s}}\,\underline{\boldsymbol{i}}_{\mathrm{s}}^{\mathrm{s}}) \qquad \Big|\,\frac{1}{T}$$

$$\dot{\hat{\underline{\boldsymbol{\Psi}}}}_{\mathrm{s}}^{\mathrm{s}} = \underline{\boldsymbol{u}}_{\mathrm{s}}^{\mathrm{s}} - R_{\mathrm{s}}\,\underline{\boldsymbol{i}}_{\mathrm{s}}^{\mathrm{s}} - \frac{1}{T}\hat{\underline{\boldsymbol{\Psi}}}_{\mathrm{s}}^{\mathrm{s}}$$

如此即可得到估计的定子磁链。在异步电机的情况下，也需估计转子磁链。为此，将第 12.1.3 节中的定子磁链方程向$\underline{\boldsymbol{i}}_{\mathrm{r}}$侧进行变换，可得

框图 12.19

$$\hat{\underline{\boldsymbol{\Psi}}}_{\mathrm{s}}^{\mathrm{s}} = L_{\mathrm{s}}\,\underline{\boldsymbol{i}}_{\mathrm{s}}^{\mathrm{s}} + L_{\mathrm{M}}\,\underline{\boldsymbol{i}}_{\mathrm{r}}^{\mathrm{s}}$$

$$\Leftrightarrow \frac{\hat{\underline{\boldsymbol{\Psi}}}_{\mathrm{s}}^{\mathrm{s}} - L_{\mathrm{s}}\,\underline{\boldsymbol{i}}_{\mathrm{s}}^{\mathrm{s}}}{L_{\mathrm{M}}} = \underline{\boldsymbol{i}}_{\mathrm{r}}^{\mathrm{s}}$$

然后代入转子磁链方程，并进行适当变换，过程如下：

框图 12.20

$$\underline{\boldsymbol{\Psi}}_{\mathrm{r}}^{\mathrm{s}} = L_{\mathrm{r}}\,\underline{\boldsymbol{i}}_{\mathrm{r}}^{\mathrm{s}} + L_{\mathrm{M}}\,\underline{\boldsymbol{i}}_{\mathrm{s}}^{\mathrm{s}}$$

$$\hat{\underline{\boldsymbol{\Psi}}}_{\mathrm{r}}^{\mathrm{s}} = L_{\mathrm{r}}\,\frac{\hat{\underline{\boldsymbol{\Psi}}}_{\mathrm{s}}^{\mathrm{s}} - L_{\mathrm{s}}\,\underline{\boldsymbol{i}}_{\mathrm{s}}^{\mathrm{s}}}{L_{\mathrm{M}}} + L_{\mathrm{M}}\,\underline{\boldsymbol{i}}_{\mathrm{s}}^{\mathrm{s}}$$

$$= \frac{L_{\mathrm{r}}}{L_{\mathrm{M}}}\hat{\underline{\boldsymbol{\Psi}}}_{\mathrm{s}}^{\mathrm{s}} - \frac{L_{\mathrm{s}}L_{\mathrm{r}}}{L_{\mathrm{M}}}\underline{\boldsymbol{i}}_{\mathrm{s}}^{\mathrm{s}} + L_{\mathrm{M}}\,\underline{\boldsymbol{i}}_{\mathrm{s}}^{\mathrm{s}}$$

$$=\frac{L_{\mathrm{r}}}{L_{\mathrm{M}}}\hat{\underline{\boldsymbol{\Psi}}}_{\mathrm{s}}^{\mathrm{s}}+\left(L_{\mathrm{M}}-\frac{L_{\mathrm{s}}L_{\mathrm{r}}}{L_{\mathrm{M}}}\right)\underline{\boldsymbol{i}}_{\mathrm{s}}^{\mathrm{s}}$$

$$=\frac{L_{\mathrm{r}}}{L_{\mathrm{M}}}\hat{\underline{\boldsymbol{\Psi}}}_{\mathrm{s}}^{\mathrm{s}}+\frac{L_{\mathrm{r}}}{L_{\mathrm{M}}}\left(\frac{L_{\mathrm{M}}^{2}}{L_{\mathrm{r}}}-L_{\mathrm{s}}\right)\underline{\boldsymbol{i}}_{\mathrm{s}}^{\mathrm{s}}$$

$$=\frac{L_{\mathrm{r}}}{L_{\mathrm{M}}}\left[\hat{\underline{\boldsymbol{\Psi}}}_{\mathrm{s}}^{\mathrm{s}}+L_{\mathrm{s}}\underbrace{\left(\frac{L_{\mathrm{M}}^{2}}{L_{\mathrm{r}}L_{\mathrm{s}}}-1\right)}_{-\sigma}\underline{\boldsymbol{i}}_{\mathrm{s}}^{\mathrm{s}}\right]$$

$$=\frac{L_{\mathrm{r}}}{L_{\mathrm{M}}}\left(\hat{\underline{\boldsymbol{\Psi}}}_{\mathrm{s}}^{\mathrm{s}}-L_{\mathrm{s}}\boldsymbol{\sigma}\,\underline{\boldsymbol{i}}_{\mathrm{s}}^{\mathrm{s}}\right)$$

由此可计算出定子坐标系下待估计的转子磁链空间矢量，进而，磁链角可由下式确定：

框图 12.21

$$\hat{\varphi}_{k}=\arctan_{2}\left(\frac{\hat{\boldsymbol{\Psi}}_{\mathrm{r}}^{\beta}}{\hat{\boldsymbol{\Psi}}_{\mathrm{r}}^{\alpha}}\right)$$

图 12.12 所示为磁通估计器 B 的框图。

框图 12.22

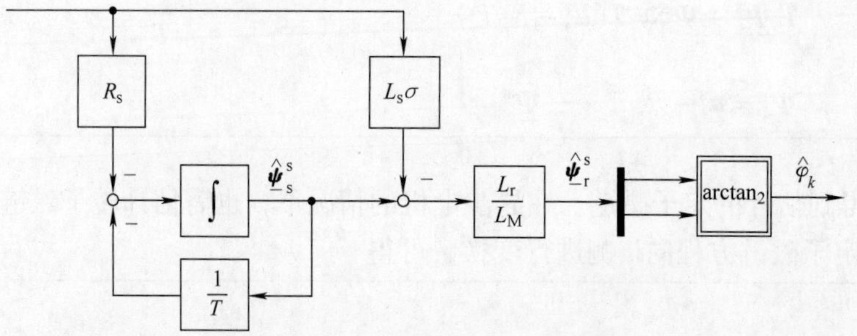

图 12.12　磁通估计器 B 的框图

3. 估计器 C：基于转子电压方程和转子磁链方程

磁通估计的第三种方式是将转子电压方程首先向定子侧进行变换，过程如下：

框图 12.23

$$\underline{\boldsymbol{u}}_{\mathrm{r}}^{\mathrm{r}}=R_{\mathrm{r}}\,\underline{\boldsymbol{i}}_{\mathrm{r}}^{\mathrm{r}}+\frac{\mathrm{d}\underline{\boldsymbol{\Psi}}_{\mathrm{r}}^{\mathrm{r}}}{\mathrm{d}t}$$

$$\underset{\sim}{\boldsymbol{T}}_{\mathrm{P}}(-\varphi_{\mathrm{m}})\underline{\boldsymbol{u}}_{\mathrm{r}}^{\mathrm{s}}=R_{\mathrm{r}}\,\underset{\sim}{\boldsymbol{T}}_{\mathrm{P}}(-\varphi_{\mathrm{m}})\underline{\boldsymbol{i}}_{\mathrm{r}}^{\mathrm{s}}+\frac{\mathrm{d}\left[\underset{\sim}{\boldsymbol{T}}_{\mathrm{P}}(-\varphi_{\mathrm{m}})\underline{\boldsymbol{\Psi}}_{\mathrm{r}}^{\mathrm{s}}\right]}{\mathrm{d}t}$$

$$=R_{\mathrm{r}}\,\underset{\sim}{\boldsymbol{T}}_{\mathrm{P}}(-\varphi_{\mathrm{m}})\underline{\boldsymbol{i}}_{\mathrm{r}}^{\mathrm{s}}+\frac{\mathrm{d}\underset{\sim}{\boldsymbol{T}}_{\mathrm{P}}-(\varphi_{\mathrm{m}})}{\mathrm{d}t}\underline{\boldsymbol{\Psi}}_{\mathrm{r}}^{\mathrm{s}}+\underset{\sim}{\boldsymbol{T}}_{\mathrm{P}}(-\varphi_{\mathrm{m}})\frac{\mathrm{d}\underline{\boldsymbol{\Psi}}_{\mathrm{r}}^{\mathrm{s}}}{\mathrm{d}t}$$

$$\text{mit}\ \frac{\mathrm{d}\underset{\sim}{\boldsymbol{T}}_{\mathrm{P}}(-\varphi_{\mathrm{m}})}{\mathrm{d}t} = -\omega_{\mathrm{m}}\underset{\sim}{\boldsymbol{T}}_{\mathrm{P}}(-\varphi_{\mathrm{m}})\underset{\sim}{\boldsymbol{J}}:$$

$$\underset{\sim}{\boldsymbol{T}}_{\mathrm{P}}(-\varphi_{\mathrm{m}})\underline{\boldsymbol{u}}_{\mathrm{r}}^{\mathrm{s}} = R_{\mathrm{r}}\underset{\sim}{\boldsymbol{T}}_{\mathrm{P}}(-\varphi_{\mathrm{m}})\underline{\boldsymbol{i}}_{\mathrm{r}}^{\mathrm{s}} - \omega_{\mathrm{m}}\underset{\sim}{\boldsymbol{T}}_{\mathrm{P}}(-\varphi_{\mathrm{m}})\underset{\sim}{\boldsymbol{J}}\underline{\boldsymbol{\Psi}}_{\mathrm{r}}^{\mathrm{s}} + \underset{\sim}{\boldsymbol{T}}_{\mathrm{P}}(-\varphi_{\mathrm{m}})\frac{\mathrm{d}\underline{\boldsymbol{\Psi}}_{\mathrm{r}}^{\mathrm{s}}}{\mathrm{d}t} \quad \Big|\ \underset{\sim}{\boldsymbol{T}}_{\mathrm{P}}(\varphi_{\mathrm{m}})$$

$$\underline{\boldsymbol{u}}_{\mathrm{r}}^{\mathrm{s}} = R_{\mathrm{r}}\underline{\boldsymbol{i}}_{\mathrm{r}}^{\mathrm{s}} - \omega_{\mathrm{m}}\underset{\sim}{\boldsymbol{J}}\underline{\boldsymbol{\Psi}}_{\mathrm{r}}^{\mathrm{s}} + \frac{\mathrm{d}\underline{\boldsymbol{\Psi}}_{\mathrm{r}}^{\mathrm{s}}}{\mathrm{d}t} \tag{12.1}$$

为了能够替换实际上很难测量的转子电流，需将转子磁链方程向定子电流侧变换，可得：

框图 12.24

$$\underline{\boldsymbol{\Psi}}_{\mathrm{r}}^{\mathrm{s}} = L_{\mathrm{r}}\underline{\boldsymbol{i}}_{\mathrm{r}}^{\mathrm{s}} + L_{\mathrm{M}}\underline{\boldsymbol{i}}_{\mathrm{s}}^{\mathrm{s}}$$

$$\Leftrightarrow \frac{\underline{\boldsymbol{\Psi}}_{\mathrm{r}}^{\mathrm{s}} - L_{\mathrm{M}}\underline{\boldsymbol{i}}_{\mathrm{s}}^{\mathrm{s}}}{L_{\mathrm{r}}} = \underline{\boldsymbol{i}}_{\mathrm{r}}^{\mathrm{s}}$$

然后，将其代入式（12.1），并进行适当变换，其过程如下：

框图 12.25

$$\underline{\boldsymbol{u}}_{\mathrm{r}}^{\mathrm{s}} = \frac{R_{\mathrm{r}}}{L_{\mathrm{r}}}(\underline{\boldsymbol{\Psi}}_{\mathrm{r}}^{\mathrm{s}} - L_{\mathrm{M}}\underline{\boldsymbol{i}}_{\mathrm{s}}^{\mathrm{s}}) - \omega_{\mathrm{m}}\underset{\sim}{\boldsymbol{J}}\underline{\boldsymbol{\Psi}}_{\mathrm{r}}^{\mathrm{s}} + \frac{\mathrm{d}\underline{\boldsymbol{\Psi}}_{\mathrm{r}}^{\mathrm{s}}}{\mathrm{d}t}$$

$$= \frac{R_{\mathrm{r}}}{L_{\mathrm{r}}}\underline{\boldsymbol{\Psi}}_{\mathrm{r}}^{\mathrm{s}} - \frac{R_{\mathrm{r}}L_{\mathrm{M}}}{L_{\mathrm{r}}}\underline{\boldsymbol{i}}_{\mathrm{s}}^{\mathrm{s}} - \omega_{\mathrm{m}}\underset{\sim}{\boldsymbol{J}}\underline{\boldsymbol{\Psi}}_{\mathrm{r}}^{\mathrm{s}} + \frac{\mathrm{d}\underline{\boldsymbol{\Psi}}_{\mathrm{r}}^{\mathrm{s}}}{\mathrm{d}t}$$

$$\underline{\boldsymbol{u}}_{\mathrm{r}}^{\mathrm{s}} + \frac{R_{\mathrm{r}}L_{\mathrm{M}}}{L_{\mathrm{r}}}\underline{\boldsymbol{i}}_{\mathrm{s}}^{\mathrm{s}} = \frac{\mathrm{d}\underline{\boldsymbol{\Psi}}_{\mathrm{r}}^{\mathrm{s}}}{\mathrm{d}t} + \underbrace{\left(\frac{R_{\mathrm{r}}}{L_{\mathrm{r}}} - \omega_{\mathrm{m}}\underset{\sim}{\boldsymbol{J}}\right)}_{=:T_{\mathrm{ers}}^{-1}}\underline{\boldsymbol{\Psi}}_{\mathrm{r}}^{\mathrm{s}}$$

$$T_{\mathrm{ers}}\underline{\boldsymbol{u}}_{\mathrm{r}}^{\mathrm{s}} + \frac{R_{\mathrm{r}}L_{\mathrm{M}}T_{\mathrm{ers}}}{L_{\mathrm{r}}}\underline{\boldsymbol{i}}_{\mathrm{s}}^{\mathrm{s}} = T_{\mathrm{ers}}s\,\underline{\boldsymbol{\Psi}}_{\mathrm{r}}^{\mathrm{s}} + \underline{\boldsymbol{\Psi}}_{\mathrm{r}}^{\mathrm{s}}$$

$$T_{\mathrm{ers}}\underline{\boldsymbol{u}}_{\mathrm{r}}^{\mathrm{s}} + \frac{R_{\mathrm{r}}L_{\mathrm{M}}T_{\mathrm{ers}}}{L_{\mathrm{r}}}\underline{\boldsymbol{i}}_{\mathrm{s}}^{\mathrm{s}} = (T_{\mathrm{ers}}s + 1)\,\underline{\boldsymbol{\Psi}}_{\mathrm{r}}^{\mathrm{s}}$$

$$\frac{\left(T_{\mathrm{ers}}\underline{\boldsymbol{u}}_{\mathrm{r}}^{\mathrm{s}} + \frac{R_{\mathrm{r}}L_{\mathrm{M}}T_{\mathrm{ers}}}{L_{\mathrm{r}}}\underline{\boldsymbol{i}}_{\mathrm{s}}^{\mathrm{s}}\right)}{T_{\mathrm{ers}}s + 1} = \underline{\boldsymbol{\Psi}}_{\mathrm{r}}^{\mathrm{s}}$$

当 ω_{m} = 恒值时，上述方程对应 PT1。此估计器的优点是不存在纯积分环节，因此无需进行相应的调整。显然，需要测量机械转速 ω_{m}，为此需要速度传感器。为了便于实现框图的表示，需进一步将上述方程以时域形式表述，并向 $\frac{\mathrm{d}\underline{\boldsymbol{\Psi}}_{\mathrm{r}}^{\mathrm{s}}}{\mathrm{d}t}$ 侧变换，可得

框图 12.26

$$\underline{\boldsymbol{u}}_{\mathrm{r}}^{\mathrm{s}}=\frac{R_{\mathrm{r}}}{L_{\mathrm{r}}}\left(\underline{\boldsymbol{\Psi}}_{\mathrm{r}}^{\mathrm{s}}-L_{\mathrm{M}}\,\underline{\boldsymbol{i}}_{\mathrm{s}}^{\mathrm{s}}\right)-\omega_{\mathrm{m}}\,\underset{\sim}{\boldsymbol{J}}\underline{\boldsymbol{\Psi}}_{\mathrm{r}}^{\mathrm{s}}+\frac{\mathrm{d}\,\underline{\boldsymbol{\Psi}}_{\mathrm{r}}^{\mathrm{s}}}{\mathrm{d}t}$$

$$=\frac{R_{\mathrm{r}}}{L_{\mathrm{r}}}\underline{\boldsymbol{\Psi}}_{\mathrm{r}}^{\mathrm{s}}-\frac{R_{\mathrm{r}}L_{\mathrm{M}}}{L_{\mathrm{r}}}\underline{\boldsymbol{i}}_{\mathrm{s}}^{\mathrm{s}}-\omega_{\mathrm{m}}\,\underset{\sim}{\boldsymbol{J}}\underline{\boldsymbol{\Psi}}_{\mathrm{r}}^{\mathrm{s}}+\frac{\mathrm{d}\,\underline{\boldsymbol{\Psi}}_{\mathrm{r}}^{\mathrm{s}}}{\mathrm{d}t}$$

$$\frac{\mathrm{d}\,\underline{\boldsymbol{\Psi}}_{\mathrm{r}}^{\mathrm{s}}}{\mathrm{d}t}=\frac{R_{\mathrm{r}}L_{\mathrm{M}}}{L_{\mathrm{r}}}\underline{\boldsymbol{i}}_{\mathrm{s}}^{\mathrm{s}}+\omega_{\mathrm{m}}\,\underset{\sim}{\boldsymbol{J}}\underline{\boldsymbol{\Psi}}_{\mathrm{r}}^{\mathrm{s}}-\frac{R_{\mathrm{r}}}{L_{\mathrm{r}}}\underline{\boldsymbol{\Psi}}_{\mathrm{r}}^{\mathrm{s}}+\underline{\boldsymbol{u}}_{\mathrm{r}}^{\mathrm{s}}$$

由此，可根据下式估算磁链角：

框图 12.27

$$\hat{\varphi}_k=\arctan_2\left(\frac{\hat{\Psi}_{\mathrm{r}}^{\beta}}{\hat{\Psi}_{\mathrm{r}}^{\alpha}}\right)$$

在笼型异步电机情况下，由于$\underline{u}_{\mathrm{r}}=\underline{0}$，上述估计器可得到进一步简化。图 12.13 所示为磁通估计器 C 的框图。

框图 12.28

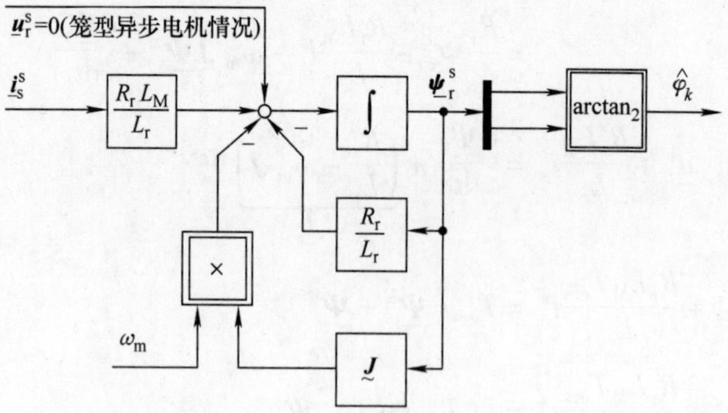

图 12.13 磁通估计器 C 的框图

12.2.4 估计器组合

通过磁通估计器 B 与磁通估计器 C 组合的方式可实现磁通和机械转速的估计：其中，磁通估计器 B 用于估计磁通，然后基于此估计的磁通结合磁通估计器 C 即可估计机械转速。过程如下：

框图 12.29

基于磁通估计器 B：

$$\underline{\hat{\boldsymbol{\Psi}}}_{\mathrm{r}}^{\mathrm{s}} = \frac{L_{\mathrm{r}}}{L_{\mathrm{M}}}(\underline{\hat{\boldsymbol{\Psi}}}_{\mathrm{s}}^{\mathrm{s}} - L_{\mathrm{s}}\sigma\, \underline{\boldsymbol{i}}_{\mathrm{s}}^{\mathrm{s}})$$

$$= \frac{L_{\mathrm{r}}}{L_{\mathrm{M}}}\left[\int(\underline{\boldsymbol{u}}_{\mathrm{s}}^{\mathrm{s}} - R_{\mathrm{s}}\, \underline{\boldsymbol{i}}_{\mathrm{s}}^{\mathrm{s}}) - L_{\mathrm{s}}\sigma\, \underline{\boldsymbol{i}}_{\mathrm{s}}^{\mathrm{s}}\right] \quad \left| \frac{\mathrm{d}}{\mathrm{d}t} \right.$$

$$\frac{\mathrm{d}\underline{\hat{\boldsymbol{\Psi}}}_{\mathrm{r}}^{\mathrm{s}}}{\mathrm{d}t} = \frac{L_{\mathrm{r}}}{L_{\mathrm{M}}}\left(\underline{\boldsymbol{u}}_{\mathrm{s}}^{\mathrm{s}} - R_{\mathrm{s}}\, \underline{\boldsymbol{i}}_{\mathrm{s}}^{\mathrm{s}} - L_{\mathrm{s}}\sigma \frac{\mathrm{d}\underline{\boldsymbol{i}}_{\mathrm{s}}^{\mathrm{s}}}{\mathrm{d}t}\right)$$

基于磁通估计器 C：

$$\underline{\boldsymbol{u}}_{\mathrm{r}}^{\mathrm{s}} = \frac{R_{\mathrm{r}}}{L_{\mathrm{r}}}\underline{\boldsymbol{\Psi}}_{\mathrm{r}}^{\mathrm{s}} - \frac{R_{\mathrm{r}}L_{\mathrm{M}}}{L_{\mathrm{r}}}\underline{\boldsymbol{i}}_{\mathrm{s}}^{\mathrm{s}} - \omega_{\mathrm{m}}\, \underset{\sim}{\boldsymbol{J}}\underline{\boldsymbol{\Psi}}_{\mathrm{r}}^{\mathrm{s}} + \frac{\mathrm{d}\underline{\boldsymbol{\Psi}}_{\mathrm{r}}^{\mathrm{s}}}{\mathrm{d}t}$$

$$\Leftrightarrow \omega_{\mathrm{m}} = (\underset{\sim}{\boldsymbol{J}}\underline{\boldsymbol{\Psi}}_{\mathrm{r}}^{\mathrm{s}})^{-1}\left(-\underline{\boldsymbol{u}}_{\mathrm{r}}^{\mathrm{s}} + \frac{R_{\mathrm{r}}}{L_{\mathrm{r}}}\underline{\boldsymbol{\Psi}}_{\mathrm{r}}^{\mathrm{s}} - \frac{R_{\mathrm{r}}L_{\mathrm{M}}}{L_{\mathrm{r}}}\underline{\boldsymbol{i}}_{\mathrm{s}}^{\mathrm{s}} + \frac{\mathrm{d}\underline{\boldsymbol{\Psi}}_{\mathrm{r}}^{\mathrm{s}}}{\mathrm{d}t}\right)$$

代入磁通估计器 B 估计的磁通：

$$\Rightarrow \hat{\omega}_{\mathrm{m}} = (\underset{\sim}{\boldsymbol{J}}\underline{\hat{\boldsymbol{\Psi}}}_{\mathrm{r}}^{\mathrm{s}})^{-1}\left[-\underline{\boldsymbol{u}}_{\mathrm{r}}^{\mathrm{s}} + \frac{R_{\mathrm{r}}}{L_{\mathrm{r}}}\underline{\hat{\boldsymbol{\Psi}}}_{\mathrm{r}}^{\mathrm{s}} - \frac{R_{\mathrm{r}}L_{\mathrm{M}}}{L_{\mathrm{r}}}\underline{\boldsymbol{i}}_{\mathrm{s}}^{\mathrm{s}}\right] +$$

$$(\underset{\sim}{\boldsymbol{J}}\underline{\hat{\boldsymbol{\Psi}}}_{\mathrm{r}}^{\mathrm{s}})^{-1}\left[\frac{L_{\mathrm{r}}}{L_{\mathrm{M}}}\left(\underline{\boldsymbol{u}}_{\mathrm{s}}^{\mathrm{s}} - R_{\mathrm{s}}\, \underline{\boldsymbol{i}}_{\mathrm{s}}^{\mathrm{s}} - L_{\mathrm{s}}\sigma \frac{\mathrm{d}\underline{\boldsymbol{i}}_{\mathrm{s}}^{\mathrm{s}}}{\mathrm{d}t}\right)\right]$$

其中，$\underline{\hat{\boldsymbol{\Psi}}}_{\mathrm{r}}^{\mathrm{s}}$ 是基于磁通估计器 B 估计得到的。由$\frac{\mathrm{d}\,\underline{\boldsymbol{i}}_{\mathrm{s}}^{\mathrm{s}}}{\mathrm{d}t}$可知，潜在的问题是需对定子电流进行求导，为此可使用滤波器对微分器进行相应的调整。

12.2.5　模型参考自适应系统

第 12.2.4 节所述的采用磁通估计器 B 和磁通估计器 C 组合估计转速的一个替代方案是将转速看作一个可自适应调整的参数，如图 12.14 所示。磁通估计器 B 和磁通估计器 C 以并联方式连接，且二者均估计转子磁链$\underline{\hat{\boldsymbol{\Psi}}}_{\mathrm{r}}^{\mathrm{s}}$。假定磁通估计器 B 可以准确估计磁链，那么只有当自适应调整的$\hat{\omega}_{\mathrm{m}}$与实际值一致时，磁通估计器 C 才能够估计得到与磁通估计器 B 相同的磁链。为此，可以使用 PI 控制器调节$\hat{\omega}_{\mathrm{m}}$，其输入为上述两个估计的磁链空间矢量的误差。误差评判标准可以选取两个估计磁链的标量积。由于磁通估计器 C 的模型需要不断调整，此方法也称为模型参考自适应系统（Model Reference Adaptive System，MRAS）。

框图 12.30

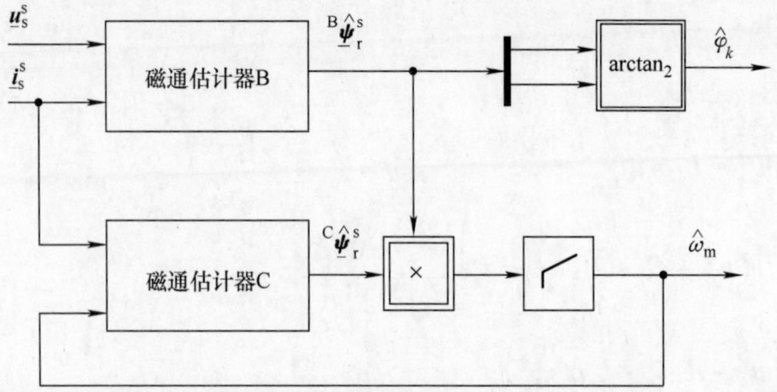

图 12.14　基于磁通估计器 B 和磁通估计器 C 的模型参考自适应系统框图

12.2.6　其他估计器

实际上，存在一系列其他类型的估计器可用于实现交流电机的磁通和转速估计，每一类型均具有一定的优点和缺点。为了不超出本书的范围，此处不进行详细介绍，感兴趣的读者可参考相应的文献，如 *Dierk Schröder*：*Elektrische Antriebe – Regelung von Antriebssystemen. Springer*，*Berlin*，2009。

12.3　龙伯格观测器

12.3.1　基本思想

龙伯格观测器㊀和卡尔曼滤波器㊁的工作原理完全不同于估计器。图 12.15 所示为观测器㊂的基本思想，即实际被控对象与其模型并联连接。

框图 12.31

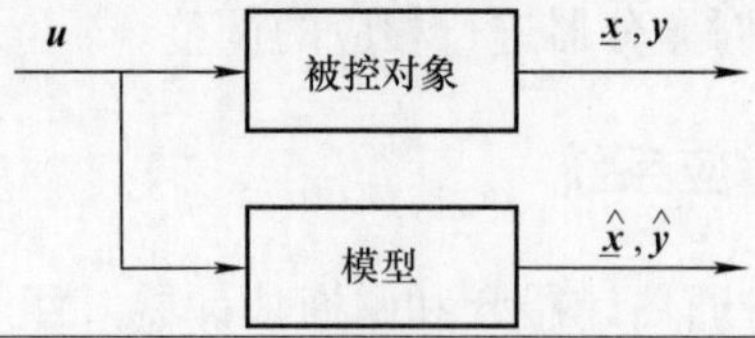

图 12.15　观测器基本思想

由于控制器输出变量 $\boldsymbol{u}$ 同时作用于实际被控对象及其模型，则可以根据模型获取所有的状态变量。若期望实际被控对象及其模型状态变量之间的误差渐近趋向于零，则需满足下述条件：

㊀ 龙伯格观测器：它是以斯坦福大学 David Luenberger 教授命名的一种观测器，David Luenberger 于 1963 年博士毕业于斯坦福大学，其博士论文中介绍了上述观测器。目前，龙伯格观测器在控制工程领域得到了广泛的应用。

㊁ 卡尔曼滤波器：它是以鲁道夫·卡尔曼教授命名的一种观测器，鲁道夫·卡尔曼于 1957 年博士毕业于哥伦比亚大学，随后于 1960 年与其他学者共同提出了卡尔曼滤波器。目前，卡尔曼滤波器在控制工程领域得到了广泛的应用。

㊂ 观测器：根据被测输入和输出变量与被控系统的模型，重构被控系统状态的系统。

- 不存在扰动信号 $d(t)$（或扰动信号已知，且同时作为模型的输入）。
- 模型能够精确重构实际被控对象。
- 实际系统是稳定的。

由于上述条件通常无法同时满足，必须将实际被控对象及其模型的测量输出偏差 $y(t)-\hat{y}(t)$ 以合适的方式进行反馈，以对模型实现反馈控制㊀。

12.3.2　反馈

对于观测器来说，最常用到的形式是状态空间描述。一个任意的线性时不变系统表示为

框图 12.32

$$\dot{\underline{x}} = \underset{\sim}{A}\underline{x} + \underline{b}u, \qquad \underline{x}(0) = \underline{x}_0$$

$$y = \underline{c}^{\mathrm{T}}\underline{x}$$

其中，

u = 输入向量　　$\underset{\sim}{A}$ = 系统矩阵

y = 输出向量　　$\underline{b}$ = 输入矩阵

$\underline{x}$ = 状态向量　　$\underline{c}^{\mathrm{T}}$ = 输出矩阵

为简化起见，上述状态空间模型不包含直接输入－输出矩阵㊁，它描述的是单输入单输出（SISO）系统，且不存在扰动项。值得一提的是，下面所有的推导也同样适用于包含直接输入－输出矩阵的系统，以及多输入多输出（MIMO）系统。图 12.16 所示为龙伯格观测器的状态空间描述框图。

框图 12.33

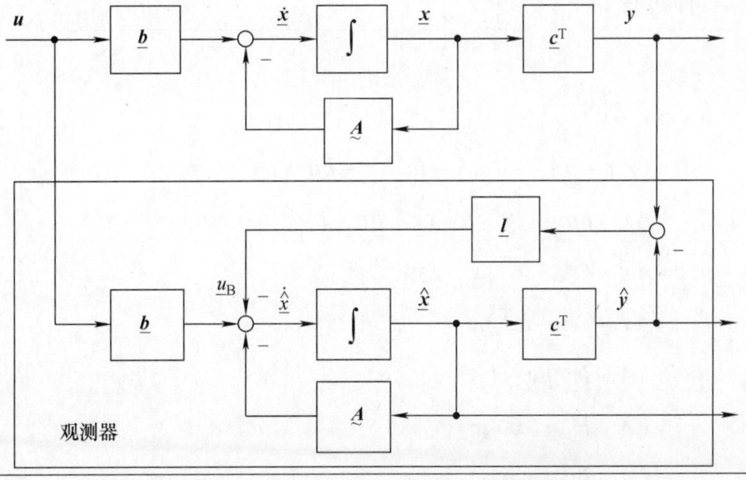

图 12.16　龙伯格观测器的状态空间描述框图

由图可知，被控对象与其模型并联连接，并引入了观测器矩阵 $\underline{l}$ 以实现反馈控制。此时，

㊀ 反馈控制：对被控变量进行连续测量，并将其与参比变量相比较，以影响被控变量，使之调整到参比变量的过程。反馈控制也称为闭环控制。

㊁ 直接输入－输出矩阵：描述输入变量值与输出变量值之间直接关系的矩阵。

因观测器所使用的向量和矩阵与实际被控对象完全一致，模型能够精确重构实际被控对象，图 12. 16 所示观测器的状态空间模型可表示如下：

框图 12. 34

$$\dot{\hat{\underline{x}}} = \underset{\sim}{A}\hat{\underline{x}} + \underline{b}u + \underline{u}_{\mathrm{B}}, \qquad \hat{\underline{x}}(0) = \hat{\underline{x}}_0$$
$$\hat{y} = \underline{c}^{\mathrm{T}}\hat{\underline{x}}$$

其中，$\underline{u}_{\mathrm{B}}$ 可表示如下：

框图 12. 35

$$\underline{u}_{\mathrm{B}} = \underline{l}(y - \hat{y}) = \underline{l}(y - \underline{c}^{\mathrm{T}}\hat{\underline{x}}) = \underline{l}\,y - \underline{l}\underline{c}^{\mathrm{T}}\hat{\underline{x}}$$

将其代入状态方程可得：

框图 12. 36

$$\begin{aligned}\dot{\hat{\underline{x}}} &= \underset{\sim}{A}\hat{\underline{x}} + \underline{b}u + \underline{l}\,y - \underline{l}\underline{c}^{\mathrm{T}}\hat{\underline{x}} \\ &= (\underset{\sim}{A} - \underline{l}\underline{c}^{\mathrm{T}})\hat{\underline{x}} + \underline{b}u + \underline{l}\,y\end{aligned}$$

观测器可实现准确观测的前提是观测误差收敛于零，也即：

框图 12. 37

$$\Delta\underline{x} := \underline{x} - \hat{\underline{x}} \overset{!}{\rightarrow} 0$$

为了证明上述条件确实适用于龙伯格观测器，可对上述方程进行求导，然后将前述状态方程代入其中，具体过程如下：

框图 12. 38

$$\begin{aligned}\Delta\dot{\underline{x}} &= \dot{\underline{x}} - \dot{\hat{\underline{x}}} \\ &= (\underset{\sim}{A}\underline{x} + \underline{b}u) - [(\underset{\sim}{A} - \underline{l}\underline{c}^{\mathrm{T}})\hat{\underline{x}} + \underline{b}u + \underline{l}\,y] \\ &= \underset{\sim}{A}\underline{x} + \underline{b}u - (\underset{\sim}{A} - \underline{l}\underline{c}^{\mathrm{T}})\hat{\underline{x}} - \underline{b}u - \underline{l}\,y \\ &= \underset{\sim}{A}\underline{x} - (\underset{\sim}{A} - \underline{l}\underline{c}^{\mathrm{T}})\hat{\underline{x}} - \underline{l}\,y \\ &= \underset{\sim}{A}\underline{x} - (\underset{\sim}{A} - \underline{l}\underline{c}^{\mathrm{T}})\hat{\underline{x}} - \underline{l}\underline{c}^{\mathrm{T}}\underline{x} \\ &= (\underset{\sim}{A} - \underline{l}\underline{c}^{\mathrm{T}})\underline{x} - (\underset{\sim}{A} - \underline{l}\underline{c}^{\mathrm{T}})\hat{\underline{x}} \\ &= (\underset{\sim}{A} - \underline{l}\underline{c}^{\mathrm{T}})(\underline{x} - \hat{\underline{x}}) \\ &= (\underset{\sim}{A} - \underline{l}\underline{c}^{\mathrm{T}})\Delta\underline{x}\end{aligned} \tag{12. 2}$$

它可以看作是一个具有以下初始条件的微分方程：

框图 12. 39

$$\Delta\underline{x}(0) = \underline{x}(0) - \hat{\underline{x}}(0) = \underline{x}_0 - \hat{\underline{x}}_0 = \Delta\underline{x}_0$$

因此，观测误差的描述形式可等效为系统矩阵为$\underset{\sim}{A}-\underline{l}\underline{c}^{\mathrm{T}}$的自治系统。当$\underset{\sim}{A}-\underline{l}\underline{c}^{\mathrm{T}}$稳定时，换言之，其全部特征值均具有负的实部，对于任意的初始值$\Delta\underline{x}_0$，观测误差均收敛于零。上述结论同样适用于包含脉冲形式扰动$d(t)=\delta(t)$的情形，因干扰作用可看作系统的不同初始状态，从而可根据不同的初始状态进行描述[6]。

12.3.3 观测器矩阵设计

观测器矩阵$\underline{l}$可在满足以下约束条件的情况下任意选择：

- $\underset{\sim}{A}-\underline{l}\underline{c}^{\mathrm{T}}$的所有特征值只具有负的实部，换言之，式（12.2）描述的系统是稳定的。
- 特征值在复平面内的位置越靠左，观测误差的收敛速度越快，但是y的测量噪声影响会越强烈（无需对控制变量$\underline{u}_{\mathrm{B}}$进行限幅，这是因为观测器是以数字方式实现的）。
- 观测误差收敛的速度取决于$\underset{\sim}{A}-\underline{l}\underline{c}^{\mathrm{T}}$的特征值$\lambda_1$，$\lambda_2$，…，$\lambda_n$，更准确地说，主要取决于$\underset{\sim}{A}-\underline{l}\underline{c}^{\mathrm{T}}$的主导特征值。例如，如果仅选择一些不同的实特征值，那么式（12.2）对应的是多个PT1环节的串联形式。在脉冲形式的激励下，该系统达到终值$\mathrm{e}^{-1}=0.37$所需的时间可表示为

$$\begin{aligned}T&=T_1+T_2+\cdots+T_n\approx T_{\text{dominant}}\\&=\frac{1}{\lambda_1}+\frac{1}{\lambda_2}+\cdots+\frac{1}{\lambda_n}\approx\frac{1}{\lambda_{\text{dominant}}}\end{aligned}$$

该系统可使用一个具有累加的时间常数T的PT1环节进行近似。如果存在一个主导时间常数，则只需满足$T\approx T_{\text{dominant}}$。

- 观测误差的收敛速度应当快于实际被控对象。因此，应配置特征值的位置，使其明显位于实际被控系统矩阵$\boldsymbol{A}$特征值的左侧，或者是主导特征值的左侧。
- 折中考虑收敛速度和测量噪声的影响，通常建议如下：

$$\lambda(\underset{\sim}{A}-\underline{l}\underline{c}^{\mathrm{T}})=2\sim6\lambda(\underset{\sim}{A})$$

观测器矩阵通常使用**极点配置法**确定。在任何情况下，观测精度都需借助于仿真和系统的真实测量噪声进行验证[6]。

12.3.4 可观测性

应用观测器的必要条件是系统具有完全的可观测性㊀，换言之，根据输入向量$\boldsymbol{u}(\cdot)$和输出向量$\boldsymbol{y}(\cdot)$可以重构状态向量[6]。可观测性的确定可以使用卡尔曼提出的观测性判据，观测矩阵形式如下：

$$\underline{S}_{\mathrm{B}}=\begin{pmatrix}\underline{c}^{\mathrm{T}}\\\underline{c}^{\mathrm{T}}\underset{\sim}{A}\\\underline{c}^{\mathrm{T}}\underset{\sim}{A}^2\\\vdots\\\underline{c}^{\mathrm{T}}\underset{\sim}{A}^{n-1}\end{pmatrix}$$

且上述矩阵的秩需满足：

㊀ 可观测性：根据在有限时间内观测到的输入和输出变量，可推算出系统初始状态的系统特性。如果这种推算对任何一种初始状态都有效，则可观测性是完全的。

$$\mathrm{Rang} = \underline{\boldsymbol{S}}_{\mathrm{B}} = n$$

可以看出，系统的可观测性仅取决于（$\underset{\sim}{\boldsymbol{A}}$，$\underline{\boldsymbol{c}}^{\mathrm{T}}$）[6]。

12.3.5 恒定扰动下的静态误差

图 12.17 作为图 12.16 的进一步扩展，给出了被控对象包含扰动变量$\underline{d}$且扰动输入矩阵为$\underset{\sim}{\boldsymbol{C}}_{\mathrm{d}}$的龙伯格观测器，也可直接称为“Luenberger－观测器”。

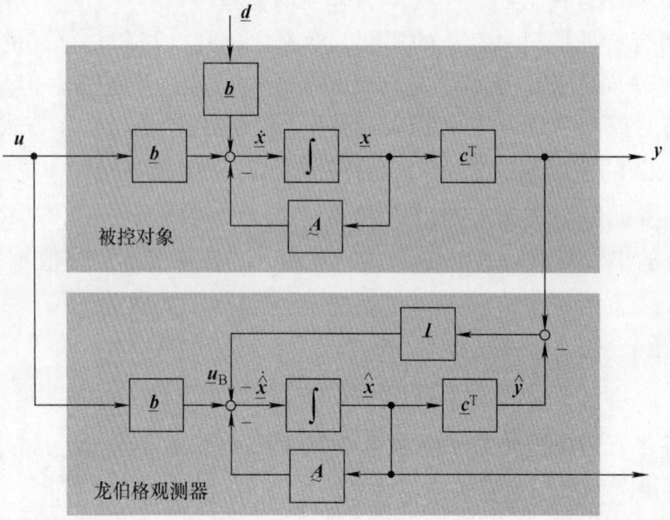

图 12.17 包含扰动项的龙伯格观测器

为了研究扰动变量的影响，式（12.2）可进一步扩展如下：

$$\begin{aligned}
\Delta\dot{\underline{\boldsymbol{x}}} &= \dot{\underline{\boldsymbol{x}}} - \dot{\hat{\underline{\boldsymbol{x}}}} \\
&= [\underset{\sim}{\boldsymbol{A}}\underline{\boldsymbol{x}} + \underline{\boldsymbol{b}}u + \underset{\sim}{\boldsymbol{C}}_{\mathrm{d}}\underline{\boldsymbol{d}}] - [(\underset{\sim}{\boldsymbol{A}} - \underline{\boldsymbol{l}}\underline{\boldsymbol{c}}^{\mathrm{T}})\hat{\underline{\boldsymbol{x}}} + \underline{\boldsymbol{b}}u + \underline{\boldsymbol{l}}\,y] \\
&= \underset{\sim}{\boldsymbol{A}}\underline{\boldsymbol{x}} + \underline{\boldsymbol{b}}u + \underset{\sim}{\boldsymbol{C}}_{\mathrm{d}}\underline{\boldsymbol{d}} - (\underset{\sim}{\boldsymbol{A}} - \underline{\boldsymbol{l}}\underline{\boldsymbol{c}}^{\mathrm{T}})\hat{\underline{\boldsymbol{x}}} - \underline{\boldsymbol{b}}u - \underline{\boldsymbol{l}}\,y \\
&= \underset{\sim}{\boldsymbol{A}}\underline{\boldsymbol{x}} + \underset{\sim}{\boldsymbol{C}}_{\mathrm{d}}\underline{\boldsymbol{d}} - (\underset{\sim}{\boldsymbol{A}} - \underline{\boldsymbol{l}}\underline{\boldsymbol{c}}^{\mathrm{T}})\hat{\underline{\boldsymbol{x}}} - \underline{\boldsymbol{l}}\,y \\
&= \underset{\sim}{\boldsymbol{A}}\underline{\boldsymbol{x}} + \underset{\sim}{\boldsymbol{C}}_{\mathrm{d}}\underline{\boldsymbol{d}} - (\underset{\sim}{\boldsymbol{A}} - \underline{\boldsymbol{l}}\underline{\boldsymbol{c}}^{\mathrm{T}})\hat{\underline{\boldsymbol{x}}} - \underline{\boldsymbol{l}}\underline{\boldsymbol{c}}^{\mathrm{T}}\underline{\boldsymbol{x}} \\
&= (\underset{\sim}{\boldsymbol{A}} - \underline{\boldsymbol{l}}\underline{\boldsymbol{c}}^{\mathrm{T}})\underline{\boldsymbol{x}} - (\underset{\sim}{\boldsymbol{A}} - \underline{\boldsymbol{l}}\underline{\boldsymbol{c}}^{\mathrm{T}})\hat{\underline{\boldsymbol{x}}} + \underset{\sim}{\boldsymbol{C}}_{\mathrm{d}}\underline{\boldsymbol{d}} \\
&= (\underset{\sim}{\boldsymbol{A}} - \underline{\boldsymbol{l}}\underline{\boldsymbol{c}}^{\mathrm{T}})(\underline{\boldsymbol{x}} - \hat{\underline{\boldsymbol{x}}}) + \underset{\sim}{\boldsymbol{C}}_{\mathrm{d}}\underline{\boldsymbol{d}} \\
&= (\underset{\sim}{\boldsymbol{A}} - \underline{\boldsymbol{l}}\underline{\boldsymbol{c}}^{\mathrm{T}})\Delta\underline{\boldsymbol{x}} + \underset{\sim}{\boldsymbol{C}}_{\mathrm{d}}\underline{\boldsymbol{d}}
\end{aligned}$$

在静态条件下，令上述导数为零，即有：

$$0 = (\underset{\sim}{\boldsymbol{A}} - \underline{\boldsymbol{l}}\underline{\boldsymbol{c}}^{\mathrm{T}})\Delta\underline{\boldsymbol{x}} + \underset{\sim}{\boldsymbol{C}}_{\mathrm{d}}\underline{\boldsymbol{d}}$$

经过适当的变换，即可得到静态误差表达式：

$$\Leftrightarrow (\underset{\sim}{\boldsymbol{A}} - \underline{\boldsymbol{l}}\underline{\boldsymbol{c}}^{\mathrm{T}})\Delta\underline{\boldsymbol{x}} = -\underset{\sim}{\boldsymbol{C}}_{\mathrm{d}}\underline{\boldsymbol{d}} \tag{12.3}$$

$$\Delta\underline{\boldsymbol{x}} = -(\underset{\sim}{\boldsymbol{A}} - \underline{\boldsymbol{l}}\underline{\boldsymbol{c}}^{\mathrm{T}})^{-1}\underset{\sim}{\boldsymbol{C}}_{\mathrm{d}}\underline{\boldsymbol{d}}$$

如果假设式（12.3）中的所有变量均为标量，则可简化如下：

$$\Delta x = -\frac{c_{\mathrm{d}}}{a - lc}d$$

由此可知，选取的 l 值越大，也即观测误差矩阵 $\underset{\sim}{A}-\underline{l}\underline{c}^{\mathrm{T}}$ 特征值在复平面内的位置越靠左侧，那么系统的静态误差则越小。

12.3.6　无静差观测器和扰动观测器

只有当系统不存在静态的（或阶跃形式的）扰动 $\underline{d}$ 时，观测器才可实现无静差运行。如果存在的扰动是可以测量的，那么第一种可能的解决方案是将其引入第 12.3.2 节中的状态方程，可得：

$$\dot{\hat{\underline{x}}} = \underset{\sim}{A}\hat{\underline{x}} + \underline{b}u + \underset{\sim}{C}_{\mathrm{d}}\underline{d} + \underline{u}_{\mathrm{B}} \tag{12.4}$$

从而可以抵消观测误差中的扰动而实现无静差。一般来说，测量扰动变量要比测量状态变量更加困难。在不直接测量扰动的情况下，可以通过上一级的控制器对扰动进行调整。然而，上述解决方案也仅仅是纯理论的。

第二种解决方案是使用扰动观测器重构扰动变量，然后引入式（12.4）。但是，扰动观测器对应的是简单观测器的扩展，其本身已经可以实现无静差运行。**同时，扰动观测器可以观测到扰动变量，并将其用于扰动前馈控制**⊖**以提高上一级控制器的动态性能。**为此，扰动变量 $\underline{d}$ 通常用于自治系统的扰动模型。一种阶跃形式的扰动可借助下述具有任意幅值 $\underline{d}_{\infty}$ 的状态空间模型进行建模[7]：

框图 12.40

$$\dot{\underline{x}}_{\mathrm{d}} = \underset{\sim}{A}_{\mathrm{d}}\underline{x}_{\mathrm{d}} = \underset{\sim}{O}\underline{x}_{\mathrm{d}} = \underline{O}, \qquad \underline{x}_{\mathrm{d}}(0) = \underline{x}_{\mathrm{d},0} = \underline{d}_{\infty}$$

$$\underline{y}_{\mathrm{d}} = \underset{\sim}{C}_{\mathrm{d}}\underline{x}_{\mathrm{d}} = \underset{\sim}{C}_{\mathrm{d}}\underline{d}_{\infty}$$

此时，扰动变量可阐释为系统扩展的状态变量，完整的状态方程可表示为

框图 12.41

$$\begin{pmatrix} \dot{\underline{x}} \\ \dot{\underline{x}}_{\mathrm{d}} \end{pmatrix} = \begin{pmatrix} \underset{\sim}{A} & \underset{\sim}{C}_{\mathrm{d}} \\ \underset{\sim}{O} & \underset{\sim}{A}_{\mathrm{d}} \end{pmatrix} \begin{pmatrix} \underline{x} \\ \underline{x}_{\mathrm{d}} \end{pmatrix} + \begin{pmatrix} \underline{b} \\ \underline{O} \end{pmatrix} u, \quad \begin{pmatrix} \underline{x}(0) \\ \underline{x}_{\mathrm{d}}(0) \end{pmatrix} = \begin{pmatrix} \underline{x}_0 \\ \underline{x}_{\mathrm{d},0} = \underline{d}_{\infty} \end{pmatrix}$$

$$y = (\underline{c}^{\mathrm{T}} \quad \underline{O}) \begin{pmatrix} \underline{x} \\ \underline{x}_{\mathrm{d}} \end{pmatrix}$$

扩展的观测器状态方程可表述为[6]

框图 12.42

$$\begin{pmatrix} \dot{\hat{\underline{x}}} \\ \dot{\hat{\underline{x}}}_{\mathrm{d}} \end{pmatrix} = \begin{pmatrix} \underset{\sim}{A} & \underset{\sim}{C}_{\mathrm{d}} \\ \underset{\sim}{O} & \underset{\sim}{A}_{\mathrm{d}} \end{pmatrix} \begin{pmatrix} \hat{\underline{x}} \\ \hat{\underline{x}}_{\mathrm{d}} \end{pmatrix} + \begin{pmatrix} \underline{b} \\ \underline{O} \end{pmatrix} u + \underline{u}_{\mathrm{B}}, \quad \begin{pmatrix} \hat{\underline{x}}(0) \\ \hat{\underline{x}}_{\mathrm{d}}(0) \end{pmatrix} = \begin{pmatrix} \hat{\underline{x}}_0 \\ \hat{\underline{x}}_{\mathrm{d},0} = \underline{d}_{\infty} \end{pmatrix}$$

$$\hat{y} = (\underline{c}^{\mathrm{T}} \quad \underline{0}) \begin{pmatrix} \hat{\underline{x}} \\ \hat{\underline{x}}_{\mathrm{d}} \end{pmatrix}$$

⊖ 扰动前馈控制：操纵变量在取决于控制器输出变量的同时还取决于一个或多个扰动变量的被测值的控制形式。

此时，阶跃形式的扰动$\underline{x}_{\mathrm{d}}(0)=\underline{x}_{\mathrm{d},0}=\underline{d}_{\infty}$可看作是系统的初始状态。正如式（12.2）所述，上述扰动类型下的观测误差会逐渐收敛，因此，$\underline{d}_{\infty}$幅值的精确性是无关紧要的。

显然，必须保证下述表达式的可观测性：

$$\left(\begin{pmatrix}\underset{\sim}{A} & \underset{\sim}{C}_{\mathrm{d}} \\ \underset{\sim}{O} & \underset{\sim}{A}_{\mathrm{d}}\end{pmatrix},\ (\underline{c}^{\mathrm{T}}\quad 0)\right)$$

即使所建立的系统模型中的扰动向量只有部分是可观测的，也可使用上述设计的观测器得到令人满意的结果[8]。

12.4 卡尔曼滤波器

12.4.1 随机扰动变量的引入

对于卡尔曼滤波器来说，系统噪声$\underline{d}$和测量噪声n被看作是系统的随机扰动，如图12.18所示。

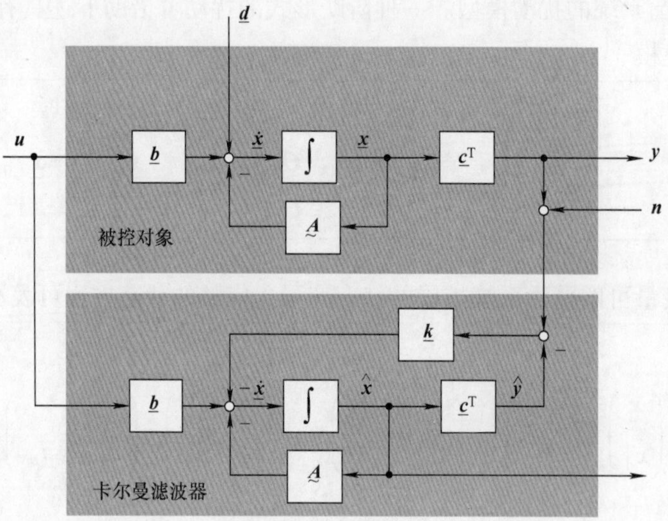

图12.18 卡尔曼滤波器

状态空间模型可以扩展如下⊖：

框图12.43

$$\dot{\underline{x}}=\underset{\sim}{A}\underline{x}+\underline{b}u+\underline{d}\qquad \underline{x}(0)=\underline{x}_0$$
$$y=\underline{c}^{\mathrm{T}}\underline{x}+n$$

类似于式（12.2），可得到观测误差（由于卡尔曼滤波器的随机特性，也称为估计误

⊖ 对于实际的系统模型来说，借助于输入矩阵对过程噪声进行建模是更为合适的。但要注意的是，后续的推导过程也要同样考虑上述矩阵。

差）表达式如下：

$$\begin{aligned}
\Delta \dot{\underline{\boldsymbol{x}}} &= \dot{\underline{\boldsymbol{x}}} - \dot{\hat{\underline{\boldsymbol{x}}}} \\
&= (\underset{\sim}{\boldsymbol{A}}\underline{\boldsymbol{x}} + \underline{\boldsymbol{b}}\boldsymbol{u} + \underline{\boldsymbol{d}}) - [(\underset{\sim}{\boldsymbol{A}} - \underline{\boldsymbol{k}}\underline{\boldsymbol{c}}^{\mathrm{T}})\hat{\underline{\boldsymbol{x}}} + \underline{\boldsymbol{b}}\boldsymbol{u} + \underline{\boldsymbol{k}}\boldsymbol{y}] \\
&= \underset{\sim}{\boldsymbol{A}}\underline{\boldsymbol{x}} + \underline{\boldsymbol{b}}\boldsymbol{u} + \underline{\boldsymbol{d}} - (\underset{\sim}{\boldsymbol{A}} - \underline{\boldsymbol{k}}\underline{\boldsymbol{c}}^{\mathrm{T}})\hat{\underline{\boldsymbol{x}}} - \underline{\boldsymbol{b}}\boldsymbol{u} - \underline{\boldsymbol{k}}\boldsymbol{y} \\
&= \underset{\sim}{\boldsymbol{A}}\underline{\boldsymbol{x}} + \underline{\boldsymbol{d}} - (\underset{\sim}{\boldsymbol{A}} - \underline{\boldsymbol{k}}\underline{\boldsymbol{c}}^{\mathrm{T}})\hat{\underline{\boldsymbol{x}}} - \underline{\boldsymbol{k}}\boldsymbol{y} \\
&= \underset{\sim}{\boldsymbol{A}}\underline{\boldsymbol{x}} + \underline{\boldsymbol{d}} - (\underset{\sim}{\boldsymbol{A}} - \underline{\boldsymbol{k}}\underline{\boldsymbol{c}}^{\mathrm{T}})\hat{\underline{\boldsymbol{x}}} - \underline{\boldsymbol{k}}\underline{\boldsymbol{c}}^{\mathrm{T}}\underline{\boldsymbol{x}} - \underline{\boldsymbol{k}}\boldsymbol{n} \\
&= (\underset{\sim}{\boldsymbol{A}} - \underline{\boldsymbol{k}}\underline{\boldsymbol{c}}^{\mathrm{T}})\underline{\boldsymbol{x}} - (\underset{\sim}{\boldsymbol{A}} - \underline{\boldsymbol{k}}\underline{\boldsymbol{c}}^{\mathrm{T}})\hat{\underline{\boldsymbol{x}}} + \underline{\boldsymbol{d}} - \underline{\boldsymbol{k}}\boldsymbol{n} \\
&= (\underset{\sim}{\boldsymbol{A}} - \underline{\boldsymbol{k}}\underline{\boldsymbol{c}}^{\mathrm{T}})(\underline{\boldsymbol{x}} - \hat{\underline{\boldsymbol{x}}}) + \underline{\boldsymbol{d}} - \underline{\boldsymbol{k}}\boldsymbol{n} \\
&= (\underset{\sim}{\boldsymbol{A}} - \underline{\boldsymbol{k}}\underline{\boldsymbol{c}}^{\mathrm{T}})\Delta \underline{\boldsymbol{x}} + \underline{\boldsymbol{d}} - \underline{\boldsymbol{k}}\boldsymbol{n}
\end{aligned} \tag{12.5}$$

可以看出，由系统噪声和测量噪声引起的观测误差同样会引起系统进一步的误差。

当考虑观测误差的动态性时，扰动的影响会由于所选择的观测器矩阵而更加明显。类似于方程式（12.3）的处理方式，此处也假设所有的矢量和矩阵均为标量，然后将方程式（12.5）转换至频域范围，并进行适当变换，过程如下：

框图 12.44

$$\Delta \dot{x} = (A - kc^{\mathrm{T}})\Delta x + d - kn$$

$$s\Delta X = (A - kc^{\mathrm{T}})\Delta X + D - kN$$

$$s\Delta X - (A - kc^{\mathrm{T}})\Delta X = D - kN$$

$$(s - (A - kc^{\mathrm{T}}))\Delta X = D - kN$$

$$\Delta X = \frac{1}{s - (A - kc^{\mathrm{T}})}D - \frac{k}{s - (A - kc^{\mathrm{T}})}N$$

正如基于方程式（12.3）已得出的结论，上述方程右侧第一项的 k 必须选取得足够大，甚至趋向于无穷大，才有可能消除系统噪声 D。相反，为了抑制测量噪声 N，右侧第二项中的 k 必须选取得足够小，甚至趋近于零。在设计卡尔曼滤波器时，应当选取合适的 k，使得系统噪声和测量噪声能够得到最优的抑制，从而使噪声对估计的状态矢量 $\hat{\underline{\boldsymbol{x}}}$ 的影响最小化[9]。

12.4.2　系统噪声和测量噪声的要求

为简化起见，到目前为止考虑的均为单输入单输出（SISO）系统。为了表示更为一般的数学描述形式，下面主要考虑是多输入多输出（MIMO）系统。因此，测量噪声以向量形式描述，并且输出矩阵 $\underline{\boldsymbol{c}}^{\mathrm{T}}$、观测器矩阵 $\underline{\boldsymbol{l}}$ 或卡尔曼增益 $\underline{\boldsymbol{k}}$ 通常以矩阵形式 $\underset{\sim}{\boldsymbol{C}}$、$\underset{\sim}{\boldsymbol{L}}$ 和 $\underset{\sim}{\boldsymbol{K}}$ 描述。

对系统噪声 $\underline{\boldsymbol{d}}$ 和测量噪声 $\underline{\boldsymbol{n}}$ 的要求是静态的、均值为零的，白色的㊀、高斯的㊁且不相关的噪声过程。具体来说，需要满足下述条件：

㊀　白噪声：在所考虑的频带内具有连续谱和恒定的功率谱密度的随机噪声。

㊁　高斯噪声：一种随机噪声，在任选瞬时中任取 n 个，其值按 n 个变数的高斯概率定律分布。

- 系统噪声和测量噪声的均值为零，且其期望值$\underset{\sim}{E}(\underline{d}) = \underline{O}$及$\underset{\sim}{E}(\underline{n}) = \underline{O}$。概率分布㊀为

$$p(x) = \frac{1}{\sigma\sqrt{2\pi}} e^{-\frac{x^2}{2\sigma^2}}$$

式中，σ 是方差，$\sigma > 0$（高斯噪声）。

- 前后连续的数值是动态不相关的，因此噪声是静态的。
- 前后连续的数值是不相关的。数学上可以表示为

$$\underset{\sim}{E}(\underline{d}(t)\underline{d}(\tau)^{\mathrm{T}}) = \mathrm{cov}(\underline{d}(t), \underline{d}(\tau)) = \underset{\sim}{Q}\delta(t-\tau) = \begin{cases} \underset{\sim}{Q} & \text{当 } t=\tau \text{ 时} \\ \underset{\sim}{O} & \text{其他} \end{cases}$$

$$\underset{\sim}{E}(\underline{n}(t)\underline{n}(\tau)^{\mathrm{T}}) = \mathrm{cov}(\underline{n}(t), \underline{n}(\tau)) = \underset{\sim}{R}\delta(t-\tau) = \begin{cases} \underset{\sim}{R} & \text{当 } t=\tau \text{ 时} \\ \underset{\sim}{O} & \text{其他} \end{cases}$$

式中，δ 是单位脉冲函数㊁；t 和 τ 是两个时间点。

在恒定且对称的矩阵$\underset{\sim}{Q}$和$\underset{\sim}{R}$主对角线上的元素表示$\underline{d}$和$\underline{n}$的方差，矩阵主对角线之外的元素表示协方差。在一维情况下，可将其简化为

$$E(d(t)d(t)^{\mathrm{T}}) = E(d(t)^2) = \mathrm{var}(d) = Q$$

此外，若将$\underline{d}$和$\underline{n}$中的所有元素取平方，那么$\underset{\sim}{Q}$和$\underset{\sim}{R}$中的所有元素均为正值或为零。由于只允许方差 $\sigma_i > 0$，所以矩阵$\underset{\sim}{Q}$和$\underset{\sim}{R}$是正定的。

- 测量噪声和系统噪声是互不相关的。数学上可以表示为

$$\underset{\sim}{E}(\underline{d}(t)\underline{n}(\tau)^{\mathrm{T}}) = \mathrm{cov}(\underline{d}(t), \underline{n}(\tau)) = \underline{0}$$

- 卡尔曼滤波器必须使用初始状态进行初始化。为此，可使用初始状态的期望值如下：

$$\hat{\underline{x}}(0) = \hat{\underline{x}}_0 := \underset{\sim}{E}(\underline{x}(0))$$

此时也要求初始状态与噪声信号之间不具相关性，数学上可以表示为[10]

$$\underset{\sim}{E}(\underline{d}(t)\underline{x}_0^{\mathrm{T}}) = \mathrm{cov}(\underline{d}(t), \underline{x}_0) = \underline{0}$$

$$\underset{\sim}{E}(\underline{n}(t)\underline{x}_0^{\mathrm{T}}) = \mathrm{cov}(\underline{n}(t), \underline{x}_0) = \underline{0}$$

12.4.3 最优卡尔曼增益的计算

当系统噪声和测量噪声满足第 12.4.2 节所提出的要求时，可采用下述方式计算最优卡尔曼增益。最优卡尔曼增益即为可以使估计的状态向量$\hat{\underline{x}}$包含的噪声最小，换言之，估计误差 $\Delta\underline{x}$的方差或其方差和协方差矩阵$\underset{\sim}{P}$最小，即有：

$$\min_{\underset{\sim}{K}} \underset{\sim}{P} = \min_{\underset{\sim}{K}} \underset{\sim}{E}(\Delta\underline{x}\Delta\underline{x}^{\mathrm{T}}) = \min_{\underset{\sim}{K}} \mathrm{var}(\Delta\underline{x}) = \min_{\underset{\sim}{K}} \mathrm{cov}(\Delta\underline{x}, \Delta\underline{x})$$

当系统（$\underset{\sim}{A}$，$\underset{\sim}{C}$）是可观测的，且矩阵$\underset{\sim}{Q}$和$\underset{\sim}{R}$是正定的[8]，通过推导可以得到矩阵形式的黎卡提微分方程如下：

$$\dot{\underset{\sim}{P}}(t) = \underset{\sim}{A}\underset{\sim}{P}(t) + \underset{\sim}{P}(t)\underset{\sim}{A}^{\mathrm{T}} + \underset{\sim}{Q}(t) - \underset{\sim}{P}(t)\underset{\sim}{C}^{\mathrm{T}}\underset{\sim}{R}(t)^{-1}\underset{\sim}{C}\underset{\sim}{P}(t), \quad \underset{\sim}{P}(0) = \underset{\sim}{E}(\Delta\underline{x}(0)\Delta\underline{x}^{\mathrm{T}}(0)) \tag{12.6}$$

㊀ 概率分布：给出一个随机变量，取任意给定值或属于某个值的给定集合的概率的函数。

㊁ 单位脉冲函数：把任意在 $x=0$ 处连续的函数 $f(x)$ 指定到值 $f(0)$ 的分布，也称作狄拉克函数。狄拉克函数可以被视作一个函数序列的极限，序列中的函数在包含原点的小区间外等于零，它在整个实轴上的积分等于 1。当小区间长度（不同的小区间长度相应于不同的函数）趋于零时，该序列函数的极限就是狄拉克函数。

当$\boldsymbol{K}(t)$具有下述形式时：

框图 12.45

$$\boldsymbol{K}(t)=\boldsymbol{P}(t)\boldsymbol{C}(t)^{\mathrm{T}}\boldsymbol{R}(t)^{-1} \tag{12.7}$$

$\boldsymbol{P}$可达到最小值[9]。图 12.19 所示为连续时域内卡尔曼增益的计算框图。

框图 12.46

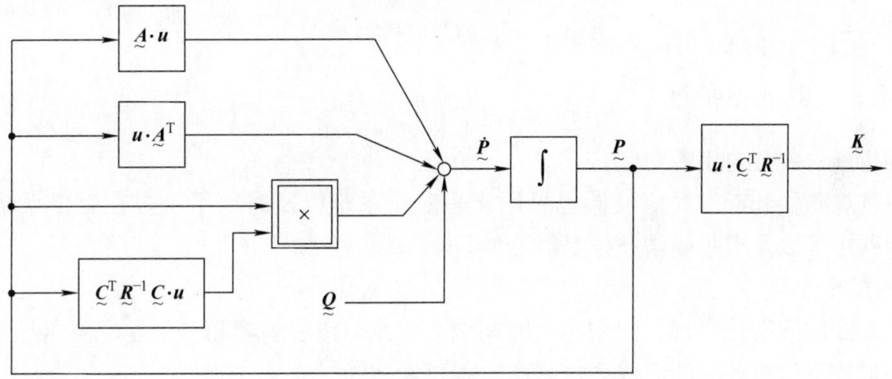

图 12.19　连续时域内卡尔曼增益的计算框图

在时不变系统中，矩阵$\boldsymbol{A}$和$\boldsymbol{C}$是时不变的。此外，也可选取时不变的矩阵$\boldsymbol{Q}$和$\boldsymbol{R}$。此时，$\boldsymbol{P}(t)$将收敛于恒定值$\boldsymbol{P}$，一般可将通过求导并令其等于零即可找到最小值，从而可以得到代数矩阵黎卡提方程：

$$\underline{\boldsymbol{O}}=\boldsymbol{A}\boldsymbol{P}+\boldsymbol{P}\boldsymbol{A}^{\mathrm{T}}+\boldsymbol{Q}-\boldsymbol{P}\boldsymbol{C}^{\mathrm{T}}\boldsymbol{R}^{-1}\boldsymbol{C}\boldsymbol{P} \tag{12.8}$$

基于其恒定的、单值的且半正定的矩阵$\boldsymbol{P}$即可得到恒定的卡尔曼增益表达式如下[9]：

$$\boldsymbol{K}=\boldsymbol{P}\boldsymbol{C}^{\mathrm{T}}\boldsymbol{R}^{-1}$$

为了求得$\boldsymbol{P}$，也可通过数值方法求解代数矩阵黎卡提方程式（12.8）。

不同于时间离散的卡尔曼滤波器，时间连续卡尔曼滤波器在文献中一般也被称为卡尔曼 - 布西滤波器。

12.4.4　扩展卡尔曼滤波器

扩展卡尔曼滤波器是将卡尔曼滤波器扩展至非线性系统，系统状态方程形式如下：

$$\dot{\underline{\boldsymbol{x}}}=\underline{\boldsymbol{f}}(\underline{\boldsymbol{x}},\underline{\boldsymbol{u}})+\underline{\boldsymbol{d}},\ \underline{\boldsymbol{x}}(0)=\underline{\boldsymbol{x}}_0$$

$$\underline{\boldsymbol{y}}=\underline{\boldsymbol{h}}(\underline{\boldsymbol{x}})+\underline{\boldsymbol{n}}$$

观测器或卡尔曼滤波器具有类似的表述形式：

$$\dot{\hat{\underline{\boldsymbol{x}}}}=\underline{\boldsymbol{f}}(\hat{\underline{\boldsymbol{x}}},\underline{\boldsymbol{u}})+\boldsymbol{K}(\underline{\boldsymbol{y}}-\hat{\underline{\boldsymbol{y}}}),\hat{\underline{\boldsymbol{x}}}(0)=\hat{\underline{\boldsymbol{x}}}_0$$

$$\hat{\underline{\boldsymbol{y}}}=\underline{\boldsymbol{h}}(\hat{\underline{\boldsymbol{x}}})$$

其中，卡尔曼增益的确定一般基于系统在某一工作点或工作轨迹范围内的线性化处理。通过线性 化即可得到线性时变的系统矩阵和输出矩阵，对应如下形式的雅可比矩阵：

$$\underset{\sim}{A}(t)=\left.\frac{\mathrm{d}\boldsymbol{f}}{\mathrm{d}\underline{\boldsymbol{x}}}\right|_{\hat{\underline{\boldsymbol{x}}}(t),\underline{\boldsymbol{u}}(t)} \quad 和 \quad \underset{\sim}{C}(t)=\left.\frac{\mathrm{d}\boldsymbol{h}}{\mathrm{d}\underline{\boldsymbol{x}}}\right|_{\hat{\underline{\boldsymbol{x}}}(t)}$$

此处，也可将系统的某些未知且变化的参数进一步纳入状态向量[1]。类似于方程式（12.6）和式（12.7），即可得到时变的卡尔曼增益，其计算过程如下：

$$\dot{\underset{\sim}{P}}(t)=\underset{\sim}{A}(t)\underset{\sim}{P}(t)+\underset{\sim}{P}(t)\underset{\sim}{A}(t)^{\mathrm{T}}+\underset{\sim}{Q}(t)-\underset{\sim}{P}(t)\underset{\sim}{C}(t)^{\mathrm{T}}\underset{\sim}{R}(t)^{-1}\underset{\sim}{C}(t)\underset{\sim}{P}(t),\underset{\sim}{P}(0)$$
$$=\boldsymbol{E}(\Delta\underline{\boldsymbol{x}}(0)\Delta\underline{\boldsymbol{x}}^{\mathrm{T}}(0))$$

可得[12]：

$$\underset{\sim}{K}(t)=\underset{\sim}{P}(t)\underset{\sim}{C}(t)^{\mathrm{T}}\underset{\sim}{R}(t)^{-1}$$

12.4.5 进一步扩展

1. MIMO－系统，时变系统

龙伯格观测器和卡尔曼滤波器也可用于多变量系统以及时变系统。在时变系统的情况下，观测器矩阵以及卡尔曼增益也是时变的。

2. 离散时间

为了实际的数字化实现，使用离散时间域下的龙伯格观测器和卡尔曼滤波器是不可或缺的。一般形式下的线性时间离线系统状态方程可表述为

$$\underline{\boldsymbol{x}}_{k+1}=\underset{\sim}{A}_k\underline{\boldsymbol{x}}_k+\underset{\sim}{B}_k\underline{\boldsymbol{u}}_k+\underline{\boldsymbol{d}}_k$$
$$\underline{\boldsymbol{y}}_k=\underset{\sim}{C}_k\underline{\boldsymbol{x}}_k+\underset{\sim}{D}_k\underline{\boldsymbol{u}}_k+\underline{\boldsymbol{n}}_k$$

对应的龙伯格观测器或者卡尔曼滤波器表达式为

$$\hat{\underline{\boldsymbol{x}}}_k=\underset{\sim}{A}_{k-1}\hat{\underline{\boldsymbol{x}}}_{k-1}+\underset{\sim}{B}_{k-1}\underline{\boldsymbol{u}}_{k-1}+\underset{\sim}{K}_k(\underline{\boldsymbol{y}}_k-\hat{\underline{\boldsymbol{y}}}_k)$$
$$\hat{\underline{\boldsymbol{y}}}_k=\underset{\sim}{C}_k\hat{\underline{\boldsymbol{x}}}_k+\underset{\sim}{D}_k\underline{\boldsymbol{u}}_k$$

借助于矩阵黎卡提微分方程：

$$\underset{\sim}{P}_{k+1}=\underset{\sim}{A}_k\underset{\sim}{P}_k\underset{\sim}{A}_k^{\mathrm{T}}-\underset{\sim}{A}_k\underset{\sim}{P}_k\underset{\sim}{A}_k^{\mathrm{T}}(\underset{\sim}{R}_k+\underset{\sim}{C}_k\underset{\sim}{P}_k\underset{\sim}{C}_k^{\mathrm{T}})^{-1}\underset{\sim}{C}_k\underset{\sim}{P}_k\underset{\sim}{C}_k^{\mathrm{T}}+\underset{\sim}{Q}$$

可计算得到卡尔曼增益$\underset{\sim}{K}_k$：

$$\underset{\sim}{K}_k=\underset{\sim}{P}_k\underset{\sim}{C}_k^{\mathrm{T}}(\underset{\sim}{R}+\underset{\sim}{C}_k\underset{\sim}{P}_k\underset{\sim}{C}_k^{\mathrm{T}})^{-1}$$

如果系统是线性时不变的$\underset{\sim}{A}_k=\underset{\sim}{A}$，那么矩阵黎卡提微分方程再次收敛到一个固定值[9]：

$$\underset{\sim}{P}=\underset{\sim}{APA}^{\mathrm{T}}-\underset{\sim}{APA}^{\mathrm{T}}(\underset{\sim}{R}+\underset{\sim}{CPC}^{\mathrm{T}})^{-1}\underset{\sim}{CPC}^{\mathrm{T}}+\underset{\sim}{Q}$$

对于龙伯格观测器来说，观测器矩阵$\underline{\boldsymbol{L}}_k$可通过极点配置法确定。

对于一个非线性系统：

$$\underline{\boldsymbol{x}}_k=\boldsymbol{f}(\underline{\boldsymbol{x}}_{k-1},\underline{\boldsymbol{u}}_{k-1})+\underline{\boldsymbol{d}}_{k-1}$$
$$\underline{\boldsymbol{y}}_k=\boldsymbol{h}(\underline{\boldsymbol{x}}_k,\underline{\boldsymbol{u}}_k)+\underline{\boldsymbol{n}}_k$$

扩展的卡尔曼滤波器为

$$\hat{\underline{\boldsymbol{x}}}_k=\boldsymbol{f}(\hat{\underline{\boldsymbol{x}}}_{k-1},\underline{\boldsymbol{u}}_{k-1})+\underset{\sim}{K}_k(\underline{\boldsymbol{y}}_k-\hat{\underline{\boldsymbol{y}}}_k)$$
$$\hat{\underline{\boldsymbol{y}}}_k=\boldsymbol{h}(\hat{\underline{\boldsymbol{x}}}_k,\underline{\boldsymbol{u}}_k)$$

用于确定卡尔曼增益的矩阵$\underset{\sim}{A}_k$和$\underset{\sim}{C}_k$可由雅可比矩阵求得：

$$\underset{\sim}{A}_k = \left.\frac{\mathrm{d}\boldsymbol{f}}{\mathrm{d}\underline{\boldsymbol{x}}}\right|_{\hat{\underline{x}}_k, \underline{u}_k} \quad 和 \quad \underset{\sim}{C}_k = \left.\frac{\mathrm{d}\boldsymbol{h}}{\mathrm{d}\underline{\boldsymbol{x}}}\right|_{\hat{\underline{x}}_k, \underline{u}_k}$$

然后即可轻易地进行在线计算[10]。此外，通常选择下述形式的初始条件[9]：

$$\hat{\underline{x}}_0 = E(\underline{x}_0)$$

$$\underset{\sim}{P}_0 = E(\Delta \underline{x}_0 \Delta \underline{x}_0^{\mathrm{T}})$$

$$\underset{\sim}{K}_0 = \underset{\sim}{P}_0 \underset{\sim}{C}_0^{\mathrm{T}} (\underset{\sim}{R} + \underset{\sim}{C}_0 \underset{\sim}{P}_0 \underset{\sim}{C}_0^{\mathrm{T}})^{-1}$$

12.4.6　龙伯格观测器与卡尔曼滤波器的对比

总体来说，龙伯格观测器与卡尔曼滤波器的对比见表 12.1。

框图 12.47

表 12.1　龙伯格观测器与卡尔曼滤波器的对比

龙伯格观测器	卡尔曼滤波器
相同的结构形式（静态）	
含有扰动变量的模型：无静差	
$\underline{l}$基于动态给定	并未动态考虑
未考虑噪声	$\underline{k}$基于系统噪声和测量噪声

结论：<u>必须借助仿真和测量进行确认。</u>

龙伯格观测器和静态卡尔曼滤波器的唯一区别是观测器矩阵的数值。仅在非线性或时变系统的情况下，二者才产生较大的差别：因为卡尔曼增益是由矩阵黎卡提微分方程确定的，而龙伯格观测器的时变观测器矩阵则是通过在线的极点配置法确定。

不同于表 12.1，卡尔曼滤波器也可以动态考虑，此时矩阵$\underset{\sim}{Q}$和$\underset{\sim}{R}$不再由真实的方差构造，而是需要不断调整使系统达到期望的动态性。

12.5　非基于感应电压的方法

到目前为止，已介绍的磁通和转速的无传感器估计方法均是基于基波模型的方法，而且实际上都使用了感应电压作为信息来源。在足够高的转速情况下，上述方法均拥有很高的精度。然而，在低转速情况下，扰动影响则占据主导地位，因此上述方法通常用适用于 $\omega_k \gg 1\% \omega_{k,\mathrm{N}}$的范围。由于低转速情况下的误差较大，有时甚至引起系统的不稳定，因此转而使用其他的物理现象作为信息来源，从而不必测量转速且同时适用于低速的情形。

电动车辆即使在低转速下也需要准确的转矩（如泊车），因此在低转速下可能需要使用转速传感器或新的不同于前面介绍的无传感器方法。当前，研究的热点是不基于感应电压的无传感器方法。然而，许多方法也仅适用于固定的电机类型，为了不超出本书大纲，本部分仅对其基本思想进行简要介绍，更为详细的信息可参考相关文献。

12.5.1　高频信号注入

一种可能的方法是使用电机本身作为旋转变压器，对于外励磁同步电机来说无需较大的硬件变化即可实现，因为旋转变压器实际上类似于小型的外励磁同步电机。为此，需要在转子绕组中注入高频电流，并测量由此引起的 α - 和 β - 方向上的电压。具体的工作方式已在第 12.1.5 节中讲述。

这一方法也表现出其缺点：除了需要励磁绕组和滑环这一事实之外（它们也仅存在于外励磁同步电机），还需要快速的电压传感器以测量定子绕组电压。此外，转矩脉动、噪声以及低的效率也是采用上述方法引起的后果。

12.5.2 基于各向异性的方法

另外一种具有前景的方法是充分利用电机的各向异性特性。对于所有的电机类型来说，单相绕组的电感或者在 α、β - 坐标系下电感的空间矢量方向均取决于转子位置。例如，在凸极同步电机中 d 轴和 q 轴电感值明显的差别则表现为各向异性。然而，在前面的章节中也介绍了使用各项同性基波模型描述的电机类型，如异步电机或隐极式同步电机，实际上它们也会由于电机槽和齿的因素而表现为一定的各向异性。此外，由于铁心的饱和也会引起在磁通方向上的各向异性，这一情况下的 d 轴和 q 轴电感会再次出现明显的差别。

基于各向异性的方法仅使用电压和电流变化来确定不同电感值的位置，从而可以进一步确定转子位置以及磁链的位置。显然，此时对传感技术提出了更高的要求。例如，在一些方法中需要更为精确或快速的电流传感器，或者可直接得到电流导数的传感器等。

当然，这一方法也同样面临一定的瓶颈：由于电动车辆中的电机通常使用水冷方式，从而使得电机具有更高的承载能力。在大电流情况下，换言之，在高转矩情况下，铁心大多处于饱和状态。在饱和状态下，磁化曲线在各方向的上升趋势类似于在空气环境下。因此，电感之间不再有区别，那么上述方法则无法继续用于确定转子位置。

习　题

1. 请问无传感器控制意味着什么？
2. 请问传感器的任务是什么？
3. 请列出几种电力驱动系统中常用到的传感器类型，并指出哪些传感器是必要的，哪些是可以省去的，并给出理由。
4. 请问什么是估计器？
5. 请基于控制条件设计一个适用于笼型异步电机的磁链角估计器。
6. 请基于定子电压方程和磁链方程设计一个适用于笼型异步电机的磁通估计器。
7. 请基于转子电压方程和转子磁链方程设计一个适用于笼型异步电机的磁通估计器。
8. 请问如何结合第 6 题和第 7 题中设计的估计器以实现磁通和机械转速的估计？
9. 请问如果估计的转子磁链角包含一个小的误差会造成哪些影响？
10. 请使用图示说明龙伯格观测器的基本思想？
11. 请推导出观测器的状态空间描述形式。
12. 请问如何设计观测器矩阵？
13. 请问应用观测器需要满足哪一必要条件？
14. 请问对被控对象施加一个静态的未知扰动变量，观测器是否可以正常运行？如果不能正常运行，则需要采用何种应对措施？
15. 请设计一个适用于笼型异步电机的观测转子磁链的龙伯格观测器，并基于转子磁链计算出用于帕克变换的转子磁链角。请分别使用定子坐标系下的定子电流矢量和转子磁链矢量作为状态变量，假定机械转速 ω_m 可通过传感器测量得到。注意，此处并不要求对可观测性和稳定性进行证明，也不要求对观测器矩阵做出精确的设计，但是请绘出相应的框图。

16. 请说明卡尔曼滤波器的基本思想？
17. 请问如何计算卡尔曼滤波器的卡尔曼增益？
18. 请问龙伯格观测器和卡尔曼滤波器之间有哪些共性和区别？
19. 请问如何能够使得卡尔曼滤波器具有期望的动态性？上述处理方式的缺点是什么？
20. 请问对于龙伯格观测器和卡尔曼滤波器来说，哪一种设计起来更为简单？请简单说明理由。
21. 请问在卡尔曼滤波器的矩阵设计时采用哪种处理方式更为合适？
22. 请问定子电阻的变化会产生哪些影响？请给出两种不同的解决办法。
23. 请将第 15 题中设计的龙伯格观测器扩展为扩展卡尔曼滤波器，使其能够应对定子电阻的变化并且可以重构机械转速 ω_m（提示：只需给出状态空间描述即可）。
24. 请问所谓的无速度传感器控制具有哪些优缺点？
25. 请问可以利用电机的哪些物理现象，以使得根据电流变化即可估计转子位置？
26. 请问上述方法在应用于电动车辆时具有哪些潜在的优势以及可能的劣势？

参 考 文 献

[1] SCHRÖDER D. Elektrische Antriebe – Regelung von Antriebssystemen [M]. 3. Auf. Berlin: Springer, 2009.

[2] SCHRÖDER D. Elektrische Antriebe – Grundlagen [M]. 3. Auf. Berlin: Springer, 2007.

[3] KWANG H NAM. AC Motor Control and Electric Vehicle Applications [M]. Boca Raton: CRC Press, 2010.

[4] WALLENTOWITZ H, REIF K. Handbuch Kraftfahrzeugelektronik: Grundlagen – Kom – ponenten – Systeme – Anwendungen [M]. Berlin: Springer, 2010.

[5] RIK DE D, DUCO W. J. Pulle, VELTMAN A. Advanced Electrical Drives: Analysis, Modeling, Control [M]. Berlin: Springer, 2010.

[6] LUNZE, J. Regelungstechnik 2: MehrgröSensysteme, Digitale Regelung [M]. Springer – Verlag, 4. Auflage, 2006.

[7] LUNZE J. Regelungstechnik 1: Systemtheoretische Grundlagen, Analyse und Entwurf ein – schleifiger Regelungen [M]. 8 Auf. Berlin: Springer – Verlag, 2010.

[8] FÖLLINGER O. Regelungstechnik – Einführung in die Methoden und ihre Anwendung [M]. 8. Auf. Heidelberg: Hüthig Buch Verlag, 1994.

[9] GÜNTER L. Theoretische Regelungstechnik 2 – Zustandsrekonstruktion, optimale und nichtlineare Regelung [M]. Berlin: Springer – Verlag, 1995.

[10] GREWAL MOHINDER S., ANGUS P. Kalman Filtering: Theory and Practice Using MATLAB [M]. 3 Auf. s. l.: Wiley – Verlag, 2008.